大学赤本シリーズ

296

成蹊大学

E方式・G方式・P方式

2教科型全学部統一入試（E方式）、
2教科型グローバル教育プログラム統一入試（G方式）、
5科目型国公立併願アシスト入試（P方式）

は し が き

おかげさまで，大学入試の「赤本」は，今年で創刊70周年を迎えました。

これまで，入試問題や資料をご提供いただいた大学関係者各位，掲載許可をいただいた著作権者の皆様，各科目の解答や対策の執筆にあたられた先生方，そして，赤本を使用してくださったすべての読者の皆様に，厚く御礼を申し上げます。

以下に，創刊初期の「赤本」のはしがきを引用します。これからも引き続き，受験生の目標の達成や，夢の実現を応援してまいります。

本書を活用して，入試本番では持てる力を存分に発揮されることを心より願っています。

編者しるす

*　*　*

学問の塔にあこがれのまなざしをもって，それぞれの志望する大学の門をたたかんとしている受験生諸君！　人間として生まれてきた私たちは，自己の欲するままに，美しく，強く，そして何よりも人間らしく生きることをねがっている。しかし，一朝一夕にして，この純粋なのぞみが達せられることはない。私たちの行く手には，絶えずさまざまな試練がまちかまえている。この試練を克服していくところに，私たちのねがう真に人間的な世界がはじめて開かれてくるのである。

人生最初の最大の試練として，諸君の眼前に大学入試がある。この大学入試は，精神的にも身体的にも，大きな苦痛を感ぜしめるであろう。あるスポーツに熟達するには，たゆみなき，はげしい練習を積み重ねることが必要であるように，私たちは，計画的・持続的な努力を払うことによって，この試練を克服し，次の一歩を踏みだすことができる。厳しい試練を経たのちに，はじめて満足すべき成果を獲得できるのである。

本書は最近の入学試験の問題に，それぞれ解答を付し，さらに問題をふかく分析することによって，その大学独特の傾向や対策をさぐろうとした。本書を一般の参考書とあわせて使用し，まとはずれのない，効果的な受験勉強をされるよう期待したい。

（昭和35年版「赤本」はしがきより）

挑む人の、いちばんの味方

1954 年に大学入試の過去問題集を刊行してから 70 年。赤本は大学に入りたいと思う受験生を応援しつづけてきました。これからも，苦しいとき落ち込むときにそばで支える存在でいたいと思います。

そして，勉強をすること，自分で道を決めること，努力が実ること，これらの喜びを読者の皆さんが感じることができるよう，伴走をつづけます。

そもそも赤本とは…

受験生のための大学入試の過去問題集！

70年の歴史を誇る赤本は，500点を超える刊行点数で全都道府県の370大学以上を網羅しており，過去問の代名詞として受験生の必須アイテムとなっています。

なぜ受験に過去問が必要なのか？

大学入試は大学によって問題形式や頻出分野が大きく異なるからです。

赤本の掲載内容

傾向と対策

これまでの出題内容から，問題の「**傾向**」を分析し，来年度の入試に向けて具体的な「**対策**」の方法を紹介しています。

問題編・解答編

- 年度ごとに問題とその解答を掲載しています。
- 「**問題編**」ではその年度の試験概要を確認したうえで，実際に出題された過去問に取り組むことができます。
- 「**解答編**」には高校・予備校の先生方による解答が載っています。

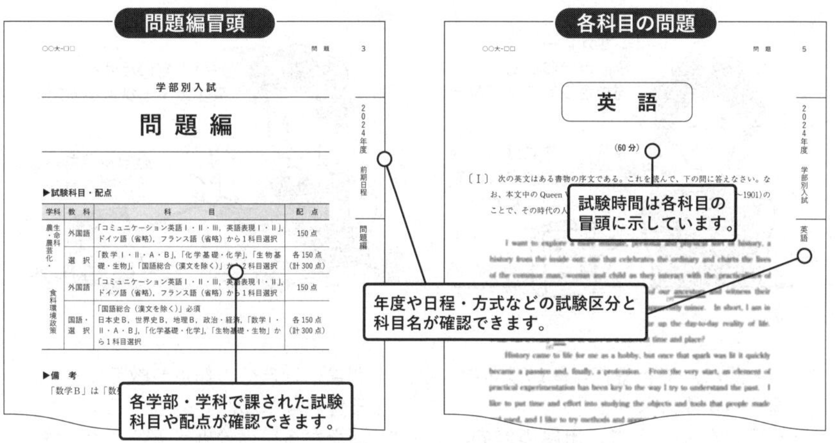

他にも，大学の基本情報や，先輩受験生の合格体験記，在学生からのメッセージなどが載っていることがあります。

掲載内容について

著作権上の理由やその他編集上の都合により問題や解答の一部を割愛している場合があります。なお，指定校推薦入試，社会人入試，編入学試験，帰国生入試などの特別入試，英語以外の外国語科目，商業・工業科目は，原則として掲載しておりません。また試験科目は変更される場合がありますので，あらかじめご了承ください。

受験勉強は

過去問に始まり，

STEP 1

なにはともあれ

まずは解いてみる

過去問は，**できるだけ早いうちに解く**のがオススメ！
実際に解くことで，**出題の傾向，問題のレベル，今の自分の実力**がつかめます。

STEP 2

じっくり具体的に

弱点を分析する

間違いは自分の弱点を教えてくれる**貴重な情報源。**
弱点から自己分析することで，**今の自分に足りない力や苦手な分野**が見えてくるはず！

合格者があかす 赤本の使い方

傾向と対策を熟読
（Fさん／国立大合格）

大学の出題傾向を調べるために，赤本に載っている「傾向と対策」を熟読しました。

繰り返し解く
（Tさん／国立大合格）

1周目は問題のレベル確認，2周目は苦手や頻出分野の確認に，3周目は合格点を目指して，と過去問は繰り返し解くことが大切です。

過去問に終わる。

STEP 3

志望校にあわせて

苦手分野の重点対策

参考書や問題集を活用して，苦手分野の**重点対策**をしていきます。**過去問を指針**に，合格へ向けた具体的な学習計画を立てましょう！

STEP 1▶2▶3

サイクルが大事！

実践を繰り返す

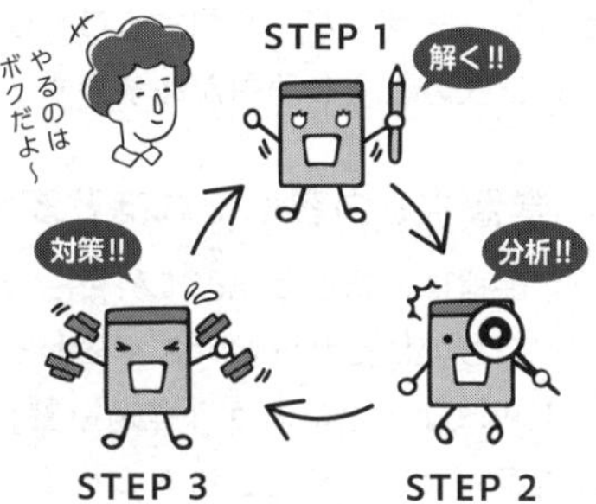

STEP 1～3を繰り返し，実力アップにつなげましょう！
出題形式に慣れることや，**時間配分を考えること**も大切です。

目標点を決める
（Yさん／私立大合格）
赤本によっては合格者最低点が載っているので，それを見て目標点を決めるのもよいです。

時間配分を確認
（Kさん／私立大学合格）
赤本は時間配分や解く順番を決めるために使いました。

添削してもらう
（Sさん／私立大学合格）
記述式の問題は先生に添削してもらうことで自分の弱点に気づけると思います。

新課程入試 Q&A

2022年度から新しい学習指導要領（新課程）での授業が始まり，2025年度の入試は，新課程に基づいて行われる最初の入試となります。ここでは，赤本での新課程入試の対策について，よくある疑問にお答えします。

Q1. 赤本は新課程入試の対策に使えますか？

A. もちろん使えます！

OK

旧課程入試の過去問が新課程入試の対策に役に立つのか疑問に思う人もいるかもしれませんが，心配することはありません。旧課程入試の過去問が役立つのには次のような理由があります。

● 学習する内容はそれほど変わらない

新課程は旧課程と比べて科目名を中心とした変更はありますが，学習する内容そのものはそれほど大きく変わっていません。また，多くの大学で，既卒生が不利にならないよう「経過措置」がとられます（Q３参照）。したがって，出題内容が大きく変更されることは少ないとみられます。

● 大学ごとに出題の特徴がある

これまでに課程が変わったときも，各大学の出題の特徴は大きく変わらないことがほとんどでした。入試問題は各大学のアドミッション・ポリシーに沿って出題されており，過去問にはその特徴がよく表れています。過去問を研究してその大学に特有の傾向をつかめば，最適な対策をとることができます。

出題の特徴の例	・英作文問題の出題の有無 ・論述問題の出題（字数制限の有無や長さ） ・計算過程の記述の有無

新課程入試の対策も，赤本で過去問に取り組むところから始めましょう。

Q2. 赤本を使う上での注意点はありますか？

A. 志望大学の入試科目を確認しましょう。

過去問を解く前に，過去の出題科目（問題編冒頭の表）と 2025 年度の募集要項とを比べて，課される内容に変更がないかを確認しましょう。ポイントは以下のとおりです。科目名が変わっていても，実際は旧課程の内容とほとんど同様のものもあります。

英語・国語	科目名は変更されているが，実質的には変更なし。 ▶▶ **ただし，リスニングや古文・漢文の有無は要確認。**
地歴	科目名が変更され，「歴史総合」「地理総合」が新設。 ▶▶ **新設科目の有無に注意。ただし，「経過措置」（Q３参照）により内容は大きく変わらないことも多い。**
公民	「現代社会」が廃止され，「公共」が新設。 ▶▶ **「公共」は実質的には「現代社会」と大きく変わらない。**
数学	科目が再編され，「数学 C」が新設。 ▶▶ **「数学」全体としての内容は大きく変わらないが，出題科目と単元の変更に注意。**
理科	科目名も学習内容も大きな変更なし。

数学については，科目名だけでなく，どの単元が含まれているかも確認が必要です。例えば，出題科目が次のように変わったとします。

旧課程	「数学Ⅰ・数学Ⅱ・数学Ａ・数学Ｂ（数列・ベクトル）」
新課程	「数学Ⅰ・数学Ⅱ・数学Ａ・**数学Ｂ（数列）・数学Ｃ（ベクトル）**」

この場合，新課程では「数学Ｃ」が増えていますが，単元は「ベクトル」のみのため，実質的には旧課程とほぼ同じであり，過去問をそのまま役立てることができます。

Q3. 「経過措置」とは何ですか？

A. 既卒の旧課程履修者への対応です。

多くの大学では，既卒の旧課程履修者が不利にならないように，出題において「経過措置」が実施されます。措置の有無や内容は大学によって異なるので，募集要項や大学のウェブサイトなどで確認しておきましょう。

○旧課程履修者への経過措置の例

- 旧課程履修者にも配慮した出題を行う。
- 新・旧課程の共通の範囲から出題する。
- 新課程と旧課程の共通の内容を出題し，共通範囲のみでの出題が困難な場合は，旧課程の範囲からの問題を用意し，選択解答とする。

例えば，地歴の出題科目が次のように変わったとします。

旧課程	「日本史 B」「世界史 B」から１科目選択
新課程	**「歴史総合，日本史探究」「歴史総合，世界史探究」から１科目選択※** ※旧課程履修者に不利益が生じることのないように配慮する。

「歴史総合」は新課程で新設された科目で，旧課程履修者には見慣れないものですが，上記のような経過措置がとられた場合，新課程入試でも旧課程と同様の学習内容で受験することができます。

新課程の情報は WEB もチェック！
より詳しい解説が赤本ウェブサイトで見られます。
https://akahon.net/shinkatei/

科目名が変更される教科・科目

	旧課程	新課程
国語	国語総合 国語表現 現代文A 現代文B 古典A 古典B	現代の国語 言語文化 論理国語 文学国語 国語表現 古典探究
地歴	日本史A 日本史B 世界史A 世界史B 地理A 地理B	歴史総合 日本史探究 世界史探究 地理総合 地理探究
公民	現代社会 倫理 政治・経済	公共 倫理 政治・経済
数学	数学Ⅰ 数学Ⅱ 数学Ⅲ 数学A 数学B 数学活用	数学Ⅰ 数学Ⅱ 数学Ⅲ 数学A 数学B 数学C
外国語	コミュニケーション英語基礎 コミュニケーション英語Ⅰ コミュニケーション英語Ⅱ コミュニケーション英語Ⅲ 英語表現Ⅰ 英語表現Ⅱ 英語会話	英語コミュニケーションⅠ 英語コミュニケーションⅡ 英語コミュニケーションⅢ 論理・表現Ⅰ 論理・表現Ⅱ 論理・表現Ⅲ
情報	社会と情報 情報の科学	情報Ⅰ 情報Ⅱ

目　次

2021年度 問題と解答

掲載内容についてのお断り

著作権の都合上，下記の英文と全訳を省略しています。

2023年度：「英語」III

2022年度：「英語」IV

基本情報

学部・学科の構成

大　学

●経済学部

経済数理学科

現代経済学科

●経営学部

総合経営学科

●法学部

法律学科

政治学科

●文学部

英語英米文学科

日本文学科

国際文化学科

現代社会学科

●理工学部

理工学科（データ数理専攻，コンピュータ科学専攻，機械システム専攻，電気電子専攻，応用化学専攻）

大学院

経済経営研究科 / 法学政治学研究科 / 文学研究科 / 理工学研究科

大学所在地

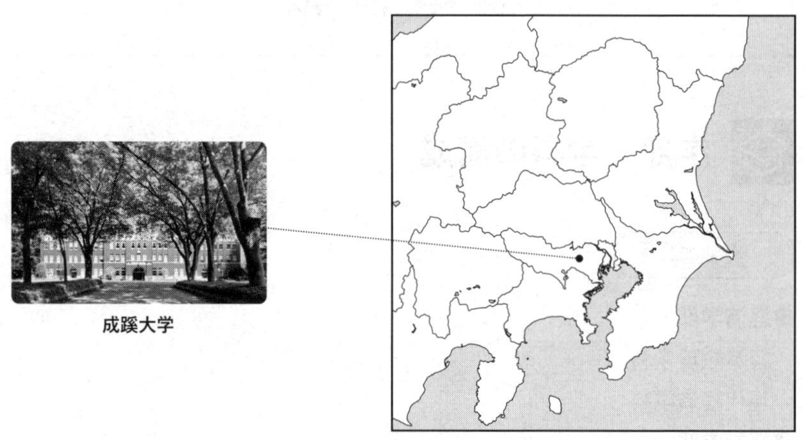

成蹊大学

〒180-8633　東京都武蔵野市吉祥寺北町３－３－１

入試データ

入試状況（志願者数・競争率など）

◯競争率は受験者数÷合格者数で算出。合格者数には追加合格者を含む。

◯一般選抜入試方式について

A方式：3教科型学部個別入試

E方式：2教科型全学部統一入試

G方式：2教科型グローバル教育プログラム統一入試

C方式：共通テスト利用3教科型入試

S方式：共通テスト利用4教科6科目型奨学金付入試

P方式：共通テスト・独自併用5科目型国公立併願アシスト入試

M方式※：共通テスト・独自併用5科目型多面評価入試

※M方式は2024年度一般選抜から廃止。

2024年度　一般選抜状況

学部・学科・専攻			募集人員	志願者数	受験者数	合格者数	競争率
経済	経済数理	A方式	26	346	313	78	4.0
		E方式	6	83	77	21	3.7
		C方式	13	460	459	122	3.8
		P方式	3	52	52	26	2.0
	現代経済	A方式	53	1,036	910	154	5.9
		E方式	9	314	290	44	6.6
		G方式	4	31	31	17	1.8
		C方式	16	548	547	177	3.1
		P方式	7	168	168	105	1.6
経営	総合経営	A方式	115	2,378	2,114	360	5.9
		E方式	16	615	578	107	5.4
		G方式	4	44	44	17	2.6
		C方式	20	1,020	1,019	256	4.0
		P方式	10	110	110	55	2.0

（表つづく）

学部・学科・専攻			募集人員	志願者数	受験者数	合格者数	競争率
法	法律	A 方式	110	1,188	1,036	237	4.4
		E 方式	19	424	407	118	3.4
		G 方式	5	38	38	19	2.0
		C 方式	30	1,265	1,265	303	4.2
		P 方式	30	173	173	139	1.2
	政治	A 方式	60	726	597	152	3.9
		E 方式	9	227	214	53	4.0
		G 方式	3	62	62	27	2.3
		C 方式	20	640	640	163	3.9
		P 方式	20	77	77	64	1.2
文	英語英米文	A 方式	43	367	313	109	2.9
		E 方式	6	231	222	35	6.3
		G 方式	4	28	28	16	1.8
		C 方式	10	291	291	121	2.4
		P 方式	12	83	83	74	1.1
	日本文	A 方式	38	402	353	90	3.9
		E 方式	5	187	175	25	7.0
		C 方式	7	292	292	80	3.7
		P 方式	6	60	60	39	1.5
	国際文化	A 方式	44	445	390	152	2.6
		E 方式	7	284	273	37	7.4
		G 方式	4	59	59	11	5.4
		C 方式	10	521	521	161	3.2
		P 方式	6	75	75	52	1.4
	現代社会	A 方式	43	465	415	108	3.8
		E 方式	6	131	124	28	4.4
		C 方式	7	280	280	107	2.6
		P 方式	6	49	49	34	1.4
理工	データ数理	A 方式	26	405	344	65	5.3
		E 方式	7	127	122	38	3.2
		C 方式	16	337	336	96	3.5
		S 方式	4	99	99	53	1.9
	コンピュータ科学	A 方式	34	571	500	94	5.3
		E 方式	9	153	146	37	3.9
		C 方式	20	480	479	109	4.4
		S 方式	4	113	113	42	2.7

（表つづく）

学部・学科・専攻			募集人員	志願者数	受験者数	合格者数	競争率
理工	機械システム	A 方式	34	387	332	94	3.5
		E 方式	9	97	93	31	3.0
		C 方式	20	485	484	155	3.1
		S 方式	4	100	100	43	2.3
	電気電子	A 方式	26	320	266	87	3.1
		E 方式	7	76	73	20	3.7
		C 方式	16	334	334	131	2.5
		S 方式	4	109	109	56	1.9
	応用化学	A 方式	30	348	296	103	2.9
		E 方式	8	97	95	28	3.4
		C 方式	18	417	417	135	3.1
		S 方式	4	151	151	82	1.8
合計			1,172	21,481	20,113	5,592	—

2023年度 一般選抜状況

学部・学科・専攻			募集人員	志願者数	受験者数	合格者数	競争率
経済	経済数理	A 方 式	24	395	353	59	6.0
		E 方 式	6	88	81	19	4.3
		C 方 式	12	468	468	142	3.3
		P 方 式	3	89	89	27	3.3
		M 方 式	3	11	11	6	1.8
	現代経済	A 方 式	50	1,193	1,063	136	7.8
		E 方 式	8	295	286	32	8.9
		G 方 式	4	34	34	12	2.8
		C 方 式	15	695	694	172	4.0
		P 方 式	7	84	84	58	1.4
		M 方 式	5	6	5	5	1.0
経営	総合経営	A 方 式	115	1,963	1,782	416	4.3
		E 方 式	16	470	455	78	5.8
		G 方 式	4	72	72	15	4.8
		C 方 式	20	803	801	200	4.0
		P 方 式	10	91	91	44	2.1
法	法律	A 方 式	110	1,193	1,035	258	4.0
		E 方 式	19	314	296	100	3.0
		G 方 式	5	24	24	13	1.8
		C 方 式	30	600	600	251	2.4
		P 方 式	30	129	129	117	1.1
	政治	A 方 式	60	647	550	165	3.3
		E 方 式	9	182	167	47	3.6
		G 方 式	3	43	43	28	1.5
		C 方 式	20	475	474	197	2.4
		P 方 式	20	54	54	46	1.2
文	英語英米文	A 方 式	43	313	257	101	2.5
		E 方 式	6	170	160	46	3.5
		G 方 式	4	49	49	11	4.5
		C 方 式	10	374	374	160	2.3
		P 方 式	12	52	52	48	1.1

（表つづく）

学部・学科・専攻			募集人員	志願者数	受験者数	合格者数	競争率
文	日本文	A方式	38	351	303	81	3.7
		E方式	5	114	100	23	4.3
		C方式	7	256	256	81	3.2
		P方式	6	36	36	30	1.2
	国際文化	A方式	44	270	225	105	2.1
		E方式	7	169	162	60	2.7
		G方式	4	46	46	17	2.7
		C方式	10	231	231	112	2.1
		P方式	6	43	43	39	1.1
	現代社会	A方式	43	371	338	105	3.2
		E方式	6	141	137	15	9.1
		C方式	7	426	426	95	4.5
		P方式	6	53	53	22	2.4
理工	データ数理	A方式	26	387	326	97	3.4
		E方式	7	106	101	26	3.9
		C方式	16	247	247	110	2.2
		S方式	4	60	60	37	1.6
	コンピュータ科学	A方式	34	477	387	60	6.5
		E方式	9	113	105	26	4.0
		C方式	20	313	313	111	2.8
		S方式	4	71	71	36	2.0
	機械システム	A方式	34	476	399	74	5.4
		E方式	9	112	108	31	3.5
		C方式	20	336	336	169	2.0
		S方式	4	86	86	45	1.9
	電気電子	A方式	26	349	291	74	3.9
		E方式	7	118	114	21	5.4
		C方式	16	278	278	131	2.1
		S方式	4	76	76	48	1.6
	応用化学	A方式	30	396	322	64	5.0
		E方式	8	92	86	28	3.1
		C方式	18	332	332	156	2.1
		S方式	4	127	127	69	1.8
合計			1,172	18,435	17,154	5,207	―

追加合格者について

合格者の入学手続状況により，３教科型学部個別入試（Ａ方式）および２教科型グローバル教育プログラム統一入試（Ｇ方式）の合格発表日に発表された補欠者の中から成績順に追加合格者が発表される。

● 3 教科型学部個別入試（A 方式）

学部・学科・専攻		2024 年度		2023 年度	
		補欠発表者数	追加合格者数	補欠発表者数	追加合格者数
経済	経済数理	102	16	100	0
	現代経済	200	25	200	10
経営	総合経営	340	0	460	136
法	法律	211	87	133	124
	政治	163	71	87	87
文	英語英米文	85	34	80	11
	日本文	83	23	81	12
	国際文化	91	90	64	30
	現代社会	100	48	73	28
理工	データ数理	90	0	121	34
	コンピュータ科学	108	0	101	26
	機械システム	112	0	107	16
	電気電子	98	0	90	25
	応用化学	109	0	103	24

● 2 教科型グローバル教育プログラム統一入試（G 方式）

学部・学科		2024 年度		2023 年度	
		補欠発表者数	追加合格者数	補欠発表者数	追加合格者数
経済	現代経済	10	4	15	0
経営	総合経営	16	9	27	8
法	法律	21	8	9	4
	政治	39	16	22	17
文	英語英米文	15	9	16	0
	国際文化	25	0	20	4

合格者最低点

学部・学科・専攻			満　点	合格者最低点	
				2024 年度	2023 年度
経済	経済数理	A 方式	400	210	218
		E 方式	500	368	307
		C 方式	700	504	496
		P 方式	1000	746	715
		M 方式	—		—
	現代経済	A 方式	300	184.71	174.45
		E 方式	500	422	372
		G 方式	700	—	—
		C 方式	600	444	454
		P 方式	900	644	600
		M 方式	—		—
経営	総合経営	A 方式	350	255.76	240.69
		E 方式	600	506	446
		G 方式	700	—	—
		C 方式	1000	763	773
		P 方式	900	678	660
法	法　律	A 方式	320	216.48	217.45
		E 方式	500	414	353
		G 方式	700	—	—
		C 方式	1000	771	728
		P 方式	900	597	551
	政　治	A 方式	320	213.92	219
		E 方式	500	409	352
		G 方式	700	—	—
		C 方式	1000	760	731
		P 方式	900	587	550

（表つづく）

学部・学科・専攻			満点	合格者最低点	
				2024 年度	2023 年度
文	英語英米文	A 方 式	450	273.26	273.03
		E 方 式	500	421	350
		G 方 式	700	—	—
		C 方 式	700	511	512
		P 方 式	900	593	525
	日本文	A 方 式	350	235.04	228.15
		E 方 式	500	425	375
		C 方 式	700	538	518
		P 方 式	900	628	601
	国際文化	A 方 式	400	250.34	239.53
		E 方 式	500	430	360
		G 方 式	700	—	—
		C 方 式	500	382	356
		P 方 式	900	654	577
	現代社会	A 方 式	400	263.59	250.54
		E 方 式	500	427	394
		C 方 式	500	375	383
		P 方 式	900	683	666
理工	データ数理	A 方 式	360	211	176
		E 方 式	600	429	363
		C 方 式	600	421	405
		S 方 式	900	631	607
	コンピュータ科学	A 方 式	360	218	193
		E 方 式	600	414	363
		C 方 式	600	430	426
		S 方 式	900	645	631
	機械システム	A 方 式	360	190	175
		E 方 式	600	411	348
		C 方 式	600	407	376
		S 方 式	900	615	593
	電気電子	A 方 式	360	178	167
		E 方 式	600	375	330
		C 方 式	600	393	383
		S 方 式	900	606	592

（表つづく）

学部・学科・専攻			満　点	合格者最低点	
				2024 年度	2023 年度
理工	応用化学	A　方　式	360	204	186
		E　方　式	600	405	366
		C　方　式	600	410	382
		S　方　式	900	617	610

（備考）

- 合格者最低点は追加合格者を含んでいる。
- G方式の合格者最低点は非公表。
- 2023 年度：M方式は大学入学共通テスト（1000 点満点）と面接（段階評価）によって，総合的に判定される。なお，合格者最低点は非公表。

入試ガイドの入手方法

成蹊大学の一般選抜はすべてWeb出願です。『入試ガイド』は入学試験要項の抜粋版で，願書ではありません。入学試験要項は，成蹊大学の入試情報サイトS-NET（https://www.seikei.ac.jp/university/s-net/）でご確認いただけます（10月上旬公開予定）。『入試ガイド』の郵送をご希望の方は，テレメールにてお申し込みください（送料200円／10月中旬発送開始予定）。

成蹊大学のテレメールによる資料請求方法

スマートフォンから	QRコードからアクセスしガイダンスに従ってご請求ください。
パソコンから	教学社 赤本ウェブサイト(akahon.net)から請求できます。

問い合わせ先

成蹊大学　アドミッションセンター
〒180-8633　東京都武蔵野市吉祥寺北町3－3－1
TEL　0422-37-3533(直通)
FAX　0422-37-3864
URL　https://www.seikei.ac.jp/university/s-net/
Eメール　nyushi@jim.seikei.ac.jp

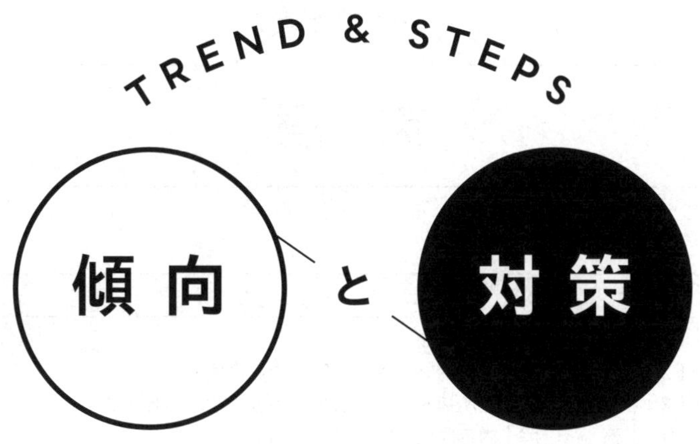

科目ごとに問題の「傾向」を分析し，具体的にどのような「対策」をすればよいか紹介しています。まずは出題内容をまとめた分析表を見て，試験の概要を把握しましょう。

注　意

「傾向と対策」で示している，出題科目・出題範囲・試験時間等については，2024 年度までに実施された入試の内容に基づいています。2025 年度入試の選抜方法については，各大学が発表する学生募集要項を必ずご確認ください。

英　語

年度	番号	項　目	内　容
2024 ●	〔1〕	読　　解	空所補充
	〔2〕	会 話 文	空所補充，内容説明，内容真偽
	〔3〕	読　　解	空所補充，同意表現，内容説明，内容真偽
	〔4〕	読　　解	内容説明，空所補充，語句整序
	〔5〕	読　　解	内容説明，同意表現，空所補充，内容真偽
2023 ●	〔1〕	読　　解	空所補充
	〔2〕	会 話 文	空所補充，内容説明，内容真偽
	〔3〕	読　　解	内容説明，空所補充，段落の主題，内容真偽
	〔4〕	読　　解	内容説明，空所補充，同意表現，内容真偽
	〔5〕	読　　解	内容説明，同意表現，内容真偽
2022 ●	〔1〕	読　　解	空所補充
	〔2〕	読　　解	空所補充
	〔3〕	会 話 文	空所補充
	〔4〕	読　　解	内容説明，内容真偽，空所補充，段落の主題
	〔5〕	読　　解	内容説明，内容真偽，空所補充，主題，文章の種類
	〔6〕	読　　解	内容説明，空所補充，同意表現，主題
2021 ●	〔1〕	読　　解	空所補充
	〔2〕	読　　解	空所補充
	〔3〕	会 話 文	空所補充
	〔4〕	読　　解	内容説明，内容真偽，同意表現
	〔5〕	読　　解	内容説明，段落の主題，空所補充，内容真偽
	〔6〕	読　　解	空所補充，内容説明，同意表現

（注）●印は全問，◑印は一部マークシート方式採用であることを表す。

読解英文の主題

年度	番号	主　題
2024	〔1〕	ロンドンに生息する鳥たち
	〔3〕	理想の女性を追い求めた王様の話
	〔4〕	3-D プリンターについて
	〔5〕	運について
2023	〔1〕	映画の歴史
	〔3〕	言語消滅の原因と影響
	〔4〕	分割睡眠について
	〔5〕	正義の鐘と馬の物語
2022	〔1〕	知られていないサメの側面
	〔2〕	オーストラリアへの移住者ジェームズ＝カルダーの話
	〔4〕	カフェインの摂取について
	〔5〕	不思議な店
	〔6〕	今日の翻訳における問題
2021	〔1〕	スティーブ＝ジョブズが設立した会社の名前とロゴの由来
	〔2〕	骨董品鑑定で見つかった驚くべき貴重品
	〔4〕	足元のダイヤモンドに気づくことの大切さ
	〔5〕	海に排出されるプラスチックの害について
	〔6〕	車の有害性・危険性について

大量の英文をスピーディーに読み解く力が必要
文法力を土台にして読解力を伸ばそう！

01　出題形式は？

2022年度まで読解問題5題，会話文問題1題，計6題の出題だったが，2023年度から読解問題4題，会話文問題1題，計5題の出題となっている。会話文問題では，2023・2024年度は2022年度と比べて英文量が増えており，設問も従来の空所補充問題に加えて内容を問う問題が出題されている。試験時間は90分。すべてマークシート方式である。

02 出題内容はどうか？

長文読解問題は，構文や語彙にはそれほど難しいものはなく，標準的な読解力があれば対応できる。語彙・定型表現等の大半は前後関係から理解できるものであるが，問題はその量である。読解問題の英文量は設問も含めるとかなりの量であり，ある程度の速さで，しかも設問に沿った形で内容を押さえながら読むという，速読力と読解力が求められる。設問はおおむね素直な問題が多く，英文全体の論旨を押さえながら読むことが大切である。内容説明や内容真偽はもちろんのことだが，空所補充の問題でも，定型表現の空所を埋めるというよりは，むしろ内容をどれだけ把握しているかを問うものが多い。読解問題のテーマは，論理展開の明快な内容のものが多いが，短編小説，またはエッセーが出題されることもある。

会話文問題は，2022年度までは1対1の対話形式で出題され，対話を成立させる表現を選ぶ空所補充問題であったが，2023年度は4人，2024年度は3人の話者によるまとまった内容の文章となり，設問では空所補充問題に加えて，内容について問う問題も出題された。特別な口語表現が問われることは少ないが，会話の状況を把握できるかどうかがポイントである。ひとひねりされている問題もあり，困惑する受験生もいただろう。標準的な語彙・構文をしっかりと身につけ，読解力を高めておく必要がある。

03 難易度は？

難易度は例年ほぼ一定で，標準的である。試験時間90分に対して英文量が多く，文脈をしっかり押さえる必要がある設問が多い。よって，大量の英文を読むことにより，実戦的な読解力を養うようにしよう。

対策

01 長文読解力の養成

長文読解問題の占める割合が非常に大きく，読解力の養成は必須である。

速いスピードで英文を読み，内容を把握し，臨機応変に問題に答えるためには，標準的な単語や熟語を知っていることはもちろんだが，英文の論旨に着目し，文脈を正確に押さえながら読むことが大切である。単語の意味が理解できなくても，前後の文脈から判断したり，消去法で答えを見つけ出したりして，粘り強く英文を読むことを心がけよう。教科書に加えて，『英語長文レベル別問題集』（ナガセ）等で数多くの長文問題を解いて，英文を読む訓練をしておこう。

02 文法・語彙・語法

独立した大問として直接に問われることは近年ないが，文法・語彙・語法は英文解釈の基盤である。不得意分野を残さないよう『大学入試 すぐわかる英文法』（教学社）などの文法参考書で繰り返し学習し，問題集を活用して知識の定着を図りたい。また，単語や熟語の勉強を通しても，文法への理解を深めておきたい。

03 過去問の活用

本書を活用して，出題形式やレベル，時間配分などを確認しておきたい。さらに，全訳を参考に英文の意味を確認し，語彙感覚を高めることが重要である。過去の問題に積極的に取り組み，実力を伸ばすことを心がけたい。

数　学

年度	番号	項　目	内　容
2024 ◑	〔1〕	小 問 6 問	(1) 2 次式が円を表す条件　(2)指数方程式　(3)分数関数と漸近線　(4)三角関数の極限　(5)媒介変数表示された点の速さの最小値　(6)根号を含む関数の定積分
	〔2〕	小 問 2 問	(1)三角関数の方程式　(2)放物線・分数関数の接線と囲まれた図形の面積
	〔3〕	微・積分法	曲線と接線で囲まれた図形の面積
2023 ◑	〔1〕	小 問 6 問	(1)ベクトルの大きさの最大値と最小値 (2)対数方程式 (3) 3 次方程式の解と係数の関係と三角関数 (4)座標空間内の三角形の面積 (5) 3 次関数の導関数による商 (6)数直線上を動く点の道のり
	〔2〕	小 問 2 問	(1)集合の要素の個数の範囲 (2)数列の和と一般項，絶対値の総和
	〔3〕	微・積分法	曲線と接線で囲まれた図形の面積　⊘証明
2022 ◑	〔1〕	小 問 7 問	(1) 2 次不等式の解となる整数の個数　(2)平面ベクトルの分解と大きさの計算　(3)三角形の中線の長さ　(4)空間ベクトルの分解　(5)絶対値で表された関数の積分　(6)三角関数の最大・最小　(7)複素数の極形式とド・モアブルの定理
	〔2〕	小 問 3 問	(1)天気を予想する条件付き確率　(2)整数であり三角形の辺となるような等差数列の数　(3)絶対値を含む 2 次関数と 1 次関数の共有点の個数
	〔3〕	微・積分法	2 本の曲線で囲まれた図形の面積
2021 ◑	〔1〕	小 問 7 問	(1)恒等式となるような定数の決定　(2)集合の要素の個数　(3)展開式における係数の決定　(4)対数を指数にもつ数　(5)曲線と直線で囲まれた図形の面積　(6)三角関数の最大・最小　(7)条件をみたす複素数の絶対値の最大値
	〔2〕	小 問 2 問	(1)ベクトルの内積，円に内接する三角形の面積　(2) x の整式 $f(x)$ が x の 2 次式で割り切れるときの定数の値の決定，有理数と無理数の係数比較による定数の値の決定
	〔3〕	微・積分法	曲線と接線と x 軸で囲まれた図形の面積

（注）●印は全問，◑印は一部マークシート方式採用であることを表す。

出題範囲の変更

2025年度入試より，数学は新教育課程での実施となります。詳細については，大学から発表される募集要項等で必ずご確認ください（以下は本書編集時点の情報）。

2024年度（旧教育課程）	2025年度（新教育課程）
数学Ⅰ・Ⅱ・Ⅲ・A・B（数列，ベクトル）	数学Ⅰ・Ⅱ・Ⅲ・A・B（数列）・C（ベクトル，平面上の曲線と複素数平面）

旧教育課程履修者への経過措置

2025年度は，新教育課程と旧教育課程の内容を考慮した出題をする。

小問集合では幅広い分野から出題　微・積分法は必出！

01 出題形式は？

試験時間は75分。大問3題のうち，1題は記述式であり，2023年度のように証明問題が出題されることもある。他2題はマークシート方式である。

02 出題内容はどうか？

小問集合は全範囲から幅広く出題されている。例年，小問集合が2題で，あとの大問1題は微・積分法である。

03 難易度は？

基本から標準レベルの典型的な出題が多い。しかし，小問集合の中には，高い計算力を要求する問題もあり，計算の正確さと速さが求められている。

対策

01 基礎力の充実

まず教科書の内容を十分に理解し，例題や節末・章末問題は確実に解けるようにしておくこと。難しい問題集や参考書に取り組む必要はないが，標準的な解法はひと通り身につける必要がある。『大学への数学 入試数学の基礎徹底』（東京出版）などが適切なレベルと思われる。

02 計算力の強化

大問２題はマークシート方式であり，結果のみを問われる。また，記述問題においては，微分・積分の計算が出題されている。このため計算の正確さ・速さを鍛えることは最重要課題である。時間を計って演習することで，時間配分を考える習慣を身につけたい。問題演習においては，途中で解答を見るのではなく必ず自分で計算をやりとげるようにしたい。

03 出題傾向の研究

近年の出題傾向は一定しているため，過去問は必ず解いておきたい。また，「数学Ⅲ」のグラフ，面積・体積問題などは，積分計算なども含めて，標準的なレベルの問題を数多く解くことで十分に慣れておきたい。

国　語

年度	番号	種類	類別	内　容	出　典
2024 ●	〔1〕	現代文	評　論	書き取り，内容説明，語意，空所補充，主旨	「日本社会のしくみ」小熊英二
	〔2〕	現代文	随　筆	語意，内容説明，文法（口語），空所補充，内容真偽	「トリエステの坂道」須賀敦子
	〔3〕	現代文	評　論	内容説明，空所補充，指示内容，口語訳	「なぜ，私たちは恋をして生きるのか」宮野真生子
2023 ●	〔1〕	現代文	評　論	書き取り，内容説明，文章の構成，内容真偽	「日本語をどう書くか」柳父章
	〔2〕	現代文	評　論	ことわざ，文学史，内容説明，空所補充，表現効果，語意，主旨	「スマートな悪　技術と暴力について」戸谷洋志
	〔3〕	文語文	小　説	内容説明，語意，内容真偽，表現効果	「土偶木偶」幸田露伴
2022 ●	〔1〕	現代文	評　論	書き取り，表現効果，内容説明，語意，文章の構成，内容真偽	「科学技術は暴走しているのか？」佐倉統
	〔2〕	現代文	評　論	文学史，内容説明，表現効果，語意，空所補充，内容真偽	「日本風景論」加藤典洋
	〔3〕	文語文	評　論	資料読み取り，語意，内容説明，空所補充，内容真偽	「東京朝日新聞」
2021 ●	〔1〕	現代文	評　論	書き取り，語意，内容説明，空所補充，文法（口語），内容真偽	「科学者が人間であること」中村桂子
	〔2〕	現代文	評　論	書き取り，内容説明，空所補充	「ヴァルター・ベンヤミン」柿木伸之
	〔3〕	文語文	小　説	口語訳，内容説明，語意，表現効果，内容真偽，文学史	「有楽門」森鷗外

（注）　●印は全問，◑印は一部マークシート方式採用であることを表す。

現代文＋文語文が課される 時間配分にも留意を

01 出題形式は？

近代以降の文章が出題されている。現代文 2 題と文語文 1 題の計 3 題の出題が基本である。2024 年度は現代文 3 題であったが，〔3〕は文語文が引用された文章であった。試験時間は 75 分。全問マークシート方式の選択問題である。

02 出題内容はどうか？

現代文は，評論からの出題が中心だが，随筆が出題されることもある。設問は，内容説明を中心に，空所補充，内容真偽といったオーソドックスなものに加えて，漢字の書き取りや語意といった語彙力に関する問題や，文学史などの知識問題も出題されている。表現効果（比喩など）について問う問題も頻出である。

文語文は，明治・大正期の文章で，著名な作家の小説や新聞の社説からの出題である。2024 年度は文語文を含んだ現代評論が出題された。設問は，内容を問うものの他に，語意，慣用表現など語彙にかかわるものが出題されている。古典文法や漢文についての知識がないと苦しい設問もいくつか見られる。加えて，ここでも文学史が出題されることがある。

03 難易度は？

文章をしっかり読み解くことができれば，設問は標準的だが，選択肢の細かい部分まで読解することが重要である。また，問題量に対して試験時間がやや短いので，時間配分が重要になってくる。1 題 25 分を目安に，問題文が短めのものはさらに短い時間で仕上げるようにして，解き残しのないようにしたい。

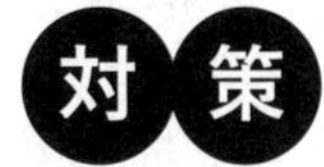

01 現代文

かなり読みごたえのある評論や，著名な作家の随筆を中心に出題されているので，読解力の養成に役立つ問題集を何冊かこなしたい。『体系現代文』（教学社）など，早い段階で記述問題も含んだものにあたることで，何をどのように答えるべきかについて，より意識的になることを目指そう。それが，確信をもって正解の選択肢を選ぶことにつながる。現代文用語集（『高校生のための評論文キーワード100』（筑摩書房）など）による語彙力強化も必須である。また，表現効果を問う問題も出されている。修辞的な表現があれば，それがどういった意味を表すために使われているのかを押さえるようにして，主な修辞技法については習熟しておきたい。

02 文語文

2024年度は文語文を引用した現代評論が出題されたが，文語文の内容が正しく読み取れることが必要である。まずは本書を利用して文語文の文体に慣れよう。文語文の内容理解には古典文法に習熟することが不可欠であるが，漢文にもある程度親しんでおきたい。文語文は「なんぞ～ざるや」や「～べくんば～なり」などのように漢文訓読調のものが多いので，漢文学習で身につく語彙力が大いに力を発揮するからである。さらに高得点をめざすなら，『近代文語文問題演習』（駿台文庫）に挑戦するのもよいだろう。

03 漢字・文学史

漢字の書き取りは，標準的な問題集を1冊仕上げれば十分である。ただし，語意や熟語，慣用表現，ことわざに関する設問も散見されるので，一つ一つの語句や漢字の意味を確認しながらの学習が効果的である。

文学史は，近代以降の有名な作家や作品に関するものがほとんどである。

明治時代から現代までの事項を，国語便覧や問題集を使ってしっかり頭に入れておきたい。

2024年度

問題と解答

2 教科型全学部統一入試（E 方式）
2 教科型グローバル教育プログラム統一入試（G方式）
5 科目型国公立併願アシスト入試（P 方式）

問　題　編

▶試験科目・配点

方式	学部・学科		教　科	科　目	配　点
E方式	経済	経済数理	外国語	コミュニケーション英語Ⅰ・Ⅱ・Ⅲ，英語表現Ⅰ・Ⅱ	300 点
			数　学	数学Ⅰ・Ⅱ・Ⅲ・A・B（数列・ベクトル）	200 点
		現代経済	外国語	コミュニケーション英語Ⅰ・Ⅱ・Ⅲ，英語表現Ⅰ・Ⅱ	300 点
			国　語	国語総合（近代以降の文章），現代文B	200 点
	経　営		外国語	コミュニケーション英語Ⅰ・Ⅱ・Ⅲ，英語表現Ⅰ・Ⅱ	400 点
			国　語	国語総合（近代以降の文章），現代文B	200 点
	法		外国語	コミュニケーション英語Ⅰ・Ⅱ・Ⅲ，英語表現Ⅰ・Ⅱ	300 点
			国　語	国語総合（近代以降の文章），現代文B	200 点
	文	英語英米文，国際文化，現代社会	外国語	コミュニケーション英語Ⅰ・Ⅱ・Ⅲ，英語表現Ⅰ・Ⅱ	300 点
			国　語	国語総合（近代以降の文章），現代文B	200 点
		日本文	外国語	コミュニケーション英語Ⅰ・Ⅱ・Ⅲ，英語表現Ⅰ・Ⅱ	200 点
			国　語	国語総合（近代以降の文章），現代文B	300 点
	理　工		外国語	コミュニケーション英語Ⅰ・Ⅱ・Ⅲ，英語表現Ⅰ・Ⅱ	300 点
			数　学	数学Ⅰ・Ⅱ・Ⅲ・A・B（数列，ベクトル）	300 点

方式	学部・学科		教科	科目	配点
G方式	経済（現代経済）・経営・法・文（英語英米文・国際文化）		外国語	コミュニケーション英語Ⅰ・Ⅱ・Ⅲ，英語表現Ⅰ・Ⅱ	400点
			国　語	国語総合（近代以降の文章），現代文B	200点
			活動報告書		50点
			英語外部検定試験		50点
P方式	経済・経営・法		外国語	コミュニケーション英語Ⅰ・Ⅱ・Ⅲ，英語表現Ⅰ・Ⅱ	200点
	文	英語英米文，国際文化，現代社会	外国語	コミュニケーション英語Ⅰ・Ⅱ・Ⅲ，英語表現Ⅰ・Ⅱ	200点
		日本文	国　語	国語総合（近代以降の文章），現代文B	200点

▶備　考

- 数学Aの出題範囲は，全分野とする。
- G方式の英語外部検定試験は，スコアを50点満点に換算する。
- P方式は共通テスト5科目と独自試験の総合点で合否を判定。

英　語

（90分）

I　次の英文の空所①～⑮に入れるのに最もふさわしい語をそれぞれ1～4の中から一つ選び、その番号をマークしなさい。

When most people think of London, they (①) a busy metropolis crowded with people, traffic, and buildings. While this is true, there's another side to the city that often goes unrecognised by casual visitors. This is the many (②) that live there and bring natural colour to an otherwise urban landscape.

London is home to a (③) variety of creatures. Birds are a particularly (④) part of the life of the (⑤). Trafalgar Square, in the heart of Westminster, is home to countless pigeons. In fact, there are so many that the local council became concerned and installed anti-pigeon measures, such as spikes and wires, which were supposed to stop them from landing. Still, this has not (⑥) the birds, and they continue to gather in the area, where tourists often feed them despite being asked not to by warning signs.

The Tower of London is also famous for its birds, with nine ravens* living there full time at the (⑦). There is an old legend that, if the ravens ever (⑧) the Tower, then the kingdom will fall, so they are encouraged to stay. Nobody knows exactly when they started to live there, or how long the legend has (⑨), although it has certainly been for hundreds of years. While it may be just a story, the staff are careful to keep the birds happy and well looked after.

In the many parks around the city, an even larger range of bird life can be found. In Regent's Park, for example, it is not uncommon to see the characteristic black and white shape of a magpie* as it searches for food. They often travel in pairs, but there is a British tradition that, if you see a magpie by (⑩), you are supposed to greet it and say something to show respect, such as “Good morning, my Captain.” This is supposed to (⑪) bad luck away.

In St. James' Park, near Buckingham Palace, there is a circular lake where many swans gather and float grandly on the water. These birds seem to feel (⑫) and comfortable around humans, and perhaps they are right to do so, as, under English law, certain types of swan are considered to belong to the Royal Family, and have done so for nearly a thousand years. In fact, several people have been punished in the past for harming these creatures, so this is a tradition to (⑬) seriously.

If you walk through the city at night and it is quiet enough, you might hear the characteristic call of an owl. On a clear day, if you look up, you (⑭) sometimes see a falcon flying in the sky. When Christmas draws close, locals know to look for robins, with their red breasts and loud song. As you pass the rivers that run through Camden, you might see ducks, moorhens and geese, all swimming happily. London may be a place made by human beings, but that doesn't mean that we're the only ones to live there. (⑮) to co-exist in harmony with animals can surely make our world a better, kinder place.

Notes:

*raven：ワタリガラス

*magpie：カササギ

	1	2	3	4	
①	meet	imagine	visit	explore	1
②	buildings	people	royals	animals	2
③	wide	deep	thin	high	3
④	responsible	possible	noticeable	invisible	4
⑤	world	country	city	village	5
⑥	guarded	rejected	discouraged	protected	6
⑦	moment	now	time	past	7
⑧	build	leave	inhabit	destroy	8
⑨	existing	existed	existence	exist	9
⑩	alone	one	itself	solitary	10
⑪	pull	maintain	hold	keep	11
⑫	nervous	scared	safe	near	12
⑬	ignore	take	make	employ	13
⑭	can	mustn't	did	don't	14
⑮	Doing	Existing	Giving	Learning	15

Ⅱ 次の英文を読んで、空所１～７にあてはまる最も適切な表現を、また設問８～10に対する最も適切な答えを、それぞれ１～４の中から一つ選び、その番号をマークしなさい。

Brianna is sitting in a café when Gary walks in.

Brianna: Hey Gary, how's it going?

Gary: Oh, hey Brianna — you look super happy.

Brianna: Yeah, I am. (　1　) has just happened.

Gary: Tell me!

Brianna: Well, you know I've been trying to make it as an artist, right?

Gary: Sure. Your paintings are really amazing.

Brianna: Thanks, but until today I'd been worried that I was never going to make any money from them.

Gary: (　2　)?

Brianna: I sure did! Kind of, anyway. You see, I've been posting images of my pictures online and someone wanted to buy a digital copy of some of them. They've offered to pay me a lot of money.

Gary: Hmmmm. How much?

Brianna: Much more than I (　3　). About two thousand dollars each, using digital currency. They say they have people all over the world who might want to buy them. All I need to do is send them a couple of hundred dollars to set up the account, then they can start to pay me for my art!

Gary: Wait a minute. You mean that, before they pay you, you have to pay them?

Brianna: Yeah. They told me this is the normal way that most art dealers (　4　) nowadays.

Gary: Have you met them in person?

Brianna : Well, no, but we've exchanged a lot of messages. They seem really cool, and they say such nice things about my work.

Gary: I'm (　5　) it to you, but don't you realize this is probably a scam?

Brianna : What? What do you mean?

Gary: I mean that somebody online wants to get money from you and maybe also your personal details. Once you give them that, they'll vanish and maybe even steal your identity.

Brianna : But they come across as so honest. I mean, isn't my art good enough to sell?

Gary: Well maybe, but that's exactly how these online cheats work. They find people who are doing something they love and try to use that passion to steal money. Models, musicians, writers, and artists all make good victims because they truly believe in what they are doing, and that can make them vulnerable to this kind of (6).

Brianna : But I'm not rich!

Gary: It doesn't matter. All they're after is a few hundred dollars at first and then, if possible, they'll try to get your personal details. Things like your bank account numbers, your home address, and your telephone number. Information like that can be worth a lot to criminals and they can use it to ruin your life. They can even trick your friends and family too.

Brianna : I can't believe that anyone would do something like that. I mean, it's horrible!

Gary: Well, let's ask for (7). Hey, Patricia!

Patricia: Oh, hi guys. How are you?

Gary : Can we ask what you think about something? Brianna here has put some of her art online and someone has offered her a bunch of money for it, as long as she sends them a couple of hundred dollars first.

Patricia : Seriously? I mean, it's obviously a scam, right? I'm pleased to say that nobody I know would ever be stupid enough to be tricked by something like that!

Brianna : Ha, ha. Yeah. Um, I guess you're right. I should stay away.

Gary: It just goes to show that we all need to be careful when we're online. There are a lot of dangerous people out there.

1. 1 Something wonderful
   2 My birthday
   3 The inspiration
   4 Nothing new　　16

2. 1 You found something
   2 You made something
   3 You sold something
   4 You bought something　　17

3. 1　knew
   2　expected
   3　described
   4　explored　　18

4. 1　travel to exhibitions
   2　show paintings
   3　create new art
   4　do business online　　19

5. 1　sorry to break
   2　happy to tell
   3　careful to explain
   4　quick to show　　20

6. 1　exciting opportunity
   2　art exhibition
   3　dishonest behaviour
   4　good publicity　　21

7. 1　another expert
   2　a second opinion
   3　a good idea
   4　an opportunity　　22

8. What do the online art dealers probably want according to Gary?
   1　Art and personal details.
   2　Money and art.
   3　Money and personal details.
   4　Art, money, and personal details.　　23

9. Which of the following is NOT implied in the conversation?

1 Patricia was tricked by an online art dealer.

2 Brianna was happy at first to think she had sold her art.

3 Gary quickly realized that Brianna had been tricked.

4 Artists can easily be targeted by online criminals. **24**

10. What will Brianna probably do next?

1 She will sell her work to the art dealers.

2 She will meet the art dealers in person.

3 She will stop communicating with the art dealers.

4 She will become an online art dealer. **25**

Ⅲ Read the passage and answer the questions.

A long time ago, in a far-off land, there lived a king who could not find love. Even though many beautiful women were always introducing themselves and trying to get his attention, as he spent time with them one after another, all of them really seemed to be more interested (1). "How can I, a king, ever know if someone truly loves me for who I am?" he used to say, as he sat on his cold, cold throne by himself. At the same time, the members of his court were pressing him to marry and to have a child so that his royal line (2) could continue. As the years went on, he grew more and more frustrated with the situation and eventually declared that he would never marry anyone. His people in his kingdom were (3), but nothing anybody said could change the king's mind.

The king began to spend more and more time alone in his private chambers*. To pass the time, he tried many different arts. First, he tried to write poetry, but found that all of his verses were dark and gloomy. Then, he tried to paint, but all of his pictures were (4). After that, he tried singing, but his voice sounded more like a crow than a human, and he had no ear for music at all. (5), he turned his hand to sculpture.

When he began to carve marble for the first time, the king realised that he had found the perfect art to suit his temperament (6). The stone was cold and hard, just like his heart, but the more he worked on it, the more it began to take on a shape that pleased him. The king sent for a large piece of the purest white marble and began to plan his greatest project.

The theme of the king's sculpture was the perfect woman. She had to be beautiful, but she also had to be kind, honest, and true. It was hard for him, but he did his very best and, gradually, under his hammer and chisel*, a figure began to emerge from the marble block. She was slender, and her features were delicate and fair. Her long hair was bound up at her back and he sculpted* her in a long, elegant dress that matched her marble skin.

The king thought of nothing but his new statue. He locked his door and his servants had to push food underneath, then take away the empty trays the next day. (7)All that the king wanted was to complete his masterpiece. He would often stare into the carved eyes of the statue for hours (8)on end, imagining her looking back at him with gentle love.

One day, after months of hard work, the statue was finally finished. The king stood back to admire his creation and marvelled at her beauty. He could not imagine a more perfect woman in the whole wide world. Unable to resist, he stepped forward and kissed the cold, stone lips, but, when he did so, he was astonished to feel (9)them tremble and become warm. The king's eyes filled with tears. His statue (10)!

A few days later, as the servants found that the food they had served remained untouched, they forced the door open. (11)Upon their respectful entry, they found the king lying on the floor of his chamber, surrounded by tools and broken pieces of stone. Apparently, he had been dead for some time. More upset than shocked, the servants wondered what had happened to him. Some feared they might be punished if they had been responsible for the death of the king for any reason.

In a little while their worry went away. In his arms, the king was holding a block with a crude face carved into it. His beard had grown long, his clothes were torn and dirty, and his hands and fingers were full of scratches and bruises. He must have kept carving the face without a break, and, (12)whatever the cost, he did not do so in vain. The king had a gentle smile on his face. It seemed to say that he had finally found happiness in his own creation — what he had believed, until his very last breath, was the ideal woman.

Notes:

*chamber：a bedroom or private room

*chisel：a tool with a sharp, flat edge at the end, used for shaping wood, stone or metal

*sculpt：to make figures or objects by carving or shaping wood, stone, metal, etc.

(1) Fill in the blank (1). 26

1 in his wealth and high position than in his heart
2 in his wealth and heart than in his high position
3 in his heart and high position than in his wealth
4 in his heart than in his wealth and high position

(2) The word line (2) here means ________________. 27

1 clothes
2 family
3 message
4 treasure

(3) Fill in the blank (3). 28

1 defended
2 delighted
3 disappointed
4 discovered

(4) Fill in the blank (4). 29

1 clean and simple
2 clumsy and poor
3 inspiring and uplifting
4 precise and correct

(5) Fill in the blank (5). 30

1 Finally
2 In particular
3 On the other hand
4 Probably

(6) The word temperament[(6)] here means ________________. 31

1 nature

2 necessity

3 normality

4 neatness

(7) Paraphrase the sentence All that the king wanted was to complete his masterpiece.[(7)] 32

1 The king did not want anything to finish his wonderful creation.

2 The king did not want his work to be all but finished.

3 The king wanted everything to be finished except his lovely piece.

4 The king wanted to do nothing else than to finish his great work.

(8) Paraphrase the phrase on end[(8)]. 33

1 at long last

2 before he knew it

3 in a vertical position

4 without stopping

(9) The pronoun them[(9)] refers to ________________. 34

1 her hands

2 her lips

3 his eyes

4 his feet

(10) Fill in the blank (10). 35

1 had at last revived

2 had come to life

3 was a miserable failure

4 was what he had avoided

(11) The phrase <u>Upon their respectful entry</u>(11) suggests that the servants ________________. 36

1 came to respect the king the minute they set foot in his chamber

2 did not enter the king's chamber casually because they respected him

3 thought that the king should look respectable even in his own chamber

4 were only allowed to enter the chamber of the king one by one

(12) Paraphrase the phrase <u>whatever the cost</u>(12). 37

1 although it would be rewarding

2 despite how much he would get paid

3 no matter how much effort it took

4 not knowing why it cost so much

(13) Choose the statement that is most likely to be true according to the passage. 38

1 Long after the king had died, people believed that his dream would last.

2 As the king saw that his dream would never come true, he took his last breath.

3 The king hardly knew that the sculpture was alive before his death.

4 The king did not realise that the sculpture was not alive when he died.

Ⅳ 次の英文を読み、設問に答えなさい。

One of the most exciting technologies emerging in a wide range of fields today is 3-D printing. Originally a way of creating complicated shapes out of plastic, it is now possible to print with other materials such as metal and concrete. This means that tools, car parts, musical instruments, and even houses can be created using (1)these remarkable machines.

The standard 3-D printer (2) which most people are probably familiar uses plastic threads or powders that are heated and formed into new shapes. It is often called (3)"additive" printing, as a thin layer is put on top of the one before, gradually adding to the overall form until the desired result is achieved. This is then usually "cured," or hardened using UV (ultraviolet*) light. Although more expensive and requiring much more complicated machinery, metal can be printed in much the same way, usually starting as a powder that is melted by lasers and built up in layers until it creates a solid shape.

This type of printing is used by many companies for what they call (4)"rapid prototyping." Commercially-manufactured objects in plastic and metal are usually made using specialized machines, but this can be an expensive and wasteful way to create parts to try out when designing something. 3-D printing allows the creation of a limited number of objects at a relatively low cost so that prototypes — experimental versions of something — can be built.

It might seem like futuristic technology. (5), 3-D printing was actually invented back in 1983 by an American engineer called Chuck Hull. The idea for additive printing came to him while he was working on a way to strengthen the coatings for tables using UV light. This proved to be an important part of developing the process of 3-D printing, as it allowed plastic printed objects to be hardened to the point where they could be used in a range of applications.

Today, the same technology is used in huge commercial printers which can make large structures, such as houses. The printers use concrete instead of plastic to make their shapes, but the basic idea behind (6 [they, is, work, the, how]) same. This process has the potential to change lives worldwide for the better, such as allowing clean, safe, and modern housing to be created relatively cheaply in developing countries.

There are a few concerns about 3-D printing, however. One is the potential environmental cost. There is already a huge problem with plastic waste that cannot be recycled easily. 3-D printing creates more of this waste, and also releases gases that can contribute to global warming. Such gases can also be dangerous to the person doing the printing unless they are careful to wear a protective mask and work in a space with plenty of airflow.

Another issue is the possibility that dangerous or illegal items might be created using this new technology. (7), many governments are worried about people making unregistered guns, knives, or other weapons. At the moment, something like a knife is impractical to make in this way, and a 3-D printed pistol is unreliable and probably more dangerous to the average user than to anyone else. While this might change in the future as the capabilities of printers increase, it is also true that authorities are getting better at finding ways to limit the problems that might arise.

Concerns aside, there is no doubt that 3-D printing is revolutionizing many areas, from manufacturing to housing and even for home use. Perhaps, one day, people will drive to work in printed cars, wear printed clothes, and even print their evening meal rather than cooking it. Who knows what the future may hold?

（注）
*ultraviolet：紫外線の

(1) 下線部(1)を表すものとして最も適切なものを次の１～４の中から一つ選び、その番号をマークしなさい。 39

1 紙に印刷する印刷機
2 工業用ロボット
3 3-D プリンター
4 車の部品

(2) 空所(2)に入る最もふさわしい語を次の１～４の中から一つ選び、その番号をマークしなさい。 40

1 as
2 into
3 on
4 with

(3) 下線部(3)に関して、additive と呼ばれる理由として最も適切なものを次の1～4の中から一つ選び、その番号をマークしなさい。 41

1 原料に熱を加えて形を形成するため

2 何層にも層を重ねて形を作っていくため

3 最後に UV ライトを照射して仕上げるため

4 金属もプラスチックと基本的に同じ工程で印刷するため

(4) 下線部(4) rapid prototyping が用いられる理由として最も適切なものを次の1～4の中から一つ選び、その番号をマークしなさい。 42

1 本製品を作る機械は動作が遅いため

2 製品デザインに時間をかけることが重要であるため

3 典型例を高価な機械で作ることが必要であるため

4 試作品を安価に作ることができるため

(5) 空所(5)に入る最も適切な語句を次の1～4の中から一つ選び、その番号をマークしなさい。 43

1 Elsewhere

2 As a result

3 Moreover

4 However

(6) 3-D 印刷の発明について本文と合う記述として最も適切なものを次の1～4の中から一つ選び、その番号をマークしなさい。 44

1 今から約50年前に発明された。

2 もともと金属とコンクリートを材料として発明された。

3 テーブルの強度を下げる効果のある技術が寄与した。

4 UV ライトによるコーティング技術が鍵となった。

(7) 空所(6)に［ ］内の語を意味が通るように並べていれ、最初から3つ目にくる語を次の1～4の中から一つ選び、その番号をマークしなさい。 45

1 they

2 is

3 work

4 how

(8) 空所（　7　）に入る最も適切な語句を次の1～4の中から一つ選び、その番号をマークしなさい。 46

1 For example
2 In addition
3 On the other hand
4 Still more

(9) 3-D 印刷について心配な点を次の1～4の中から一つ選び、その番号をマークしなさい。 47

1 UV ライトにより表面が劣化してしまうこと
2 リサイクル困難なプラスチックゴミが増えること
3 政府の新しい開発に対する規制が強まること
4 将来的に家で食べ物も作れてしまうかもしれないこと

(10) 3-D 印刷について良い点を次の1～4の中から一つ選び、その番号をマークしなさい。 48

1 クリーンな空気が放出されること
2 食糧不足が解消されること
3 発展途上国で比較的安価な家が建てられること
4 製造されたピストルなどの性能が悪いこと

V 次の英文を読み、設問に答えなさい。

Luck is one of humanity's most useful concepts for making sense of random chance and the (seemingly) unexplainable. If you find a $20 bill on the ground, you have good luck. If a gust of wind blows away your $20 bill just as you pull it out of your wallet, you have bad luck.

Around the New Year and Lunar New Year*, luck rituals around the world are performed to bring in the good stuff and banish the bad stuff. But what role does luck play in our everyday lives? Do people actually have the power to make themselves lucky?

Richard Wiseman, who wrote a book about luck and is a psychology professor at University of Hertfordshire, said that he's found there are such things as lucky and unlucky people.

"We worked with exceptionally lucky and unlucky people [in our research]," he said. "There are huge differences in their lives."

While "lucky people are always in the right place at the right time," unlucky people can't <u>catch a break</u>(1).

"I think a big part of that, not all of it, but a big part of it is the way in which they're thinking and where they're behaving," Wiseman said.

Wiseman argued that psychological behaviors are what determine the luck a person perceives in their life. In a paper published in *Developmental Psychology*, psychology professor Jacqueline D. Woolley of University of Texas, defined luck in three ways: a supernatural event; an explanation people use to make sense of certain events; and a personal attribute one has within themselves.

In the conversation with the PBS NewsHour, Wiseman focused on the personal attribute definition, saying that people who believe lucky things happen to them tended to (2)<u>fare better</u> than people who felt unlucky.

"The lucky people knew how to <u>bounce back</u>(3). The unlucky ones tended to get dragged down by that failure," he said.

So if luck is based on psychological behavior, can you change your luck? "You absolutely can," Wiseman said.

He suggested making small changes in your everyday routine, like writing down notes of gratitude and how you felt lucky at the end of a day for several weeks. You can also switch up something as simple as taking a different route to work or school. Even changing up the shows you watch on TV can create new modes of thinking. In the words of Roman philosopher Seneca, "luck is what happens when preparation meets opportunity."

"Another thing is ... being a flexible thinker and having a flexible approach to life," he said. "Anything like that will mean you're more open to opportunities when they come along. So these(4) are very simple things everyone can do, but they have quite a large impact."

Luck also plays a big role in society, Wiseman said. For example, during the Lunar New Year, many Asian cultures seek better luck and abundance by using the color red and eating fish. He said that these kinds of rituals(5) have been around for a long time because of the way human nature behaves.

"[Luck] manifests itself in a different way in different societies. But what's underpinning* that(6) is that we like to be in control," Wiseman said. "We feel anxious and worried if we're in situations where we're not in control. And so what people do to try and court* good luck is all sorts of (7), some of them superstitious*."

Wiseman said luck affects all parts of society, even those people who may be trained to be more skeptical* of the idea.

"I know very rational scientists that would still talk about crossing their fingers or touching wood," he said. "So it's something that's deeply ingrained in our psyche(8)."

(注)

*Lunar New Year：陰暦の正月、旧正月

*underpin：補強する、下支えする

*try and court：得ようとする

*superstitious：迷信の

*skeptical：懐疑的な

(1) Wiseman 教授が幸運な人と不運な人の違いと考えるものを次の1～4の中から一つ選び、その番号をマークしなさい。 49

1 信心深さ

2 積極性

3 思考様式

4 先を読む力

出典追記：Why luck is a self-fulfilling prophecy, according to this expert, PBS News Hour on January 30, 2023 by C. Kuhn, M. McGrew and N. Ellis

(2) 下線部(1) catch a break の意味として最も適切なものを次の 1 ～ 4 の中から一つ選び、その番号をマークしなさい。 50

1 cause a change
2 get a chance
3 make a stop
4 take a rest

(3) Woolley 教授が述べている運の説明のうち、Wiseman 教授が重要視したものはどれか、1 ～ 4 の中から一つ選び、その番号をマークしなさい。 51

1 超自然的現象
2 出来事の合理的説明
3 個人の心理的特性
4 不幸を乗り越える力

(4) 下線部(2) fare better の意味として最も適切なものを次の 1 ～ 4 の中から一つ選び、その番号をマークしなさい。 52

1 be more serious
2 be more successful
3 have more energy
4 pay more attention

(5) 下線部(3) bounce back の意味として最も適切なものを次の 1 ～ 4 の中から一つ選び、その番号をマークしなさい。 53

1 recover
2 reject
3 reply
4 resign

(6) 本文中で幸運な人の特徴として述べられていないものを次の 1 ～ 4 の中から一つ選び、その番号をマークしなさい。 54

1 自分は幸運だと考える傾向がある
2 柔軟性のある考え方をすることができる
3 タイミングよく有利な場に居合わせることが多い
4 失敗したことを反省し学ぶ

(7) 下線部(4)の these が指すものとして最も適切なものを次の1～4の中から一つ選び、その番号をマークしなさい。 55

1 世界の国々で実践されている幸運を招く儀礼的な行動

2 不屈の精神と幸運を引き寄せる様々な力

3 ローマの哲学者セネカの名言

4 日常的な行動様式の変更と臨機応変な対応力

(8) 下線部(5) these kinds of rituals の具体例として最も適切なものを次の1～4の中から一つ選び、その番号をマークしなさい。 56

1 落ちている20ドル札を拾う

2 木や木でできたものにさわる

3 気分を変えていつもと違う道を通る

4 感謝の気持ちを書き留める

(9) 下線部(6) that が指すものを次の1～4の中から一つ選び、その番号をマークしなさい。 57

1 These kinds of rituals have been around for a long time.

2 the way human nature behaves

3 a different way in different societies

4 Luck manifests itself in a different way in different societies.

(10) 空所(7)に入る最も適切な語を次の1～4の中から一つ選び、その番号をマークしなさい。 58

1 rituals

2 roles

3 routes

4 rules

(11) 下線部(8) ingrained in our psyche の意味として最も適切なものを次の1～4の中から一つ選び、その番号をマークしなさい。 59

1 幸運や豊穣をもたらすと期待されている

2 私たちが誰でも知っている迷信によくみられる

3 私たちの心に植え付けられている

4 不安定な社会において強く信じられている

⑿　本文の内容として正しいものを次の1～4の中から一つ選び、その番号をマークしなさい。　**60**

1　個人の行う招福や魔除けはあまりに小さく社会に大きな力を与えることはない。

2　現代においても科学知識が不十分であるため、迷信のような儀式をつい行うことがある。

3　人に与えられた運は決まっているため、不運な人の運気を後から高めることは出来ない。

4　人々が様々な招福や魔除けの儀式を行うのは状況を制御できないと不安になってしまうためである。

数　学

（75 分）

（注）　3は解答の過程も書くこと。
定規を使用することができる。

1　次の □ に当てはまる数字または記号を選び，マークせよ。ただし，分数はそれ以上約分できない形で答えよ。また，根号を含む形で解答する場合は，根号の中に現れる自然数が最小となる形で答えよ。

[1]　a を実数の定数とする。方程式 $x^2+y^2-2ax-4ay+4a^2-8a-15=0$ が座標平面上の円を表すための a の条件は $a<$ アイ または $a>$ ウエ である。

[2]　$\dfrac{1}{2^x}+\dfrac{1}{2^y}=12$，$\dfrac{1}{8^{x+y+3}}=64$，$x<y$ をみたす x，y は $x=$ オカ ，$y=$ キク である。

[3]　a，b を実数の定数とする。関数 $y=\dfrac{8x+5}{ax+b}$ のグラフが点 $(-1,1)$ を通り，漸近線の1つが直線 $x=-\dfrac{2}{3}$ であるとき，$a=$ ケ ，$b=$ コ である。

[4]　$\displaystyle\lim_{x\to\frac{\pi}{2}}\frac{4x^2-\pi^2}{\pi\cos x}=$ サシ である。

[5]　$0\leqq t<\dfrac{\pi}{2}$ とする。座標平面上を運動する点Pの時刻 t における座標 (x,y) が，$x=\dfrac{\tan t}{3}$，$y=t+\sin t\cos t$ で表されるとき，Pの速さの最小値は $\dfrac{\text{ス}\sqrt{\text{セ}}}{\text{ソ}}$ である。

[6]　$\displaystyle\int_{-2}^{1}(x+1)\sqrt{x+2}\,dx=\frac{\text{タ}\sqrt{\text{チ}}}{\text{ツ}}$ である。

2 次の $\boxed{}$ に当てはまる数字または記号を選び，マークせよ。ただし，分数はそれ以上約分できない形で答えよ。また，根号を含む形で解答する場合は，根号の中に現れる自然数が最小となる形で答えよ。

[1]　$0 < x < \pi$ のとき，方程式 $\sin 5x - \sin x = 0$ の解を求めたい。この方程式の左辺は

$$\sin 5x - \sin x = 2\cos\boxed{ア}x\sin\boxed{イ}x$$

と変形できる。よって，$0 < x < \pi$ を考慮して，求める解は小さい順に

$$x = \frac{\boxed{ウ}}{\boxed{エ}}\pi,\ \frac{\boxed{オ}}{\boxed{カ}}\pi,\ \frac{\boxed{キ}}{\boxed{ク}}\pi$$

である。

[2]　曲線 $y = x^2$ と曲線 $y = -\dfrac{1}{x}$ の両方に接する直線 ℓ の傾きは $\boxed{ケ}$ であり，直線 ℓ と x 軸の交点の x 座標は $\boxed{コ}$ である。また曲線 $y = x^2$ と x 軸，および直線 ℓ で囲まれた図形の面積は $\dfrac{\boxed{サ}}{\boxed{シ}}$ である。

3 3次関数

$$f(x) = x^3 - 5x^2 + 8x - 3$$

と2次関数 $g(x)$ について，曲線 $y = g(x)$ が3点 $(1,\ f(1))$，$(2,\ f(2))$，$(3,\ f(3))$ を通るとき，次の各問に答えよ。

(1)　曲線 $y = f(x)$ 上の点 $(1,\ f(1))$ における接線を ℓ とするとき，ℓ の方程式を求めよ。

(2)　$g(x)$ を求めよ。

(3)　定積分 $\displaystyle\int_1^3 |f(x) - g(x)|\,dx$ の値を求めよ。

(4)　関数 $h(x)$ を

$$h(x) = \begin{cases} f(x) & (f(x) \geqq g(x) \text{ のとき}) \\ g(x) & (f(x) < g(x) \text{ のとき}) \end{cases}$$

によって定めるとき，曲線 $y = h(x)$ と(1)の直線 ℓ によって囲まれた部分の面積を求めよ。

八　傍線部(7)「その恋愛は巌本と同じように結婚にたどりつくことができるのだろうか」とあるが、筆者はどうしてこのような疑問をもったのか。その理由として最も適当なものを次の中から一つ選び、その番号をマークしなさい。解答番号は 39

1　透谷の考える精神的な恋愛は、霊肉二元論に基づくものではないから

2　透谷の考える狂気に近いような恋愛は、肉体的な要素を持たざるをえないから

3　透谷の考える激情的な恋愛は、結婚に至るような穏やかな恋愛とは相容れないから

4　透谷の考える盲目的な恋愛は、理想とされてきた結婚制度を破壊せざるをえないから

5　透谷の考える溺れるような恋愛は、相手を傷つけるもので、穏やかな結婚生活にはつながらないから

六　傍線部(5)「そこ」が指すことの説明として最も適当なものを次の中から一つ選び、その番号をマークしなさい。解答番号は 37

1　激情に囚われることのない粋な恋が評価されてきたことを批判し、金銭で結ばれるような男女関係ではなく、精神的な男女関係こそ神聖な恋愛であると主張したこと
2　恋愛は理性で律することができない激情的なものであると考え、理知的な男女関係を批判し、理性が失われることによって日常を超えた神聖さが生まれるとしたこと
3　遊郭での恋が、霊よりも肉を重んじる男女関係だという理由から批判されてきたのに対し、お互いにつかず離れずの距離を保つ擬似的な恋愛である点を問題にしたこと
4　狂気に近いような激情があってこそ恋愛は成立すると考え、恋愛の精神的な側面を重視する考え方を受け継ぎながら、恋愛の理性を超えた肉体的な側面にも目を向けたこと
5　穏やかで理知的な男女関係がよいとされた考え方を受け継ぎながら、日常性が破壊され理性が失われてしまうようなときにこそ、恋愛が初めて成立すると考えたこと

七　傍線部(6)「総じて迷わざるを以て粋の本旨となすが如し」の意味として最も適当なものを次の中から一つ選び、その番号をマークしなさい。解答番号は 38

1　大体のところ恋を遠ざけることをもって粋の本質とするようだ
2　全般的に恋に迷わないようにするために粋がもとから存在するようだ
3　全体に恋の激情に囚われることをこそ粋自体の目的とするようだ
4　概して恋に盲目的にならないことを粋本来のねらいとするようだ
5　一般的に恋に溺れ惑わないことによって粋が本当に生まれるようだ

解答番号は 32 ～ 34

X 32　1 幻惑　2 困惑　3 打倒　4 魅了　5 管理
Y 33　1 実現　2 停止　3 展開　4 増進　5 回避
Z 34　1 逆転　2 逸脱　3 突破　4 発展　5 否認

四　傍線部(3)「キリスト教的な霊肉二元論」の説明として最も適当なものを次の中から一つ選び、その番号をマークしなさい。解答番号は 35

1　キリスト教では、神は霊的な存在で、人間は肉体的な存在だとしている。
2　キリスト教では、肉体を否定すれば精神は成り立たなくなると考える。
3　キリスト教では、精神と肉体の欲求の両方を満たすことがよいとされている。
4　キリスト教では、人間は精神と肉体が高い次元で統一された存在だと考える。
5　キリスト教では、精神と肉体を対立的にとらえ、肉体の欲求は悪と考える。

五　傍線部(4)「ラッブ」とあるが、『女学雑誌』のメンバーは「ラッブ」と日本の従来の「色」や「恋」との違いをどのように考えていたか。その説明として最も適当なものを次の中から一つ選び、その番号をマークしなさい。解答番号は 36

1　「ラッブ」は男女がお互いを思う自然な気持ちであるが、「色」や「恋」は遊郭での金銭を媒介にした低級な男女関係である。
2　「ラッブ」は高尚で神聖な愛情であるが、「色」や「恋」は日常の親しい人に対するありふれた情愛であるため低俗である。
3　「ラッブ」は結婚に結びつくような真剣な愛情であるが、「色」や「恋」は遊郭などでみられる遊びの男女関係である。
4　「ラッブ」は精神的な愛情であって尊いものであるが、「色」や「恋」は性的な欲望を含んでいるため低俗である。
5　「ラッブ」は西欧近代文明の象徴であるが、「色」や「恋」は江戸時代の枠の理想に基づく古い男女関係である。

そこに「激情」や「盲目」が入る余地はない。しかし、透谷は穏やかさではなく激しさを、落ち着きよりも狂気に近い盲目を求めた。だとすれば、(7)その恋愛は巌本と同じように結婚にたどりつくことができるのだろうか。彼は、彼の目指した恋愛によってどこに向かおうとしているのだろう。

（宮野真生子『なぜ、私たちは恋をして生きるのか――「出会い」と「恋愛」の近代日本精神史――』による）

一　傍線部(1)「「つま」を得て、……我は我が最上の霊性を発達したり」とあるが、巌本がそのように考えた理由として**適当でない**ものを次の中から一つ選び、その番号をマークしなさい。解答番号は **30**

1　妻を愛することによって、神の人間に対する愛を実感することができるから
2　妻に対する愛は、血がつながった者に対する愛よりも高い精神性を備えているから
3　妻と夫は、人格と人格が対等に結びつくような関係を築くことができるから
4　愛に基づく結婚をすることによって、「美しき心」を実現することができるから
5　対等な夫婦の関係の中にこそ、キリスト教的な精神性を備えた愛が存在するから

二　傍線部(2)「恋愛は避けて通れないもの」とあるが、その理由として最も適当なものを次の中から一つ選び、その番号をマークしなさい。解答番号は **31**

1　恋愛は精神と肉体を統一するための唯一の手段であり、それによって神聖な結婚が実現するから
2　神聖な結婚には愛が必要であり、周囲から決められた結婚ではそのような愛は望むことができないから
3　親によって決められた結婚を拒否する場合には、自分で相手を探さざるをえないから
4　近代的な結婚を実現するためには、自分にふさわしい相手を自分の力で探さなければならないから
5　理想的な結婚をするためには、結婚前に一度はプラトニックな恋愛を経験しておく必要があるから

三　空欄 **X** ・ **Y** ・ **Z** に入る語として最も適当なものを、次の中からそれぞれ一つずつ選び、その番号をマークしなさい。

るひとつの理想について分析する。（中略）彼は恋愛と粋を対比し、次のように語り出す。

　恋愛の性は元と白昼の如くなり得る者にあらず。……恋愛が盲目なればこそ痛苦もあり、悲哀もあるなれ、また非常の歓楽、希望、想像等もあるなれ。……然るに彼の粋なる者は幾分か是の理に背きて、白昼の如くなるを旨とするに似たり。盲目ならざるを尊ぶに似たり。恋愛に溺れ惑う者を見て、粋は之を笑う、(6)総じて迷わざるを以て粋の本旨となすが如し。粋は智に近し、即ち迷道に智を用ゆる者。

　遊郭の中で男女関係を楽しむことを目的とする粋にとって、相手への激情に囚われることは、関係の破綻を意味する。それはたとえば、真剣に愛し合った客と花魁の最後は、心中しかないという形でも明らかで、関係を維持するには、つかず離れずの距離を保って、遊びと真剣の、虚と実のあいだを往来するしかない。しかし、そのようなつかず離れずの距離を保つのは、容易なことではない。相手を見て、自分を振り返り、近づきすぎないように、しかし、遠ざかってしまわぬよう、つねに、醒めた心をもって状況を把握する必要がある。そこでは、透谷が「粋は智に近し」というように、理知的な判断が求められる。こうした冷静な距離感覚を、彼はすべてが白日に晒される「白昼の如くなり得る者」と言った。昼の光のもと、醒めた心で相手との距離を測る粋に対して、恋愛は「闇」である。恋の激情に囚われ、周りが見えなくなった者はまさに「盲目」であり、そこに冷静な知など働きようがない。ほんの少し彼女がこちらを向いたと歓喜し、知らない男と彼女が話しているのを見て嫉妬に狂う。それは正気を失った「溺れる者」であり、冷静な目を持つ粋な人からすれば、お笑い草の、みっともない人間だろう。しかし、この激情にこそ、恋愛の意味があると透谷は言う。愛する者への激しい想いに囚われたとき、人は、日常的な出来事が見えなくなり、自己を理知的に律することが難しくなる。だが、日常性が破壊され、理性という自己を守る枠組みが溶け出すときにこそ、日々の生活を超えた神聖さや高潔さが宿るのではないか。少なくとも透谷はそのように考え、恋の激情がもたらす、歓喜や苦悩、あるいは悲哀といった、心を大きく揺さぶる感情を求めた。だからこそ、彼は粋の理知的な態度を批判し、盲目な恋の激情を求めた。激情に身を委ね、狂気に近い想いの中で、はじめて恋愛は成立するのである。

　恋愛に宿る激情とその盲目性、それこそが透谷の見出した恋愛のあり方である。だが、そのとき透谷は、巌本の「友愛結婚」をベースとした穏やかな「ラブ」観から　Z　することになった。巌本の考える「恋愛」は、「友愛結婚」の手前にあって、互いに好意を持つ者同士がその想いを確かめ、育むことで、愛ある家庭を築くためのもので、きわめて穏当なものであった。恋愛の神聖さは、その穏やかなラブゆえに成立するもので、あった。やがて大阪事件の後に、透谷は政治から離れることを決意する。同時に、商売上の野心を抱くがこれもあえなく挫折し、彼の人生は危機に瀕する。だが、この危機はひとりの女性と出会うことで［Y］される。それこそが、彼の伴侶となる石坂美那である。美那は自由民権運動家の石坂昌孝を父に持ち、透谷はこの人物のもとを訪れた際、娘の美那と知り合った。このとき、透谷十八歳、美那は二十一歳である。横浜共立女学校で学び、この時すでにキリスト教の洗礼を受けていた美那との出会いは、透谷のその後の人生を切り開くきっかけとなった。彼は彼女の導きによって、キリスト教の信仰にめざめ、そして、二人は恋愛関係に落ちる。信仰を持ち、知的水準も高い彼女は、彼にとって神聖なる恋愛の相手としてふさわしい存在であり、自分たちの恋愛は、従来の日本人の恋とは違うという強烈な自負が彼にはあった。

> 日本人のラブの仕方は、実に都合の能き（御手前主義）訳に出来て居ります。彼等は情欲に由ってラブし、情欲に由って離る者にしあれば、其手軽るき事御手玉を取るが如し、吾等のラブは情欲以外に立てり、心を愛し、望みを愛す、吾等は彼等情欲ラブよりも最ソット強きラブの力をもてり。

これは結婚前の透谷が美那に送った手紙の一節である。肉体的に魅かれ合うことを情欲と批判し、自分たちは心の結び付きによる強い「ラブ」の関係を構築することを訴えている。そこにあるのは、従来の男女関係への強い批判である。この手紙を美那はどのような気持ちで読んだのだろうか。実は彼女にはこのとき透谷とは別に婚約者がいた。しかし、その後、二人は周囲の反対を押し切って、一八八八（明治二十一）年に結婚する。美那は自ら透谷を選び、透谷もまた美那への想いを貫く。それはまさに互いの心を求める神聖な恋愛であり、愛し合う者同士の結婚であり、巌本が言うところの「友愛結婚」の理想そのままの夫婦であるように見える。

先の美那宛ての書簡からもわかるように、透谷もまた他の『女学雑誌』のメンバーと同じく、従来の日本における男女関係を霊肉二元の視点から批判している。だが、彼が「恋愛＝ラブ」を称揚し、従来の男女関係を批判するのは、単に霊と肉の問題からではない。それよりも、両者の関係における想いの質、ふるまいの形こそが問題なのだ。(5)そこが透谷の議論の新しさであった。

「恋愛」の独自性とは何か。その点を彼は「粋を論じて「伽羅枕」に及ぶ」という評論で、「粋」と「恋愛」を対立的に捉えることから論じている。一八九二（明治二十五）年頃に書かれたとされるこの小品で、透谷は尾崎紅葉の新聞小説『伽羅枕』を題材に、遊郭で育まれた「粋」と呼ばれふさわしい事態は、プラトニックな情交の上で打ちたてられる関係だけであり、「恋愛」とはこの「love」によって成立するものなのだ。こうして、神聖な結婚へ至るための、プラトニックで精神性の高い恋愛という考え方が成立するに至る。友愛結婚を目指す彼にとって恋愛は欠かせないものである。それゆえ、巌本は、「恋愛」を批判する人びとに対し、「非恋愛を非とす」（一八九一〔明治二十四〕年）というタイトルで論をおこし、「恋愛は神聖なるもの也」と反論し、恋愛の重要性を訴え続けた。

「恋愛は神聖である」という考えに多くの知識人が　X　された。愛に基づき女性と男性が平等な関係を築き、自らの意志で結婚を選ぶという男女の自由で対等な交わりは、いわば西洋近代文明の象徴だったと言えるだろう。一方で、このような恋愛観は、それまでの日本における男女関係を批判的な形で浮き上がらせた。特に『女学雑誌』に集った人びとは、(3)キリスト教的な霊肉二元論から、それまでの「色」や「恋」と呼ばれるあり方を批判した。『女学雑誌』二五四号には次のような言葉がある。

> 俗に之(これ)を男女の情愛と云う。この心情に二様あり。英語に一を(4)「ラッブ」と云い一を「ラスト」と云う。「ラッブ」は高尚なる感情にして「ラスト」は劣等の情欲なり。邦語には確然たる区別なし。……今日は「色」と云い「恋」と云い、或(あるい)は「色恋」と云う熟語の如きは（少なくとも俗語には）已(すで)に一定の意義あり。余は飽く迄(まで)も是等(これら)の語と「愛情」という聖語を混同せざらんことを望む。

江戸時代の「色」や「恋」という言葉は、もちろん異性への恋心を意味するが、それと同時に、相手との肉体的な交わりへの欲求が含まれている。そもそも、これらの言葉は、相手に恋心を抱くことと、肉体的な関係を持つことを区別していない。相手に好意を抱くことは即、肉体的な交わりを持ちたいと願うことであり、こうした恋心と性的欲望が重なり合ったところで「色」や「恋」という言葉は成立していた。この点を捉えて、『女学雑誌』のメンバーたちは、「色」や「恋」が性的欲望に基づく「ラスト」にすぎず、精神の交わりである「ラッブ」の高尚さに対して、低級なものであると切って捨てる。その際、批判の対象となったのが、芸者であり、遊郭で結ばれる男女関係であった。そして、特に激しい批判を繰り広げ、恋愛の神聖性をさらに高める役割を果たしたのが、北村透谷である。

透谷こと北村門太郎は、一八六八（明治元）年、相模の没落士族の家に生まれた。その後、両親が上京し、東京で育つ。東京専門学校で学んだ彼は、自由民権運動に身を投じるも、彼が参加した段階で、自由民権運動は政府による取り締まりが厳しくなるなか、次第に退潮になっている頃で

第三問　次の文章は、明治時代の恋愛観について論じたものである。冒頭の「彼」は評論家および教育者として活躍した巌本善治のことを指している。これを読んで、後の問いに答えなさい。

彼は一八九一（明治二十三）年に「婚姻論」という論文で、「婚姻は神聖の事なり」と断言する。しかし、あらゆる結婚が神聖なのではない。自ら結婚相手を選び求めて、愛し愛されるとき婚姻は神聖なものとなる。その理由を巌本は次のように言う。

われ未だ心を決しわざとながら人を我身と均しく愛することを得ざりき、ただ「つま」に対して初めて此美しき心を振り起すことを得たり。而して此は肉親の刺激自ずからに我を動すにあらず、我の霊、かく決し、かく行い、かく楽しめるもの也。……夫妻は之れ天地間唯一の同等者なり、初めて同等者の間だに行わるるべき真の友情を味わうことを得。……われは、「つま」によりて、人類の真命を幾分か悟ることを得たり。……(1)「つま」を得て、……我は我が最上の霊性を発達したり。

肉親に愛情を抱くのは自分と血のつながりがある以上、自然なことだが、夫婦とは赤の他人同士である。にもかかわらず、赤の他人である相手をわが身と同じように愛することができるのだとしたら、その愛は自己愛や肉親に対する自然な愛情を超えたものとして、高い精神性を備えている。この高い精神性を備えた愛において、赤の他人であった二人は、対等な者同士として、人格と人格で深く結び付くことができる。それゆえ、愛をもって結婚することを巌本は「美しき心」と呼び、そこから、キリスト教的な霊性に至ることができると考えた。婚姻関係が神聖であると言われるのは、美しき心を開示し、霊性への道を開くものだからである。

こうした神聖な婚姻に至るために、「恋愛」は不可欠である。神聖な婚姻は、何よりも愛に基づいていなければならない。そのためには、自らが愛することのできる相手を見つけなければならない。そのような相手は、周りによってお膳立てされる見合いや親の決めた関係のうちには見出されないだろう。それゆえに、(2)恋愛は避けて通れないものであり、男女が知り合い、交際を持つことは重要である、と巌本は「男女交際論」という評論において説いている。ただし、その交際はプラトニックな精神の交わり＝「情交」でなければならない。肉欲を戒め、精神と肉体を分離して考えるキリスト教に則り、彼もまた精神的な関わりの「情交」に対して、肉体的な関係があることを「肉交」と呼んで忌避した。「love＝愛情」と呼ぶに

5　ヴィア・ジュリアのようなまっすぐな道

八　空欄 X に入る語として最も適当なものを次の中から一つ選び、その番号をマークしなさい。解答番号は 24

1　節制　2　慢心　3　欠如　4　緊迫　5　油断

九　次のア〜オについて、問題文の内容に合致するものには1を、そうでないものには2を、それぞれマークしなさい。解答番号は 25 〜 29

ア　筆者がローマに滞在して五日経ったとき、ナヴォーナ広場に近い古い館ふぜいの小さなホテルから徒歩五分ほどの距離にある銀行で、強盗事件が起こった。 25

イ　都心の銀行まで歩いていく途中で、筆者はテヴェレ河に平行したヴィア・ジュリアという、歩くだけで愉しかったり、感心したりする道を偶然発見した。 26

ウ　十六世紀のはじめに建設されたヴィア・ジュリアが「ローマ最初の」直線道路であることに筆者が衝撃を受けたのは、直線道路を西欧の論理的思考の産物だと考えていたからである。 27

エ　筆者は曲がりくねった道が体現する中世の気ままさに懐かしさを感じつつも、ルネッサンス期の直線道路が体現する論理的思考をより高く評価している。 28

オ　四月の小雨の中、旧政庁通りに迷い込んだ筆者は、品物を積み上げただけの古着屋や揮発性の強いニスの臭い、道の中央を流れる泥水に強い嫌悪感を抱いた。 29

五　傍線部(5)「あたりを払う」の意味として最も適当なものを次の中から一つ選び、その番号をマークしなさい。解答番号は 21

1　周囲の人々の眼をひきつける
2　宗教的なおごそかさを感じさせる
3　見る者の気分を高揚させる
4　そばに寄れないほど堂々としている
5　周辺を一掃して美しくする

六　傍線部(6)「道路という虚構を演出している」とあるが、その説明として最も適当なものを次の中から一つ選び、その番号をマークしなさい。解答番号は 22

1　道路の両側にある建物の等質性と屋根の線のえがく遠近法的な二本の直線が、そこに人工的で幾何学的な空間を作り出している。
2　道路の両側にある建物の等質性と屋根のえがく直線が、すこしずつ狭まっている道路に演劇的な面白さを付け加えている。
3　道路の両側にある建物の屋根のえがく曲線と道路の先細りする直線とが融合して、幻想的な美しさを生み出している。
4　後期ルネッサンス建築の等質性と屋根の線のえがく遠近法的な二本の直線が、西欧の論理的思考を具現化している。
5　後期ルネッサンス建築の等質性と屋根がえがく線が、それ以前に造られた直線道路の歴史的な価値をさらに高めている。

七　傍線部(7)「人間の現実をそのまま具象化したような中世の道」の例として最も適当なものを次の中から一つ選び、その番号をマークしなさい。解答番号は 23

1　建築家のブラマンテが設計した道
2　ファルネーゼ宮に至る先細りした道
3　西欧の論理的思考の産物としての道
4　旧政庁通りのような入り組んだ道

1 恐ろしい　2 仰々しい　3 力強い　4 うっとうしい　5 危ない

二　傍線部(2)「物見高く」とあるが、「物見高い」の意味として最も適当なものを次の中から一つ選び、その番号をマークしなさい。解答番号は 18

1 うわさを好む　2 騒がしい　3 口うるさい　4 困難をものともしない　5 好奇心が強い

三　傍線部(3)「アクワッツォーネ」について筆者はどのように感じているか。最も適当なものを次の中から一つ選び、その番号をマークしなさい。解答番号は 19

1 アクワッツォーネは激しい雷を伴う雨で、人も車も通行できなくなるほどなので、憂鬱な気持ちになる。
2 アクワッツォーネはあたりが暗くなった途端に突然に降ってくるので、予測ができず、一日の計画が立てられない。
3 アクワッツォーネが終わるとあっという間に元通りの風景が戻ってくるため、お祭りのように思える。
4 アクワッツォーネは日本の夕立とは違って季節に関係なく降るので、情緒を感じることができない。
5 アクワッツォーネはイタリア名物のどしゃ降り雨なので、遠い異国に来たことを実感する。

四　傍線部(4)「ヒールがすべらないように」とあるが、この「ように」と文法的に同じ意味のものを次の中から一つ選び、その番号をマークしなさい。解答番号は 20

1 まるで王女様であるかのように傲慢に振舞っている。
2 明日、弁当を持ってくるように友人に伝えた。
3 テストでよい成績がとれるように十分予習しておく。
4 先週言ったように今日は小テストを行います。
5 あなたの考え方は間違っているように思う。

すぐな道路が示す幾何学的な虚構への憧憬と、(7)人間の現実をそのまま具象化したような中世の道への郷愁。

強盗が出て行ったばかりの銀行も（襲撃は成功したのだろうか。怪我人はなかったのか）、正面入口は交通量の多い「りっぱな」道路に面していても、裏手は、くねくねと曲りくねった細い道が網目のようにはりめぐらされた区域だった。こんな日は、中世の道を歩いてみたかった。

角を曲るとヴィア・デル・ゴヴェルノ・ヴェッキオ、旧政庁通り、と名前だけはりっぱな通りだった。テヴェレ河を背にナヴォーナ広場やパンテオンに近いこの辺りは、じっさい、直線的な表通りからは想像もつかないような陽のあたらないじめじめした街路が、まるでモグラの穴を地上に再現したみたいに、入りくんでいる。ひとつ筋をまちがえると、とんでもないところに出てしまったり、ひどいときにはもういちど出発点に戻る破目になったりするけれど、それだけにいったん地図をのみこめば、表通りのように「人に見せるため」につくった道ではないから、気取らない、どこか X しているローマを、そっと肩ごしに覗きこむといった、そんな通りが続いている。店先に積みあげた品物を売りたいのか、ただ積みあげてあるだけなのか、判断に苦しむような古着屋が軒をつらねているかと思えば、揮発性のつよいニスの臭いがたちこめる中で、職人が時代物の家具をみがいたり、塗りかえたりしている店のとなりには、自動車の電気系統だけを修理する店があったり。うっかり見すごすような間口の狭い書店が、いったん中にはいってみると奥が知れなくて、思わず時間をつぶしてしまうこともある。探していた本に、こんな場所で出会う稀な愉しみも棄てがたい。石畳の道路には水はけ用の溝がないから、今日みたいな雨の日は、低くなった中央をちょろちょろと流れる泥水が足を汚さないよう、気をつけながら、ときには野菜くずの浮いた水たまりを跳びこえて行く。歩道もなにもないその狭い道を、車もネコも人も機嫌わるくゆずりあいながら歩いている。両側の建物はたがいに競りあうように天に向かって伸びていて、ずっと上のほうに、細い灰色の帯のような空がみえ、そのことにほっとしてしばらく立ち止まると、壁をつたって降ってくる雨を眺めた。

（須賀敦子『トリエステの坂道』による）

注　リラ＝二〇〇二年まで使用されていたイタリアの通貨の単位。

一　傍線部（1）「ものものしさ」とあるが、形容詞「ものものしい」に最も近い意味をもつ語を次の中から一つ選び、その番号をマークしなさい。解答番号は 17

しずかに降りつづける細かい雨だった。ナヴォーナ広場に近い、新緑がまぶしい蔦のからまる古い館ふぜいの小さなホテルの出入りにも、私は片手に傘をさし、もう一方の手で調子をとるようにして時ならず散り敷いた若葉に(4)ヒールがすべらないように爪先でよけながら、一歩、一歩、用心しながら歩かねばならなかった。黒く変色したものもあり、鮮やかな新緑のままのもある落葉は、青黒く光る玄武岩の石畳のうえに、厚ぼったく重なって濡れていた。

この銀行がだめなら、いっそのこと都心まで出よう。そうあきらめると私は、バスには乗らないで、裏道をよこぎって行くことにした。どうせ十五分そこそこの道のりにすぎないし、都心まで行けば銀行ぐらいどこにでもある。

どの道を通っても思わず立ち止まって眺めてしまうような建物や人間に会うことのすくない東京とはちがって、ローマの街には（そしてたぶんヨーロッパのどこの街にも）、歩くだけで映画を見るように愉しかったり、感心したりする道が数えきれないほどある。たとえば、テヴェレ河に平行したヴィア・ジュリア。この道を私が発見したのは、数年前、ローマに半年ほど滞在したときだった。そのときは友人の家に居候していたのだが、ある日、昼食のためのワインを買いに出て、ぐうぜんに見つけたのだった。道の一角に立っただけで、なにか(5)あたりを払う品格のようなものが漂っていて、おもわず足を停めた。テヴェレ河畔の道からは一段低い側道になっているために、車の往来がすくないということのほかは、平坦でひたすらまっすぐな道路にすぎない。それでいて、どこまでも歩いて行きたくなるような、怪しい魅力がある。歩いてみると、それほど長くない道で、三百メートルほど先で湾曲するテヴェレに突き当たって、消滅していた。

家に戻ってその道の来歴を旅行案内書で調べると、やはり由緒ある道だった。十六世紀のはじめに建設されたローマ最初の直線道路で、建築家のブラマンテにときの教皇ジュリオ二世が命じて設計させたものだという。建築家が道路を設計したということも、私には新鮮な驚きだったが、この道路の美しさは、道路そのものというより、両側にならんだ後期ルネッサンス建築の等質性と、四、五階建てだろうか、建物の屋根の線がえがく遠近法的な先細りする二本の線によって、(6)道路という虚構を演出していることにあるのではないか。じっさい、道は先に行くにしたがって、すこしずつ細く造られているようで、美しいファルネーゼ宮の庭園で終っている。

もうひとつ、この道が私の興味をそそったのは、それが「ローマ最初の」直線道路だという説明だった。まっすぐな街路、というのを、私はずっと西欧のいわゆる論理的思考の産物と考えていたから、古代はいざ知らず、中世には、この都市にも直線道路の思考が欠落していたという発見は衝撃的だった。中世の勝手気ままな曲線に対する、ルネッサンスの整理された直線。そして、私には貧しい中世の気ままさも捨てがたく思えた。まっ

第二問　次の文章を読んで、後の問いに答えなさい。

朝食をすませ、小雨のなかをホテルから歩いて五分ほどの銀行に行くと、いかめしく武装した警官がとりまいていて、近寄ることもできない。いましがた強盗事件があったのだという。私は旅行小切手をリラ[注]に替えるだけの用事だったから、かならずしもそこでなくてよかったのだけれど、またか、と気がめいった。五日まえ、ローマに着いてから、銀行の手続きが一度で済んだことがなかった。

私が行ったのは、ひと騒ぎ終ったあとだったのだろう、肩にかけた機関銃の(1)ものものしさのわりには鼻唄（はなうた）でもうたいだしそうな表情の警官が、雨のなかを(2)物見高く見物にやって来た近所の人たちと話しこんでいる。私が近づくと、銀行は午後から、と訊（き）いてもいないのに教えてくれた。

何人かの友人に会い、いくつかの所用を果たすために、十日間の予定でローマに滞在していたのだが、東京とは異った生活のリズムにうまく乗れなくてうろうろすることばかり多くて、予定の半分も処理できないまま、時間がすぎていった。一九九一年の春で、いま思うとイタリアの人たちは、労働問題でも治安の面でも最悪といわれた社会情況に疲労困憊（こんぱい）していた。しぜん、旅行者も彼らの気分に巻きこまれ、思い通りに事が運ばないと、必要以上に機嫌をそこねた。そのうえの雨つづき、これが四月のローマの空とは信じられないほどの悪天候だった。

夕立というなつかしい言葉が夏の日本にはあるが、ローマの(3)アクワッツォーネは、ほとんど季節には関係なく降るにわか雨だ。アックアという、水、あるいは雨をさす言葉を拡大語尾で変化させた言葉で、どしゃ降り雨をいうが、ローマ名物でもある。道を歩いていて、ふと、頬にふれる風が妙につめたいような気がすると、あたりが夜みたいに暗くなったとたん、目もあけていられないほどの雨が、しぶきをあげて降ってくる、それがほとんど同時だ。それこそ、槍（やり）が束になって落ちてくるみたいな雨で、たいていの場合は激しい雷を伴ってくるから、通行人は、首をすくめ、足が濡（ぬ）れないように気づかいながら、いちばん近い建物の軒下に避難して、轟音（ごうおん）のなか、天を仰いで雨が通りすぎるのを待つしかない。車を運転しているときなどは、ワイパーがきかなくなるので、道路わきに寄って待つ。長くて三十分、短いときならほんの十分ほど、息を殺すようにして雨宿りしていれば、雨はやみ、あの吸いこまれそうな紺碧（こんぺき）の空が戻ってくる。立ちおくれたきれぎれの雲が、大いそぎで空を渡っていくと、それに合わせるみたいに、公園や大通りの並木でスズメが騒ぎ出し、街はもういちど車の音に満たされる。アクワッツォーネは、なにごとも巨大好きのローマ人らしい、大仰でさっぱりした一瞬の大雨だ。

でも、その春、私を憂鬱にしていたのは、あの豪快でどこか祝祭じみたアクワッツォーネではなくて、朝から晩まで、そして夜が更けてもまだ、

3　A―経営権の維持　B―年功賃金　C―公営住宅の整備
4　A―公営住宅の整備　B―大学院進学率の上昇　C―年功賃金
5　A―大学院進学率の上昇　B―職務給　C―経営権の維持

(三)　回答例A、B、Cはそれぞれの価値観にもとづく社会改革の方向性の対立であるが、筆者自身はどのような道を採るべきと考えているか。最も適当なものを次の中から一つ選び、その番号をマークしなさい。解答番号は 15

1　Aのように、年功序列など、労働者の年齢や家庭背景を重視する道を採るべきと考えている。
2　Bのように、賃金の公平とともに、社会保障政策で労働者の生活を守る道を採るべきと考えている。
3　Cのように、同一賃金同一労働を徹底することで、透明性を確保する道を採るべきと考えている。
4　ABCの長所を採り、経験や努力を評価し、賃金の公平性を保ちつつ保障を拡充する道を採るべきと考えている。
5　ABCいずれであれ、雇用には歴史的経緯があり、各企業組織の事情に合った道を採るべきと考えている。

八　筆者は社会のしくみを変えるにあたって何が大事だと考えているか。問題文全体の趣旨をふまえて、最も適当なものを次の中から一つ選び、その番号をマークしなさい。解答番号は 16

1　企業が社員の採用や昇進の際などに、基準や過程を公表して透明性を高める。
2　学位取得競争を通じて、職務にふさわしい実力を身に付けられるようにする。
3　企業が社員一人一人の努力に目を配り、それを給与に反映させる。
4　国が社会保障を拡充させて、長期にわたって働き続けなくてもよくする。
5　働きすぎを防ぐために、国が労働基準監督署の力を強める。

4　同一労働同一賃金の「職務の平等」を可能な限り進める。
5　残業代の適用外の働き方など、「正規」とは異なる労働者の働き方を認める。

七　傍線部（9）「回答例」とあるが、空欄①、②、③には、次のA、B、Cのいずれかの「回答例」が入る。これについて、後の㈠㈡㈢の問いに答えなさい。

A　賃金は労働者の生活を支えるものである以上、年齢や家庭背景を考慮するべきだ。だから、女子高生と同じ賃金なのはおかしい。このシングルマザーのような人すべてが正社員になれる社会、年齢と家族数にみあった賃金を得られる社会にしていくべきだ。

B　この問題は労使関係ではなく、児童手当など社会保障政策で解決するべきだ。賃金については、同じ仕事なら女子高生とほぼ同じなのはやむを得ない。だが最低賃金の切り上げや、資格取得や職業訓練機会提供などは、公的に保障される社会になるべきだ。

C　年齢や性別、人種や国籍で差別せず、同一労働同一賃金なのが原則だ。だから、このシングルマザーは女子高生と同じ賃金なのが正しい。むしろ、彼女が資格や学位をとって、より高賃金の職務にキャリアアップできる社会にしていくことを考えるべきだ。

㈠　①、②、③それぞれの空欄に入る回答例A、B、Cの組み合わせとして、最も適当なものを次の中から一つ選び、その番号をマークしなさい。解答番号は 13

1　①―A　②―B　③―C
2　①―A　②―C　③―B
3　①―B　②―A　③―C
4　①―B　②―C　③―A
5　①―C　②―A　③―B
6　①―C　②―B　③―A

㈡　回答例A、B、Cのそれぞれの方針を採用する場合に考えられる現象や施策の組み合わせとして、最も適当なものを次の中から一つ選び、その番号をマークしなさい。解答番号は 14

1　A―年功賃金　B―公営住宅の整備　C―職務給
2　A―職務給　B―経営権の維持　C―大学院進学率の上昇

2　外国の雇用慣行を導入する際には、つまみ食い的に移入するのではなく、全面的に受け入れる。
3　雇用慣行を変える際には、歴史的な経緯をふまえた上で、政府と経営者が同意する。
4　雇用慣行を変える際には、偶然の選択ではなく必然の選択であることを説明する。
5　雇用慣行を変える際には、労働者もプラス面とマイナス面の両方について理解して納得する。

四　傍線部(2)「士気の低下」という言葉の意味として最も適当なものを次の中から一つ選び、その番号をマークしなさい。解答番号は 10

1　能力が低くなる　2　雰囲気が悪くなる　3　連帯感が弱まる
4　やる気が失せる　5　出世意欲が減退する

五　傍線部(3)「横断的な労働市場」とあるが、「横断的」とはどういうことか。その説明として最も適当なものを次の中から一つ選び、その番号をマークしなさい。解答番号は 11

1　会社という組織を超えて労働者が連帯している。
2　同じ年齢なら同一賃金が約束されている。
3　同じ職務や職種なら別の企業に自由に転職できる。
4　新卒だけではなくどのような年齢でも応募できる。
5　男性でも女性でも同じ職務を担当することができる。

六　傍線部(7)「小手先の措置」の例として、最も適当なものを次の中から一つ選び、その番号をマークしなさい。解答番号は 12

1　高度プロフェッショナル制度を、企業が使いやすい形で導入する。
2　これまで慣例だった年功賃金を廃止して、成果主義を導入する。
3　昇進・採用における透明性は高めるものの、年功賃金と長期雇用は維持する。

(8) サクゲン 4

1 警察署にソウサク願を出した。

2 論理にサクゴがあるかもしれない。

3 地主にサクシュされ農民は疲弊した。

4 辞退するのはトクサクではない。

5 先生に作文をテンサクしてもらう。

二 波線部(a)「利害と合意のゲーム」、(b)「何が合理的で、何が効率的か」、(c)「プラス面・マイナス面」、(d)「透明性や公開性」では、それぞれ傍線を付した二つの言葉が並べて使われている。これらの二つの言葉の組み合わせの説明として、最も適当なものをそれぞれ後の1〜5の中から一つずつ選び、その番号をマークしなさい。なお、1〜5の選択肢は複数回使っても構わない。解答番号は 5 〜 8

(a) 「利害と合意のゲーム」 5

(b) 「何が合理的で、何が効率的か」 6

(c) 「プラス面・マイナス面」 7

(d) 「透明性や公開性」 8

1 もともと対立的に使われる言葉であり、文脈上も両立しない関係として使われている。

2 もともと対立的に使われる言葉だが、文脈上は切り離せないものとして使われている。

3 もともと対立的に使われる言葉だが、文脈上は一方が他方を包含する関係として使われている。

4 必ずしも対立的に使われる言葉ではなく、文脈上もよく似たものとして使われている。

5 必ずしも対立的に使われる言葉ではないが、文脈上は両立が難しい関係として使われている。

三 傍線部(1)「新しい合意」とあるが、筆者は「新しい合意」を作るためにはどのようなことが必要であると考えているか。その説明として最も適当なものを次の中から一つ選び、その番号をマークしなさい。解答番号は 9

1 外国の雇用慣行を導入する際には、日本の労働者にもあらかじめその長所について説明しておく。

ではなく成果に応じて賃金が支払われる働き方を可能にするために導入された。

注4　エグゼンプション＝ホワイトカラー・エグゼンプションのこと。労働時間に対してではなく、成果に対して賃金が支払われる仕組み。

注5　残余型＝筆者の考える日本社会の三つの類型「大企業型」「地元型」「残余型」のうちの一つ。「残余型」は、大企業で長期雇用されておらず、かといって地元で農業や自営業などの職業に就くわけでもなく、都市部で非正規労働などをする働き方を指す。

一　傍線部(4)(5)(6)(8)のカタカナを漢字にする場合、それに使用する漢字を含むものを、次の中からそれぞれ一つずつ選び、その番号をマークしなさい。解答番号は [1] ～ [4]

(4)　ソガイ [1]

1　債務不履行でテイソした。
2　国民はソゼイの負担に苦しんでいる。
3　反対派の入場をソシする。
4　議会政治のケイガイ化を嘆く。
5　テンガイ孤独の身だ。

(5)　ダイショウ [2]

1　しばらく甘いカンショウに浸っていた。
2　全ての権限をショウチュウに収める。
3　負債をショウカンする期限が迫っている。
4　多くの建物が焼けてショウドと化した。
5　資金難で計画はアンショウに乗り上げた。

(6)　ショッコウ [3]

1　寺のジュウショクに話を聞いた。
2　法律にテイショクするおそれがある。
3　疑問をフッショクすることができた。
4　老後はセイコウ雨読の日々を送った。
5　趣味の会にドウコウの士が集う。

回答③

③

こうした回答のうち、どれが正しいということはできない。それぞれ、別の価値観や、別の哲学にもとづいているからである。

戦後日本の多数派が選んだのは、回答①であった。しかし正社員の拡大には限界があったし、その残余となった非正規労働者との格差も生じた。若者や女性や大学院修了者から見れば、非合理としか映らない慣行も多数あった。

それでは限界があるとして、ではどういう改革の方向性をとるべきか。もし人々が、改革の方向性として回答②を選ぶなら、ある種の正義は実現する。しかし格差は別のかたちで拡大し、治安悪化などの問題もつきまとう。

回答③を選ぶなら、別の正義が実現するけれども、税や保険料の負担増大などは避けがたい。くりかえし述べてきたように、社会の合意は構造的なものであって、プラス面だけをつまみ食いすることはできないのだ。

この世にユートピアがない以上、何らかのマイナス面を人々が引き受けることに同意しなければ、改革は実現しない。だからこそ、あらゆる改革の方向性は、社会の合意によって決めるしかない。

いったん方向性が決まれば、学者はその方向性に沿った政策パッケージを示すことができる。政治家はその政策の実現にむけて努力し、政府はその具体化を行なうことができる。だが方向性そのものは、社会の人々が決めるしかないのだ。

（小熊英二『日本社会のしくみ　雇用・教育・福祉の歴史社会学』による）

注1　一九六三年の経済審議会が出した一連の答申＝「経済発展における人的能力政策の課題と対策」と題された答申。経済の高度成長を背景に、労働力の質的向上が必要であるとし、能力主義を徹底すべきだとした。

注2　労組＝労働組合の略称。産業別の労働組合など、特定の企業または雇用関係を超えて発展した欧米の潮流に対し、日本においては企業ごとの組合がむしろ主流となっている。

注3　高度プロフェッショナル制度＝高度の職業能力を有し、一定の年収要件を満たす労働者に対して、労働時間規制の適用除外とするもの。時間

期的な賃金コスト(8)サクゲン以外の改革にはなりえないだろう。

透明性と公開性の向上は、どのような改革の方向性をとるにしろ、必須である。おそらくこのことには、多くの人も賛成するだろう。だが透明性と公開性が高まり、横断的労働市場や男女平等などが達成されても、それで格差が解決するわけでは必ずしもない。評価の透明性が高まったぶん、客観的な基準としての学位取得競争が強まり、それによる格差が開くかもしれない。また「経験」と「努力」で高い評価を得ていた、学位を持たない中高年労働者の賃金は、切り下がる可能性がある。

筆者自身は、この問題は、「残余型」[注5]が増大している状況とあわせて、社会保障の拡充によって解決するしかないと考える。すなわち、低学歴の中高年労働者の賃金低下は、児童手当や公営住宅などの社会保障で補うのである。そうした政策パッケージを考えるにあたり、第6章で論じた一九六三年の経済審議会の答申は、いまでも参考になる側面がある。

だがそうはいっても、社会を構成する人々が合意しなければ、どんな改革も進まない。日本や他国の歴史は、労働者が要求を掲げて動き出さないかぎり、どんな改革も実質化しないことを教えている。そうである以上、改革の方向性は、その社会の人々が何を望んでいるか、どんな価値観を共有しているかによって決まる。

社会の価値観をはかる、リトマス試験紙のような問いを紹介しよう。二〇一七年に、労働問題の関係者のあいだで話題をよんだエピソードがある。それは、スーパーの非正規雇用で働く勤続一〇年のシングルマザーが、「昨日入ってきた高校生の女の子となんでほとんど同じ時給なのか」と相談してきたというものだった。

これに対して、あなたならどう答えるか。とりあえず、本書で述べてきたことを踏まえて私が(9)回答例を書けば、以下の三つが考えられる。

回答①

①

回答②

②

成したものだったからである。日本の労働者たちは、職務の明確化や人事の透明化による「職務の平等」を求めなかった代わりに、長期雇用や年功賃金による「社員の平等」を求めた。そこでは昇進・採用などにおける不透明さは、長期雇用や年功賃金のルールが守られている(5)ダイショウとして、いわば取引として容認されていたのだ。

ここで、[注1]一九六三年の経済審議会が出した一連の答申が、実現しなかった経緯を考えてみよう。これが実現しなかった一因は、企業が経営権の維持にこだわり、透明性や横断的基準の導入を嫌ったことだった。透明性や横断的基準を導入しない代わりに、長期雇用と年功賃金で企業内労組[注2]と妥協したのが、その後の日本的経営だったのである。

企業が透明性の向上を嫌うがために、改革が進まない事例は、二〇一九年度から導入された「高度プロフェッショナル制度（高プロ）」[注3]にもみられる。これは、アメリカのエグゼンプション[注4]を参考に、残業代の適用外の働き方を作ろうとしたものだ。

だが厚生労働省は、二〇一九年四月末時点の「高プロ」適用者が、全国で一名だったと発表した。これを報じた新聞記事によると、労組の反対があっただけでなく、企業もこの制度を適用したがらなかった。その理由は、高プロを導入した企業には過労防止策の実施状況を報告する義務があり、労働基準監督署の監督が強まるからだったという。

つまり日本企業は、透明性を高めて高プロを導入するよりも、不透明な状態を維持して現状を続ける方を望んだのだ。この制度そのものの評価はさておき、透明性を高めることが、あらゆる改革と不可分であることを示す一例といえよう。

こうした状況にたいし、労基署の監督や透明性の向上を課さずに、高プロを企業が使いやすい制度にすればよいではないか、という意見もあろう。しかしそんなつまみ食いの改革は、一九世紀の「野蛮な自由労働市場」に回帰しようとするようなもので、労働者が合意するわけがない。

二〇世紀の諸運動で達成された成果がしだいに失われ、一九世紀の「野蛮な自由労働市場」に近づいている傾向は、世界的にみられる。第3章で述べたように、労働運動が実現してきた協約賃金や、同一労働同一賃金による「職務の平等」なども、適用範囲が狭められてきているのが現実だ。どこの国でも近年は雇用が不安定化し、その社会ごとの「正規」とは異なる働き方が増えている。

日本でも、一九九〇年代以降の「成果主義」の導入には、戦前の(6)ショッコウに適用されていた出来高給の復活といいうるものさえある。とはいえ日本の場合、一九世紀に回帰しても、コア部分に長期雇用と年功賃金が限定された世界に戻るだけである。

これはいわば、日本型雇用の延命措置にすぎず、筆者としては賛成できない。こうした(7)小手先の措置は、労働者の士気低下を招くだけでなく、短また改革が失敗したもう一つの理由は、他国の長所とみえるものを、つまみ食いで移入しようとするものが多かったからだ。たとえばアメリカ社会で、差別が禁止されていること、透明性が重視されること、解雇が容易であること、キャリアアップが可能であること、学位取得競争が激しいこと、格差が大きいことなどは、一体のものである。これらの(c)プラス面・マイナス面を一体として、社会の合意ができているからだ。

（中略）

社会は変えることができる。それでは、日本の「しくみ」は、どういう方向に変えるべきだろうか。

本書は政策提言書ではない。具体的な政策については、筆者がここで細部に分け入るより、社会保障や教育、労働などの専門家が議論することが望ましい。ここでは、どういう改革を行なうにしても、共通して必要と考えられる最低限のことだけを指摘したい。

もっとも重要なことは、透明性の向上である。この点は、日本の労働者にとって不満の種であると同時に、日本企業が他国の人材を活用していくうえでも改善が欠かせない。

具体的には、採用や昇進、人事異動や査定などは、結果だけでなく、基準や過程を明確に公表し、選考過程を少なくとも当人には通知することだ。これを社内／社外の公募制とくみあわせることができれば、より効果的だろう。

こうした(d)透明性や公開性が確保されれば、(3)横断的な労働市場、男女の平等、大学院進学率の向上などは、おのずと改善されやすくなると考える。それはなぜか。

これまでこうした諸点が改善されにくかったのは、勤続年数や「努力」を評価対象とする賃金体系と相性が悪かったためだ。近年では勤続年数重視の傾向が低下しているが、それでも上記の諸点が改善されないのは、採用や査定などに、いまだ不透明な基準が多いことが一因である。それを考えるなら、透明性と公開性を向上させれば、男女平等や横断的労働市場を(4)ソガイしていた要因は、除去されやすくなるだろう。

過去の改革が失敗したのは、透明性や公開性を向上させないまま、職務給や「成果主義」を導入しようとしたからである。しかもその動機の多くは、年功賃金や長期雇用のコストを減らすという、経営側の短期的視点であった。そうした改革は、労働者の合意を得られず、士気低下などを招いて挫折することが多かった。

透明性を高めずに、年功賃金や長期雇用を廃止することはできない。なぜならこれらの慣行は、経営の裁量を抑えるルールとして、労働者側が達

2024年度　E・G・P方式

国語

国語

（七五分）

第一問　次の文章は、小熊英二の著書の終章の一節である。これを読んで、後の問いに答えなさい。

すべての社会関係は、一定のルールに基づいて行なわれる、(a)利害と合意のゲームである。ルールを無視して一方的に利害を追求すれば、合意が成立しなくなる。相手の合意を得て、自己の利害を達成するためには、ルールを守らざるを得ない。そのことによって、ルールは少しずつ変形されながらも、維持されている。

こうしたルールは、歴史的経緯の蓄積で決まる。歴史的経緯とは、必然によって限定された、偶然の蓄積である。サッカーのルールは、人間の肉体を使ったゲームであるという必然の範囲内で、積み重ねられた偶然が決めている。それがどうしてラグビーのルールと違うのかは、歴史的経緯の相違という以外の説明はできない。

こうしたルールは、合理的だから導入されたのではない。そもそも(b)何が合理的で、何が効率的かは、ルールができたあとに決まる。ルールが変われば、何が合理的かも変わるのだ。

それは、できあがった完成形としての「文化」ではない。しかしサッカーで手を使えないのは不合理だといっても、歴史的過程を経て定着したルールは、参加者の合意なしに変更することはできない。

これまでも日本の雇用慣行の改革は叫ばれたが、その多くは失敗した。なぜかといえば、(1)新しい合意が作れなかったからである。一九九〇年代以降の「成果主義」も、労働者の合意が得られないため、(2)士気の低下や離職率の増大を招き、中途半端に終わることが多かった。

解答編

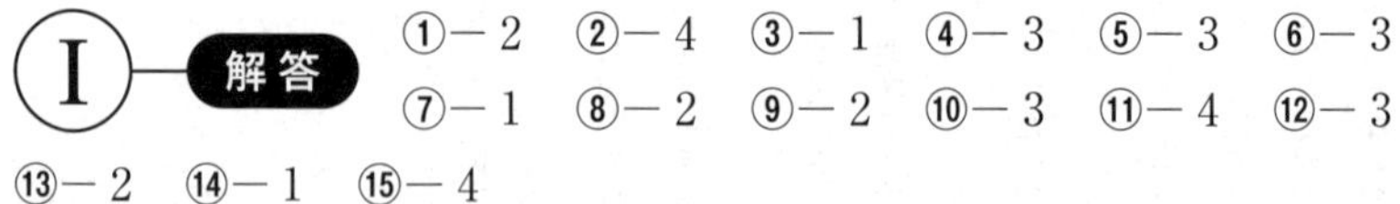

英語

I　解答　①－2　②－4　③－1　④－3　⑤－3　⑥－3　⑦－1　⑧－2　⑨－2　⑩－3　⑪－4　⑫－3　⑬－2　⑭－1　⑮－4

全訳

《ロンドンに生息する鳥たち》

1　ロンドンについて思うとき，ほとんどの人は人間や車の往来，建物が密集した賑やかな大都会を思い浮かべる。確かにその通りだが，この街には普通の旅行者がたいてい気付かない，もう一つの側面がある。それは，そこに生息していて，もし彼らがいなければとある都会の風景になってしまうところに自然の色合いを添えている，多くの動物たちである。

2　ロンドンはさまざまな生き物のすみかである。特に鳥は，この街で暮らしていると目につく生き物の一つである。ウェストミンスターの中心にあるトラファルガー広場は無数のハトのすみかである。実際，あまりにも数が多いため地元の議会は心配になって，ハトが地面に降りないようにするために先のとがった杭を打ったり，ワイヤーを張ったりといったハト防止対策を講じた。しかし，そうした手段にひるむことなく，ハトはその場所に群がり続けている。そこではハトに食べ物を与えないようにという掲示がなされているにもかかわらず，観光客はよくハトに食べ物を与える。

3　ロンドン塔もそこの鳥たち，つまりワタリガラスで知られており，現在常時9羽がすんでいる。塔からカラスがいなくなれば英国は没落するという古くからの伝説があり，カラスが留まり続けるように手をかけられている。伝説が数百年間に及ぶのは確かだが，カラスがいつからすむようになったのか，その伝説がどのくらい続いているのかは誰も正確にはわからない。それは単なる物語にすぎないかもしれないが，担当職員はカラスが満足するように気を配って世話をしている。

4　市内のあちこちの多くの公園では，より一層広範囲な鳥の生活を見ることができる。例えばリージェントパークでは，黒と白の独特な姿をしたカササギがエサを探すのを見るのは決して珍しいことではない。カササギはよく２羽で飛ぶが，もし１羽でいるのを見たら，「おはようございます，隊長」といったような尊敬を表す挨拶をすること，という英国の言い伝えがある。そうすると悪運を招かないと考えられている。

5　バッキンガム宮殿の近くのセントジェームズパークには円形の湖があり，多くの白鳥が集まって水面に優雅に浮かんでいる。この鳥たちは人間が周りにいても安心してくつろいでいるようだ。白鳥がそうした様子なのはおそらくもっともなことで，英国の法律では，ある種の白鳥たちは王室に属すると考えられており，白鳥たちはほぼ千年近くもずっとそうしてきたのだ。実際，過去にこれらの生き物に危害を加えたために罰せられた人が何人かいる。したがって，これは真剣に受け止めなければならない伝統である。

6　とても静かな夜に街を歩くと，フクロウの独特な鳴き声が聞こえるかもしれない。また晴れた日に空を見上げると，時々ハヤブサが飛んでいるのを見ることができる。クリスマスが近付くと，地元の人たちは胸が赤くて大きな鳴き声のコマドリを探せるのを知っている。カムデン区を流れる川を渡るとき，アヒルやバンやガンが楽しそうに泳いでいるのを見るかもしれない。ロンドンは人間がつくった場所かもしれないが，だからといって，そこに生息しているのは人間だけとは限らない。動物たちと調和しながら共存することができるようになれば，きっと世界をよりよい，より優しい場所にすることができる。

解説

① 空所の前に「ほとんどの人がロンドンのことを思うとき」という副詞節があり，空所の後に「人間や車の往来，建物が密集した賑やかな大都会」とある。その後の文が「その通りだが，この街にはもう一つの側面がある」となっていることから，空所には「思い浮かべる」という意味の imagine が入ると推測される。

② 第１段第２文（While this is …）に「この街には普通の旅行者がたいてい気付かない，もう一つの側面がある」と書かれており，第２段以降は

すべて鳥のことが書かれているので，空所には animals が入ると推測される。

③　空所の語はその後の名詞 variety を修飾する形容詞とわかる。この文の後に Birds are a particularly「特に鳥は」と続いていることから，空所の部分は「動物が多種にわたる」という意味になると推測され，wide が入る。

④　第２段第３文（Trafalgar Square, in …）以下でさまざまな鳥のことが述べられていることから，「目につく」という意味の noticeable が入ると推測される。

⑤　空所の後でロンドンのさまざまな場所で見られる鳥について述べていることから，空所には city が入り，この文を直訳すると「特に鳥は，この街の生活の目につく一部である」になると推測される。

⑥　空所の前の文で「ハトがあまりにも多いので，地元の議会はハトが地面に降りないようにするために先のとがった杭やワイヤーを設置するという策を講じた」と述べ，空所の後で「ハトはその地域に集まり続けている」と述べている。よって，空所には discouraged が入り，「だが，ハトはそれによってひるむことはなかった」という意味になると推測される。

⑦　第３段第３文（Nobody knows exactly …）で「カラスがいつからそこにすみついたのか誰もわからない」と述べており，カラスが昔からいたことがわかる。空所の前に nine ravens living there full time とあり，空所の語は at the と組んで「時」を表す副詞句を成すと推測される。よって，moment が入り，at the moment「現在」という表現を成すと考えられる。

⑧　空所を含む文は There is an old legend that ～「～という伝説がある」で始まっている。同文の最後の部分が「それでカラスがそこに留まり続けるように手をかけられている」となっていることから，伝説は「カラスが塔からいなくなると国は没落する」という内容と推測される。よって，「去る，離れる」という意味の leave が入る。

⑨　空所の後に although it has certainly been for hundreds of years「それが何百年も存在しているのは確かだが」とあり，it は空所の前の the legend を指すとわかる。この although 以下の部分の動詞が has been と現在完了形になっており，空所の部分も how long で始まって，直前に has があることから，existed が入り，現在完了形になると考えられる。

⑩　空所を含む文は They often travel in pairs「それらはよく2羽で飛ぶ」で始まっている。その後に逆接の but があり，if you see a magpie と続いていることから，空所の部分は「もしカササギが1羽でいるのを見たら」という意味になると推測される。空所の直前に前置詞の by があることから，by *oneself*「ひとりで」の表現と考えられ，itself が入る。

⑪　空所の前の文で「その1羽のカササギに『おはようございます，隊長』などと挨拶して敬意を表すことになっている」という内容が述べられている。空所を含む文の This はこの文を指し，空所の後に bad luck away があることから，空所を含む文は「こうすることによって悪運を避けられるとされている」という意味になると推測され，keep が入る。keep *A* away「*A* を寄せ付けない」

⑫　空所の後に comfortable around humans「人間の周りでくつろいで」があり，さらにその後で are considered to belong to the Royal Family「王室に属すると考えられている」とある。また，同段最終文（In fact, …）で「過去にこれらの生き物に危害を加えたことにより，数人が罰せられた」と述べていることから，safe が入り，空所の部分は「これらの鳥は人間が周りにいても安心してくつろいでいる」という意味になると推測される。

⑬　空所を含む部分が so「それで」で始まり，this は「ある種の白鳥は王室に属すると考えられている」ことを指すとわかる。空所の後に seriously「真剣に，まじめに」があるので，空所には「受け止める」という意味の take が入り，「したがって，これは真剣に受け止めなければならない伝統である」という意味になると考えられる。

⑭　空所の前の文で「静かな夜に街を歩くとフクロウの独特な鳴き声が聞こえるかもしれない」と述べられている。空所を含む文にも if you とあり，空所の後に sometimes があることから，空所には「可能性」を表す助動詞の can が入ると推測される。

⑮　空所の前の文で「ロンドンは人間がつくった場所かもしれないが，そこに生息しているのは我々人間だけではない」と述べている。空所の後に co-exist in harmony with animals があることから，空所には Learning が入って「動物たちと調和しながら共存することができるようになれば，きっと世界をよりよい，より優しい場所にすることができる」という意味に

なると推測される。learn to *do*「～するようになる，できるようになる」

Ⅱ 解答

1－1 **2**－3 **3**－2 **4**－4 **5**－1 **6**－3
7－2 **8**－3 **9**－1 **10**－3

全訳

《オンライン詐欺に気付かせる会話》

ブリアナが喫茶店で座っているとゲイリーが入ってくる。

ブリアナ：こんにちは，ゲイリー，調子はどう？

ゲイリー：やあ，ブリアナ，とっても嬉しそうだね。

ブリアナ：ええ，とってもすてきなことが起きたの。

ゲイリー：聞かせて！

ブリアナ：私が芸術家としてやっていきたいとずっと思っていたのは知ってるでしょ？

ゲイリー：ああ，君の絵はすばらしいもの。

ブリアナ：ありがとう。でも絵でお金を稼げないんじゃないかと今日までずっと心配だったの。

ゲイリー：何か売れたの？

ブリアナ：そう，売れたのよ！ って言うか，そんな感じ。絵の画像をネットに載せてたら，そのうちの何枚かのデジタルコピーを買いたいという人が現れたの。しかも高額で。

ゲイリー：へえー，いくらで？

ブリアナ：思っていたよりずっと高額なの。デジタル通貨で，1枚およそ2千ドル。私の絵を買いたいと思う人たちが世界中にいるって言うのよ。私は口座を作るために2，3百ドル送金するだけでいいの。そうすれば，向こうが私の絵に支払えるようになるのよ！

ゲイリー：ちょっと待って。向こうが支払う前に，こちらからお金を支払わなくちゃいけないの？

ブリアナ：そうなの。何でも向こうが言うには，それが近頃ほとんどの画商がネットで取引する一般的なやり方なんだって。

ゲイリー：相手に直接会ったの？

ブリアナ：会ってないわ。でも，何度もメッセージをやりとりしたし，とってもよさそうな感じで，私の絵をとても評価してくれてるのよ。

ゲイリー：言いにくいんだけど，でも，これが多分，詐欺だとは思わないの？

ブリアナ：何ですって？　どういうこと？

ゲイリー：誰かがネットで君からお金と，多分個人情報も手に入れようとしているんだよ。それを手に入れれば，向こうは姿を消して個人情報はすっかり盗まれてしまうのさ。

ブリアナ：でも，とっても誠実そうな感じなのよ。私の絵，売れるほどはよくないのかしら？

ゲイリー：まあ，もしかしたら。でも，それがまさにこうしたネット詐欺の手口なんだよ。彼らは自分が好きなことをやっている人たちに目を付けて，その情熱を利用してお金を盗もうとするんだ。モデルやミュージシャン，作家，芸術家などは皆，自分がやっていることに本当に価値があると信じていて，それでこうした不正行為にひっかかりやすくて，かっこうの餌食になっちゃうんだ。

ブリアナ：でも，私は金持ちじゃないわ！

ゲイリー：金持ちかどうかは問題じゃないんだよ。彼らが狙っているのは，最初は数百ドル，次に，できれば，個人情報を得ようとするんだ。銀行の口座番号，自宅の住所，電話番号などをね。犯罪者にはそうした情報はとても貴重で，それを使って相手の生活を破壊するんだよ。友だちや家族までだましちゃう場合もあるんだ。

ブリアナ：そんなことをする人がいるなんて信じられないわ。恐ろしいわね！

ゲイリー：そうだ，他の人の意見を聞いてみようよ。やあ，パトリシア！

パトリシア：こんにちは，２人とも元気？

ゲイリー：君の考えを聞かせてくれない？　ここにいるブリアナが絵を数枚ネットに載せたんだって。そしたら誰かがそれに多額のお金を支払うと言ったんだって。でも，彼女がまず向こうに２，３百ドル送ってからなんだって。

パトリシア：本当に？　それは明らかに詐欺よ。私の知り合いにそんなことにひっかかるほど馬鹿な人は絶対にいないわ！

ブリアナ：ああ，そうね。あなたたちの言う通りだわ。関わっちゃいけないわね。

ゲイリー：今回のことは，ネットを使うときは皆注意しなくちゃいけないことをまさに示しているよ。ネットには危険な人がうようよしているんだから。

解説

1． 空所の前のゲイリーの発話が「とっても嬉しそうだね」であり，その後のブリアナの発話の第１文が Yeah, I am. であることから，空所には Something wonderful が入り，「とってもすてきなことが起きたの」という意味になると推測される。

2． 空所の前のブリアナの発話が「絵でお金を稼げないんじゃないかと今日までずっと心配だったの」であり，その後のゲイリーの質問に対するブリアナの答えの発話の第１・２文が「そう，売れたのよ！　って言うか，そんな感じ」で，その後の第３・４文（You see, I've … a lot of money.）で，絵の画像をネットに載せたら，何枚かを高額で買いたいという申し出があったと述べている。よって，空所の部分は「何か売れたの？」という意味になると推測され，You sold something が入る。

3． 空所を含むブリアナの発話の前で，ゲイリーが「いくらで？」と聞いている。それに対するブリアナの発話の空所の後の文（About two thousand …）が「１枚およそ２千ドル」となっており，空所の前に Much more than があることから，空所には expected が入って，「思っていたよりずっと高額なの」という意味になると推測される。

4． 空所の前のゲイリーの発話が「向こうが支払う前に，こちらからお金を支払わなくちゃいけないの？」となっている。それに続くブリアナの発話が Yeah. で始まり，空所の前に They told me this is the normal way「向こうが言うには，それが一般的なやり方なんだって」があることから，空所には do business online が入り「近頃，ほとんどの画商がネットで取引する」という意味になると推測される。

5． 空所の前のブリアナの発話が「よさそうな感じの人だし，私の絵をとても評価してくれるの」となっていて，ブリアナが相手の言うことを信じているように聞こえる。空所の後の but 以下が「これが多分，詐欺だとは思わないの？」という内容であることから，空所には sorry to break が入って，「言いにくいんだけど」という意味になると推測される。break は（ニュースなどを）「～に知らせる，～に打ち明ける」の意。

6．空所を含むゲイリーの発話の第2文（They find people …）で「彼らは自分が好きなことをやっている人たちに目を付け，その情熱を利用してお金を盗もうとするんだ」と述べた後，その後の空所を含む文の Models, musicians, writers, … make good victims の部分で「モデルやミュージシャン，作家，芸術家などは皆，かっこうの餌食になる」と述べている。同文の because の後の they，them は models，musicians，writers，artists を指す。because で始まる副詞節の and that の that はその前の部分の「自分がやっていることに本当に価値があると信じている」ことを表す。vulnerable to ～は「～にかかりやすい，～を受けやすい」という表現で，to の後にゲイリーの2つ前の発話の文（I'm（　5　）…）中の a scam「詐欺，ぺてん」と同意の表現が入ると考えられる。したがって3の dishonest behaviour が適切。

7．空所の前の ask for ～は「～を求める」という表現。この後のゲイリーの発話でパトリシアに「君の考えを聞かせてくれない？」と意見を求めている。よって，空所には a second opinion が入り，「別の人の意見を聞いてみようよ」という意味になると推測される。

8．「ゲイリーによると，ネットの画商は何を手に入れようとしているのか？」

ゲイリーは9番目の発話（I mean that …）で「誰かがネットで君からお金と，多分個人情報も手に入れようとしているんだよ」と述べている。また10番目の発話（Well maybe, but …）でも，ネット詐欺をはたらく人々がお金を盗もうとしていることを述べ，11番目の発話（It doesn't matter. …）でも銀行の口座番号，自宅の住所，電話番号等の個人情報を手に入れようとしていると述べている。よって，3が正解。

9．「会話で示されていないのは次の文のどれか？」

1．「パトリシアはネットの画商にだまされた」

ゲイリーから，ブリアナがネットで画商からアプローチされた話を聞いた後，パトリシアは「それは明らかに詐欺よ。私の知り合いにそんなことにひっかかるほど馬鹿な人はいないわ」と述べており，内容に一致しない。

2．「ブリアナは最初，自分の絵が売れたと思って喜んだ」

会話の冒頭で嬉しそうな表情をしているブリアナにゲイリーが喜んでいる理由を尋ねると，ネットに絵の画像を載せたところ売ってほしいという依頼があったということから話が展開している。よって，内容に一致する。

3.「ゲイリーはブリアナがだまされているとすぐに気付いた」

ブリアナが6番目の発話（Much more than …）で，こちらからまず向こうに2，3百ドル支払って口座を開設し，それから向こうが購入代金を支払う，という手順を述べると，ゲイリーが「ちょっと待って。向こうが支払う前に，こちらからお金を支払わなくちゃいけないの？」と聞いている。それに対してブリアナが「それが近頃ネットで取引する一般的なやり方なんだって」と答えると，ゲイリーは「相手に直接会ったの？」と尋ねている。「会ってないわ。でも…よさそうな感じで，私の絵をとても評価してくれてるのよ」というブリアナの話を聞き，ゲイリーは「言いにくいんだけど，でも，これが多分，詐欺だとは思わないの？」と述べている。よって，内容に一致する。

4.「芸術家はネットを使った犯罪者に狙われやすい」

ゲイリーの10番目の発話（Well maybe, but …）で「モデルやミュージシャン，作家，芸術家たちは皆，自分がやっていることに本当に価値があると信じていて…かっこうの餌食になっちゃうんだ」と述べている。よって，内容に一致する。

10.「ブリアナはこの後，多分どうするか？」

パトリシアの話を聞いた後，ブリアナは最後の発話で「あなたたちの言う通りだわ。関わっちゃいけないわね」と述べている。よって，「画商と連絡を取り合うのをやめる」という内容の3が正解。

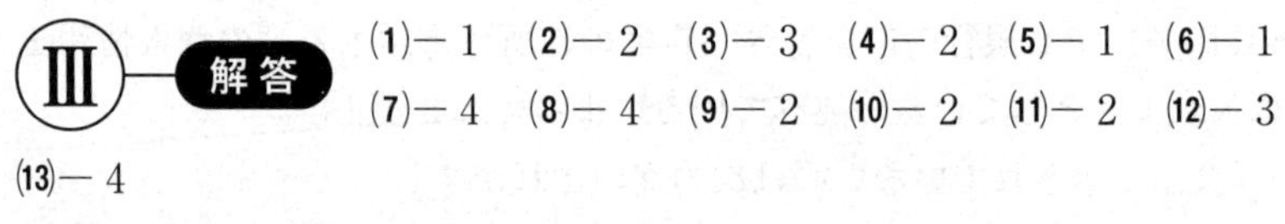

⑴－1　⑵－2　⑶－3　⑷－2　⑸－1　⑹－1
⑺－4　⑻－4　⑼－2　⑽－2　⑾－2　⑿－3
⒀－4

全訳

《理想の女性を追い求めた王様の話》

1　ずっと昔，遠く離れた国に，愛を見つけることができない王様が住んでいた。多くの美しい女性たちが絶えず王様の注意を引こうと自己紹介し，王様は次から次へとその女性たちと時を過ごしてみるのだが，どの女性も実際は王様の心よりも富と高い地位に興味があるように思えた。「王である私は，一体どうすれば誰かがありのままの私を本当に愛してくれるかどうかわかるのか？」 王様は冷たい玉座に１人座ってよくこう言った。けれども，宮廷の者たちは王室の血統が保たれるように，結婚して子どもをもうけるようにと迫った。月日が経つにつれ，王様はそうした状況に心が苛まれ，とうとう絶対に誰とも結婚しないと宣言した。王国の人々は落胆したが，誰が何と言おうと王様の気持ちは変わらなかった。

2　王様は次第に自分の部屋で１人で過ごす時間が多くなっていった。時間を過ごすためにさまざまな芸術を試みた。最初に詩を作ってみたが，どれも暗く陰鬱な響きになるのがわかった。次に絵を描いてみたが，どれもぎこちなく，下手なものばかりだった。その後，歌を歌ってみたが，人間の声というよりもカラスの鳴き声のようで，音楽にはまったく向いていなかった。それでついには彫刻に手を出してみた。

3　初めて大理石を彫ったとき，自分の気質にぴったりの芸術を見つけたと王様は気付いた。石は自分の心のように冷たくて硬かったが，彫るにつれて，自分の心が喜ぶような形になっていった。王様は大きな純白の大理石を運びこませ，自分の最高の作品を彫る計画を立て始めた。

4　王様の彫刻のテーマは完璧な女性だった。美しいだけでなく，優しく，正直で，誠実でなければならなかった。それは彼にとって難しかったが，全力で取り組むと，金づちとのみによって次第に大理石の塊から像が現れてきた。像の女性はほっそりしていて，繊細で端正な面立ちをしていた。長い髪はうしろで束ね上げられていた。王様は大理石の肌によく合う長い上品なドレスを彫った。

5　王様は新しい彫像のことしか考えなかった。部屋のドアに鍵をかけ，召使たちはドアの下から食べ物を押し入れ，次の日に空いた皿を運び去らなければならなかった。王様の願望は大作を完成させること，ただそれだけだった。王様はよく彫像の目を何時間もずっと見つめ続けた。像の女性も優しい眼差しで自分を見つめ返していると思いながら。

6　何カ月も一生懸命取り組んだ後のある日，彫像はついに完成した。王様は作品の出来栄えを見るために彫像から離れて立つと，その美しさにすっかり見惚れてしまった。世界中にこれ以上完璧な女性は想像できなかった。衝動を抑えきれず，王様は彫像に近づいて，冷たい石の唇に口づけをした。すると驚いたことに，彫像の唇が震えて温かくなるのを感じた。王様の目は涙であふれた。彫像に命が吹き込まれたのだった！

7　数日後，召使たちが運んだ食べ物に手がつけられていないことに気付き，ドアを押し開けた。うやうやしく部屋の中に入ると，床に道具や石の破片が散らばっている中，王様が床の上に横たわっているのが見えた。明らかに死んでからかなり時間が経っていた。召使たちは驚いたというよりもうろたえて，王様の身に一体何が起きたんだろうと思った。もし王様の死に自分が何らかの理由で責任があれば，罰せられるかもしれないと身を案じる者もいた。

8　しばらくすると彼らの不安は消えた。王様は顔を荒く彫り込んだ石の塊を両腕に抱いていた。王様の顎ひげは長く伸び，服は破れて汚れ，手と指は擦り傷や打ち身でいっぱいだった。王様は休まずに顔を彫り続けていたに違いなかった。そして，どんな代償を払ったとしても，決して無駄に終わってはいなかった。王様は顔に優しいほほ笑みを浮かべていた。それはまるで自分の創造物の中についに幸せを見つけたことを意味しているようだった——彼は息を引き取るまでずっと，それが理想の女性だと信じていたのだ。

解説

(1)「空所（　1　）を埋めよ」

空所の直後の文に「王である私は，一体どうすれば誰かがありのままの私を本当に愛してくれるかどうかわかるのか？」とある。したがって，空所の文は「女性たちは皆実際のところ，王様の人柄よりも彼の富と高い地位に興味があるように思えた」という意味になると推測され，「彼の心よりも富と高い地位に」という意味の1が正解。

(2)「line という語のここでの意味は…」

下線部の前の the members of… have a child の部分は「宮廷の者たちは結婚して子どもをもうけるように迫った」という意味であり，その後に so that his royal line could continue と続いている。この部分は so that *A* can *do*「*A* が～できるように」という「目的」を表す構文であることから，「王室の血統が続くように」という意味になると推測できる。よって，2の family が正解。

(3)「空所（　3　）を埋めよ」

空所の前の文で「月日が経つにつれ，王様はそうした状況に心が苛まれ，とうとう絶対に誰とも結婚しないと宣言した」ことが述べられている。よって，空所の部分は「王国の民衆は落胆した」という意味になると推測でき，３の disappointed が正解。

(4)「空所（　4　）を埋めよ」

第２段第１・２文（The king began … many different arts.）で「王様は次第に自分の部屋で１人で過ごす時間が多くなり，時間を過ごすためにさまざまな芸術を試みた」ことが述べられている。第３文（First, he tried …）では「最初に詩を作ってみたが，どれも暗く陰鬱な響きになるのがわかった」とあり，その後が空所の文で Then, he tried to paint で始まり，but が続いていることから，絵もうまくいかなかったと推測でき，２の clumsy and poor が入って「絵はどれもぎこちなく，下手だった」という意味になると考えられる。

(5)「空所（　5　）を埋めよ」

第２段第５文（After that, he …）で「その後，歌うことに取り組んでみたが，彼の声は人間の声というよりカラスの鳴き声のようで，音楽にはまったく向いていなかった」と述べられ，その後に空所の語が続き，空所の後は「彼は彫刻に手を出してみた」という内容となっている。さまざまなことを試みた後であることから「ついに」という意味の１の Finally が正解と考えられる。

(6)「temperament という語のここでの意味は…」

第３段第１文（When he began …）の When he began … the perfect art の部分が「初めて大理石を彫ったとき，王様はぴったりな芸術を見つけたと気付いた」という内容である。suit は「適した」という意味の動詞で，the perfect art to suit his temperament は「自分の気質に最も合った芸術」という意味になると推測できる。よって，「性格，本性」という意味の１の nature が正解と考えられる。

(7)「All that the king wanted was to complete his masterpiece. という文を言い換えよ」

第５段第１・２文（The king thought … the next day.）より「王様は彫刻のことしか考えず，部屋に閉じこもっていた」ことがわかる。下線部の文は「彼の望みはただ大作を完成させることだった」という意味。よって，「王様は自分のすばらしい作品を完成させること以外何もしたがらなかった」という意味の４が正解。

2024年度　E・G・P方式　英語

1.「王様は自分のすばらしい作品を仕上げるために何も望まなかった」
2.「王様は自分の作品をほぼ完成したままの状態にしておきたくなかった」
3.「王様は自分のすばらしい作品以外のすべてのものを終了させたかった」

(8)「on end という表現を言い換えよ」

第5段最終文（He would often …）は下線部の前までが「彼はよく彫像の目を何時間もずっと見つめていた」という意味。したがって，下線部の on end は「続けて」という意味の副詞句と推測され，4の without stopping「やめることなく」が正解と考えられる。

(9)「代名詞の them が指すものは…」

第6段第1～3文（One day, after … whole wide world.）で「彫像がついに完成すると，王様は世界中にこれほど美しく完璧な女性はいないと見惚れてしまった」と述べている。同段第4文（Unable to resist, …）の前半で「衝動を抑えきれず，王様は近づいて冷たい石の唇に口づけをした」と述べており，when he did so は「口づけをしたとき」を表す。したがって，them は前の the cold, stone lips の代名詞で，he was astonished 以下は「驚いたことに，それら（唇）が震えて温かくなるのを感じた」という意味になる。よって，2の her lips が正解。

(10)「空所（ 10 ）を埋めよ」

第6段第4文（Unable to resist, …）で「王様が彫像の唇に口づけをすると，彫像の唇が震えて温かくなった」と述べている。よって，空所の文は「彼の彫像に命が吹き込まれた」という意味になると考えられ，2の had come to life が正解と考えられる。1は「ついに生き返った」という意味で不正解。

(11)「Upon their respectful entry という表現からすると，召使たちは…」

upon は「～するとすぐに，～すると」という意味の前置詞で，接続詞の as soon as や when と同意。したがって，下線部は As soon as [When] they entered respectfully と言い換えられる。よって，「彼ら（召使たち）がうやうやしく入ると」という意味になる。2が「彼ら（召使たち）は彼（王様）を敬っていたので，王様の部屋に気軽には入らなかった」という意味で，最も近い。

1.「王様の部屋に足を踏み入れると直ちに王様を敬うようになった」
the minute (that) ～「(接続詞的) ～するや否や」
3.「王様は自分の部屋の中にいてもきちんと威厳あるように見せるべきだと思った」
4.「王様の部屋に1人ずつしか入ることが許されなかった」
⑿「whatever the cost という表現を言い換えよ」
第8段第3文 (His beard had …) で「顎ひげは長く伸び，衣服は破れて汚れ，手と指は擦り傷や打ち身でいっぱいだった」と述べている。下線部の後に he did not do so in vain「彼がそうしたことは無駄ではなかった」とあることから，下線部の whatever the cost は「どんな代償を払ったとしても」という意味になると推測できる。よって，「それがどんなに多くの努力を要したとしても」という意味の3が正解と考えられる。
1.「それは報われるだろうけれど」
2.「どんなに多く金を払われても」
4.「なぜそんなに多くの犠牲を払うのかわからず」
⒀「本文の内容に最も合う文を選べ」
1.「王様が亡くなったずっと後でも，人々は王様の夢は続くと信じた」
第8段最終2文 (The king had … the ideal woman.) で「王様は優しくほほ笑んでおり，その笑顔は自分の創造物の中についに幸せを見つけたことを意味しているようだった」と述べている。よって，王様は夢を実現したことから，一致しない。
2.「夢が決して実現することはないとわかって，王様は息を引き取った」
第8段最終2文 (The king had … the ideal woman.) に「王様は顔に優しいほほ笑みを浮かべ…ついに幸せを見つけたことを意味しているようだった」とあり，一致しない。
3.「王様は死ぬ前に彫像が生きていることをほとんど知らなかった」
第6段第4文 (Unable to resist, …) で「彫像の唇に口づけをすると，唇が震えて温かくなるのを感じた」と述べており，一致しない。
4.「王様は死んだとき，彫像が生きていないことに気付いていなかった」
第6段第4～6文 (Unable to resist … His statue (　10　)!) から，王様は彫像に命が吹き込まれたと信じていたことがわかる。第8段第5文 (The king had …) で「王様は顔に優しいほほ笑みを浮かべていた」，第

6文（It seemed to …）後半で「彼は息を引き取るまでずっと，それが理想の女性だと信じていたのだ」と述べている。よって，一致する。

Ⅳ 解答 (1)—3 (2)—4 (3)—2 (4)—4 (5)—4 (6)—4 (7)—3 (8)—1 (9)—2 (10)—3

全訳

《3-D プリンターについて》

1 今日さまざまな分野に登場している最も目覚ましい技術の一つが，3-D プリンティング（三次元造形）である。もともとはプラスチックで複雑な形を作る方法であったが，現在は金属やコンクリートといった他の材料を使ってプリント（造形）することが可能である。つまり，このすばらしい機械を使って，道具や車の部品，楽器，さらには家までも作れるということなのである。

2 ほとんどの人におそらく馴染みのある一般的な 3-D プリンターは，プラスチックの糸や粉末を使い，それを熱して新しい形を作る。それはしばしば「付加」プリンティングと呼ばれる。薄い層を前の層の上に載せ，意図する形ができるまで全体に徐々に重ねていくからだ。その後，それは通常 UV（紫外線）ライトを使って「養生」すなわち硬化を行う。プラスチックより費用がかかり，はるかに複雑な機械が必要だが，金属もほとんど同じやり方でプリント（造形）される。それは通常，粉末の状態から始まり，レーザーで溶かし，層にして積み上げて固体形状に作り上げる。

3 この種のプリンティングはいわゆる「高速試作」のために多くの会社で使われる。プラスチックや金属の販売製品は通常，専門の機械を使って作られるが，この方法は新たな製品を考案する際に部品を試作製造するには費用が高くつき，無駄が生じがちである。3-D プリンティングは限られた数の物を比較的安く作れるので，試作品——何かの試験版——を作ることができる。

4 それは先進テクノロジーのように思えるかもしれない。しかし実は，3-D プリンティングは早くも 1983 年にチャック＝ハルというアメリカ人のエンジニアによって発明されたものだ。彼は付加プリンティングのアイデアを，UV ライトを使ってテーブルのコーティングの強度を高める方法に取り組んでいたときに思いついた。このアイデアは 3-D プリンティングの工法を開発する上で極めて重要な部分となった。なぜなら，それはプラスチックの造形物をさまざまな用途に使えるレベルまで硬化させることができたからである。

5　今日，同じ技術が，家屋のような大きな構造物を作れる巨大な商業用プリンターで使われている。それらのプリンターは造形するのにプラスチックではなくコンクリートを使うが，それらの仕組みの基本的な考え方は同じである。この工法は世界中の人々の生活をよりよい方向に変える可能性を秘めている。例えば，発展途上国において，清潔かつ安全な現代的住宅を比較的安価に作ることができる。

6　しかしながら，3-D プリンティングについては不安な点がいくつかある。その一つは潜在的な環境コストだ。プラスチック廃棄物は簡単にリサイクルできないという大きな問題がすでに存在する。3-D プリンティングはこの廃棄物をさらに多く作り出すとともに，地球温暖化につながるガスも排出する。そうしたガスはまた，プリンティングの作業をしている人たちが防御マスクを着用し，作業場所の空気循環をよくするよう注意しないと，彼らを危険にさらす恐れがある。

7　もう一つの問題は，この新しい技術を使って危険な，あるいは違法な物が作られるかもしれないことだ。例えば，多くの国の政府は，人々が未登記の銃やナイフ，その他の凶器を作ることを心配している。現在のところ，ナイフ類をこの方法で製作するのは実際的ではない。また，3-D プリンティングで製造した銃は不安定で，普通の人がこれを使う場合，他の人よりも本人にとっての危険度のほうがおそらく高い。プリンターの性能が高まるにつれ，この状況は今後変わるかもしれないが，関係当局のほうも起こり得る問題を抑制する方法を見つけるのがうまくなりつつある。

8　心配はさておき，3-D プリンティングは物の製造から家屋の建設に至るまで，また家庭用にさえ使われるなど，広範な領域で革命的な変化を起こしていることは間違いない。将来は恐らく，人は 3-D プリントされた車に乗り，3-D プリントされた衣服を着て，夕食の食べ物さえも調理ではなく 3-D プリントするだろう。将来どうなるかは誰にもわからない。

解説

(1)　第１段第１文（One of the most …）で「今日さまざまな分野に登場している最も目覚ましい技術の一つが 3-D プリンティングである」と述

べ，同段第2文（Originally a way…）で「もともとはプラスチックで複雑な形を作る方法であったが，現在では金属やコンクリートといった他の材料を使ってプリント（造形）することが可能である」と述べている。同段第3文（This means that…）の This は「プラスチックに限らず，金属やコンクリートを使ってもプリントできること」を指し，この文は「つまり，このすばらしい機械を使って，道具や車の部品，楽器，さらには家までも作れるということなのである」という意味になる。よって，these remarkable machines は 3-D プリンターを指すとわかり，3が正解。

(2) 第2段第1文（The standard 3-D…）は The standard 3-D… threads or powders が主節で，（ 2 ）which most… familiar の部分は関係代名詞 which による形容詞節で The standard 3-D printer を修飾している文構造。which の後に are probably familiar があるので，空所には with が入り，be familiar with～「～をよく知っている」という表現を成すとわかる。

(3) 下線部の後に「理由」を表す接続詞の as があり，「薄い層を前の層の上に載せ，意図する形を徐々に作り上げていく」という内容なので，2が正解。

(4) 第3段第2文（Commercially-manufactured objects…）で「プラスチックや金属の販売製品は通常，専門の機械を使って作られるが，この方法は新たな製品の試作品を作るには費用が高くつき，無駄が生じてしまう」と述べ，次の第3文（3-D printing allows…）で「3-D プリンティングは限られた数の物を比較的安価に製造できる」と述べている。よって，4が正解。

(5) 第4段第1文（It might seem…）で文頭の It は第3段最終文（3-D printing allows…）の 3-D printing を指し，第4段第1文は「それは先進テクノロジーのように思えるかもしれない」という内容である。次の同段第2文（（ 5 ），3-D printing…）は空所の後で「3-D プリンティングは早くも 1983 年にチャック＝ハルというアメリカ人のエンジニアによって発明された」と述べ，同段第1文を否定する内容になっており，4の However が正解。

(6) 第4段第2文（（ 5 ），3-D printing…）で「3-D プリンティングは 1983 年に発明された」と述べており，1は一致しない。第1段第2文

(Originally a way…) から「もともとはプラスチックで複雑な形を作る方法だった」ことがわかり，2は一致しない。第4段第3文（The idea for…）で「UV ライトを使ってテーブルのコーティングの強度を高める方法に取り組んでいたとき，付加プリンティングのアイデアを思いついた」と述べていることから3は一致せず，4が一致する。

(7)　第5段第2文（The printers use…）の前半は「プリンターは造形にプラスチックではなく，コンクリートを使う」と述べている。[　　] 内の they は the printers を指すとわかり，but 以下は「それら（プリンター）が機能する方法の基本的な考え方は同じである」という意味になる。よって，but the basic idea behind [how they work is the] same という語順となる。

(8)　第7段第1文（Another issue is…）で「もう一つの問題は，この新しい技術を使って危険な，あるいは違法な物が作られるかもしれないことだ」と述べた後に，空所で始まる第2文が続いている。空所の後が「人々が未登記の銃やナイフ，その他の凶器を作ることを多くの国の政府は心配している」という内容で，第1文で触れた危険性を具体的に述べていることから，「例示」を表す For example が入る。

(9)　第6段第1・2文（There are a few…potential environmental cost.）で「3-D プリンティングには不安な点がいくつかあり，その一つは潜在的な環境コストである」と述べた後，第3・4文（There is already…to global warming.）で「プラスチック廃棄物は簡単にリサイクルできないという問題がすでに存在し，3-D プリンティングはこの廃棄物を多く出し，地球温暖化につながるガスも排出する」と述べている。よって，2が正解。

(10)　第5段最終文（This process has…）後半に「発展途上国において，清潔かつ安全な現代的住宅を比較的安価に作ることができる」と述べている。よって，3が正解。

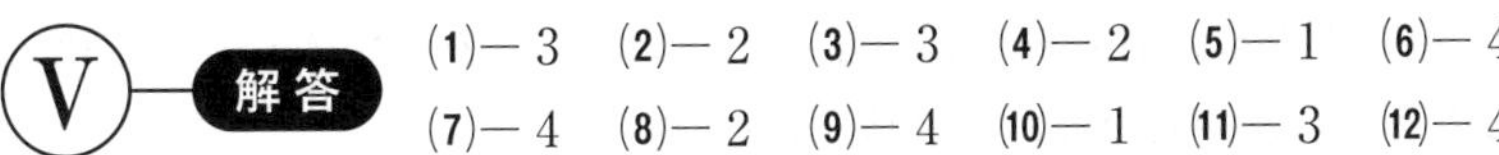

V　解答

(1)—3　(2)—2　(3)—3　(4)—2　(5)—1　(6)—4
(7)—4　(8)—2　(9)—4　(10)—1　(11)—3　(12)—4

全訳

《運について》

1 運は偶然や（一見）説明がつかないように思えることを理解するのに最も有用な人間の概念の一つである。もし地面に20ドル紙幣が落ちているのを見つければ運がよいし，財布から20ドル紙幣を出した瞬間に突風で吹き飛ばされれば運が悪い。

2 正月や旧正月のころ，よいことを招き入れ，悪いことを追い払うために世界中で幸運の儀式が執り行われる。しかし，運は我々の日常生活の中でどのような役割を果たしているのだろうか？ 人は自分を幸運にする力を実際にもっているのだろうか？

3 運に関する本の著者で，ハートフォードシャー大学の心理学教授のリチャード＝ワイズマン氏は，幸運な人と不運な人というものが実際に存在することがわかったと言った。

4 「私たちは（調査において）非常に幸運な人と不運な人とを研究対象にしました。両者の生活には大きな違いがあります」と彼は語った。

5 「運のよい人は常にちょうどよいときにちょうどよい場所に居合わせる」のに対して，運の悪い人は好機をつかめない。

6 「それがすべてではありませんが，その原因の大部分を占めるのは，考え方と振る舞い方だと思います」とワイズマン氏は語った。

7 心理的行動は人が人生で知覚する運を決定するものだとワイズマン氏は主張した。雑誌『発達心理学』に掲載された論文の中で，テキサス大学の心理学教授ジャクリーン＝D.ウーリー氏は，運を「超自然的事象」，「人が特定の出来事を理解するために用いる説明」，「人が自分自身の中にもっている個人的特性」の3点で定義した。

8 PBS NewsHour というテレビ番組の中で，ワイズマン氏は個人の特性の定義に焦点を当て，自分によいことが起こると信じている人たちは，自分が不運だと感じている人たちより，物事がうまくいく傾向があると言った。

9 「幸運な人たちは立ち直り方を知っていました。不運な人たちはその失敗に引きずられがちでした」と彼は言った。

10 では，もし運が心理的行動に基づいているとすれば，人は自分の運を変えることができるのだろうか？ （この質問に対して）ワイズマン氏は

「絶対にできます」と言った。

11 彼は日常的な行為に小さな変化をつけることを勧めた。例えば，1日の終わりに感謝の気持ちや運がよかったと感じたことを数週間書き留めてみるなどである。また，職場や学校へいつもと違ったルートで行くといったように，簡単なことを変えてみてもよい。テレビで見る番組を変えるだけでも新しい思考方法をつくることができる。古代ローマの哲学者セネカの言葉を借りれば，「運とは，準備と機会が出会ったときに起こること」なのだ。

12 「もう一つは，…柔軟に考え，柔軟な心構えで生活することです」と彼は言った。「そのようにしていれば，チャンスが巡ってきたときに，あなたはより受け入れやすいでしょう。ですから，これらは誰にもできるとても簡単なことですが，非常に大きな影響力をもっています」

13 運はまた社会でも大きな役割を果たしているとワイズマン氏は言った。例えば，旧正月の間，多くのアジア文化圏では赤色を使ったり，魚を食べたりして，よりよい運と豊かさを求める。この種の儀式的習慣は人間の習性により長い間存在してきました，と彼は言った。

14 「(運は）さまざまな社会においてさまざまな形で現れます。しかし，そのことを支えているのは，人は自分が状況をよく把握していたいということなのです」とワイズマン氏は言った。「人はよく把握していない状況ではとても不安に感じます。それで，幸運を得ようとして行うのがさまざまな種類の儀式であり，中には迷信的と思えるものもあります」

15 ワイズマン氏は，運は社会のあらゆる部分に影響を及ぼし，その考え方を懐疑的にとらえるように訓練された人たちに対してさえも影響を与える，と言った。

16 「非常に理性的な科学者なのに，人差し指と中指を交差させて幸運を祈ったり，(不幸を避けるために）木に触れたりすることについて話す人々を知っています」と彼は言った。「このように，それは我々の心に深く染み込んでいるのです」

解説

(1) 第4・5段（“We worked with … catch a break.）は「研究で非常に幸運な人と不運な人に接したが，両者の生活の間には大きな違いがある。運のよい人はいつもちょうどよいときにちょうどよい場所に居合わせるのに対して，運の悪い人は好機をつかめない」と述べた後，第6段（“I

think a big…）で「その違いは考え方と振る舞い方に起因するところが大きい」と述べている。よって，3が正解。

(2) 下線部の前の部分で「運のよい人はいつもちょうどよいときにちょうどよい場所に居合わせる」と述べていることから，下線部を含む unlucky people can't catch a break は「運の悪い人はそうした好機をつかめない」という意味になると推測される。よって，「好機を得る」という意味の2の get a chance が正解と考えられる。

(3) 第7段第2文（In a paper…）でウーリー教授は運を「超自然的事象」，「人が特定の出来事を理解するために用いる説明」，「人が自分自身の中にもっている個人的特性」の3点で定義している。第8段第1文（In the conversation…）で「ワイズマン教授は個人の特性の定義に焦点を当てた」と述べていることから，3が正解。

(4) 第5・6段（While "lucky people … Wiseman said.），第7段第1文（Wiseman argued that…）でワイズマン教授は「運のよい人は常にちょうどよいときにちょうどよい場所に居合わせるが，運の悪い人はそうした好機を得られない。その原因の大きな部分は考え方と振る舞い方であり，運を決定するのは心理的行動である」と述べている。下線部の前に people who believe … to them「自分にはよいことが起こると信じている人たち」があることから，fare better は「(物事が）うまくいく」という意味になると推測される。よって，2の be more successful「よりうまくいく」が正解。

(5) 下線部の後の第9段第2文（The unlucky ones…）は「不運な人たちはその失敗に引きずられがちである」という内容である。下線部の文は対照的に The lucky people で始まっていることから，bounce back は「立ち返る，立ち直る」という意味になると推測され，1の recover が正解と考えられる。

(6) 第8段（In the conversation…）では「自分によいことが起こると信じている人たちは，自分が不運だと感じている人たちより，物事がうまくいく傾向がある」と述べられており，1は一致する。第12段第1文（"Another thing is…）で，幸運を招くことにつながる心理的行動の一つとして「柔軟に考え，柔軟な心構えで生活すること」を挙げている。よって，2は一致する。第5段（While "lucky people…）では「運のよい人はいつもちょうどよいときにちょうどよい場所に居合わせる」と述べられている。よって，３は一致する。４の内容は本文で述べられていない。よって，４が正解。

(7) 第 10 段（So if luck …）で「運が心理的行動に基づくなら，人は運を変えることはできるのか？」という問いに対してワイズマン教授は「できる」と答え，第 11 段第１文（He suggested making …）で「１日の終わりに感謝の気持ちや幸運と感じたことなどを書き留めるといった，日常的な行為に小さな変化を取り入れることなど」を勧めている。また第 12 段第１文（“Another thing is …）で「柔軟に考え，柔軟な心構えで生活すること」を勧めている。下線部の these の後が「誰もができる簡単なことだが，大きな影響力をもつ」という内容であり，these はワイズマン教授が勧める「日常的な行為に小さな変化を取り入れることと，考え方と生活態度を柔軟にすること」を指すと推測される。よって，４が正解。

(8) 第 13 段第２・３文（For example, … human nature behaves.）で「多くのアジア文化圏では旧正月に赤色を使い，魚を食べるという儀式的行為によって幸運と豊かさを得ようとする」と述べ，第 14 段最終文（And so what …）で「人々は幸運を招こうとして，さまざまな儀式的行為をする」と述べている。そして第 15 段（Wiseman said luck …）で「運が社会に及ぼす影響力は大きく，運という考え方を懐疑的にみるように訓練を受けた人々でさえも影響を受ける」と述べた後，次の第 16 段第１文（“I know very …）で「非常に理性的な科学者なのに，人差し指と中指を交差させて幸運を祈ったり，（不幸を避けるために）木に触れたりする人々を知っている」と述べている。よって，「木に触れること」がこの種の儀式的習慣の一つと推測され，２が正解と考えられる。

(9) 第 14 段第１文（“[Luck] manifests itself …）で「（運は）さまざまな社会においてさまざまな形で現れる」と述べている。前の第 13 段で「アジア文化圏では赤色を使うことや魚を食べることが幸運を招くとされている」と述べていることから，第 14 段第１文は「国や文化によって幸運を招く儀式的行為は異なる」という意味と解釈される。次の文が「逆接」の But で始まり，下線部の that の後の that 節が「人は自分が状況をよく把握していたい」と述べ，その後の第 14 段第３文（“We feel anxious …）で「人はよく把握していない状況では不安を覚える」と述べて，国や文化を超えた人間共通の内容になっている。つまり，第14段第1文は「国や文化による多様性」を述べているのに対し，下線部の that 以下は「人間共通の心理」を述べていることから，下線部の that は第1文の内容を指し，同段第2文は「しかし，それを支えているのは，人は自分が状況をよく把握していたいということである」という意味になると推測される。よって，4が正解と考えられる。

⑽ 第14段第3文（"We feel anxious …）で「人はよく把握していない状況では不安を覚える」と述べている。その後の同段最終文は is の前までが「それで，人々が幸運を得ようとして行うのが」という内容で，空所の後に some of them superstitious「中には迷信的なものもある」とあるので，空所には「儀式（的行為）」という意味の rituals が入ると推測できる。

⑾ 第15段（Wiseman said luck …）で「運は社会のあらゆる部分に影響を及ぼし，運という考え方を懐疑的に捉えるように訓練された人たちに対してさえも影響を与える」と述べ，第16段第1文（"I know very …）で「非常に理性的な科学者なのに，指を交差させたり木に触れたりする人々を知っている」と述べている。下線部を含む文はそれに続き，So で始まっていることから，「このように，それは我々の心に深く染み込んだものなのだ」という意味になると推測され，3が正解と考えられる。

⑿ 1．第13段（Luck also plays …）に，「運は社会で大きな役割を果たしており，多くのアジア文化圏では，人々が旧正月に赤色を使うなどして幸運を求める」という内容が書かれている。よって，一致しない。

2．第14〜16段（"[Luck] manifests itself … in our psyche."）では「人は状況を把握していないと不安になり，招福や魔除けの儀式的行為を行う。運という考え方は人の心に深く染み込んでいて，理性的な科学者に対しても作用する」と述べられており，科学知識の不足が儀式的行為を行う原因ではないことから，一致しない。

3．第10〜12段（So if luck … a large impact."）で「運は心理的行動に基づいており，日常的な行為の変更や柔軟な思考，生活態度をとることで変えられる」と述べている。よって，一致しない。

4．第14段（"[Luck] manifests itself …）で「人は状況を把握していないと不安を覚え，幸運を得ようとしてさまざまな儀式的行為を行う」と述べており，本文に一致する。

数学

1 **解答** **[1] アイ.** -5 **ウエ.** -3
[2] オカ. -3 **キク.** -2
[3] ケ. 9 **コ.** 6 **[4] サシ.** -4 **[5] ス.** 2 **セ.** 3 **ソ.** 3
[6] タ. 8 **チ.** 3 **ツ.** 5

解説

《小問6問》

[1] 与えられた式を平方完成すると

$$x^2+y^2-2ax-4ay+4a^2-8a-15=0$$

$$(x-a)^2-a^2+(y-2a)^2-4a^2+4a^2-8a-15=0$$

$$(x-a)^2+(y-2a)^2=a^2+8a+15$$

この方程式が座標平面上の円を表すための条件は

$$a^2+8a+15>0$$

ゆえに

$$(a+3)(a+5)>0$$

よって，求める a の条件は

$a<-5,\ a>-3$ →ア～エ

[2] $\dfrac{1}{8^{x+y+3}}=64$ より

$$8^{-(x+y+3)}=8^2$$

これより

$$-(x+y+3)=2$$

$$y=-x-5$$

ここで，$x<y$ より $x<-x-5$，つまり $x<-\dfrac{5}{2}$ が x の範囲である。

$y=-x-5$ を $\dfrac{1}{2^x}+\dfrac{1}{2^y}=12$ に代入すると

$$\frac{1}{2^x}+\frac{1}{2^{-x-5}}=12$$

$$2^{-x}+2^{x+5}=12$$

両辺に 2^x をかけると

$$1+2^{x+5}\times 2^x=12\times 2^x$$

であるから

$$2^5\times(2^x)^2-12\times 2^x+1=0$$

$2^x=t$ とおくと $t>0$ であり，この方程式は

$$32t^2-12t+1=0$$

$$(8t-1)(4t-1)=0$$

$$t=\frac{1}{8},\ \frac{1}{4}$$

と解ける。$2^x=\frac{1}{8}$，$\frac{1}{4}$ より $x=-3$，-2 であるから，$x<-\frac{5}{2}$ を満たす x は

$x=-3$ →オカ

これを $y=-x-5$ に代入すると

$y=-2$ →キク

[3] $y=\frac{8x+5}{ax+b}$ のグラフが $(-1,\ 1)$ を通ることから

$$1=\frac{-8+5}{-a+b}$$

$$-a+b=-3$$

$b=a-3$ ……①

漸近線について，$a=0$ のとき，$y=\frac{8x+5}{-3}$ は x の1次関数であるから漸近線をもたない。

$a\neq 0$ のとき，この方程式は $y=\frac{1}{a}\cdot\frac{8x+5}{x+\frac{b}{a}}$ とかけるので，y 軸と平行な漸近線は $x=-\frac{b}{a}$ である。よって

$$-\frac{b}{a}=-\frac{2}{3}$$

$$3b=2a$$

$$b=\frac{2}{3}a \quad \cdots\cdots ②$$

②を①に代入して

$$\frac{2}{3}a=a-3$$

$$\frac{1}{3}a=3$$

$$a=9 \quad \to ケ$$

これを②に代入して

$$b=6 \quad \to コ$$

[4]　$x-\dfrac{\pi}{2}=t$ とすると，$x=t+\dfrac{\pi}{2}$ であり，$x\to\dfrac{\pi}{2}$ のとき $t\to 0$ であるから

$$\begin{aligned}\lim_{x\to\frac{\pi}{2}}\frac{4x^2-\pi^2}{\pi\cos x}&=\lim_{t\to 0}\frac{4\left(t+\frac{\pi}{2}\right)^2-\pi^2}{\pi\cos\left(t+\frac{\pi}{2}\right)}\\&=\lim_{t\to 0}\frac{4t^2+4\pi t+\pi^2-\pi^2}{\pi\cdot(-\sin t)}\\&=\lim_{t\to 0}\frac{4t^2+4\pi t}{-\pi\sin t}\\&=\lim_{t\to 0}\left(-\frac{4t}{\pi}\cdot\frac{t}{\sin t}-\frac{4t}{\sin t}\right)\\&=0-4\\&=-4 \quad \to サシ\end{aligned}$$

[5]　$\dfrac{dx}{dt}=\dfrac{1}{3\cos^2 t}$，$\dfrac{dy}{dt}=1+\cos^2 t-\sin^2 t=2\cos^2 t$

であるから，点 P の時刻 t における速さは

$$\sqrt{\left(\frac{1}{3\cos^2 t}\right)^2+4\cos^4 t}=\sqrt{\frac{1}{9\cos^4 t}+4\cos^4 t}$$

$\dfrac{1}{9\cos^4 t}\geqq 0$，$4\cos^4 t\geqq 0$ より，相加相乗平均の大小関係から

$$\frac{1}{9\cos^4 t}+4\cos^4 t\geqq 2\sqrt{\frac{1}{9\cos^4 t}\cdot 4\cos^4 t}=2\sqrt{\frac{4}{9}}=\frac{4}{3}$$

$0 \leqq t < \dfrac{\pi}{2}$ より $\cos t > 0$ であるから，等号は，$\dfrac{1}{9\cos^4 t} = 4\cos^4 t$，つまり $\cos^8 t = \dfrac{1}{36}$ より $\cos t = \dfrac{1}{\sqrt[4]{6}}$ のときに成り立つ。

よって，求める最小値は　$\sqrt{\dfrac{4}{3}} = \dfrac{2\sqrt{3}}{3}$　→ス～ソ

[6]

$$\begin{aligned}\int_{-2}^{1}(x+1)\sqrt{x+2}\,dx &= \int_{-2}^{1}(x+2-1)\sqrt{x+2}\,dx \\ &= \int_{-2}^{1}(x+2)^{\frac{3}{2}}dx - \int_{-2}^{1}(x+2)^{\frac{1}{2}}dx \\ &= \left[\frac{2}{5}(x+2)^{\frac{5}{2}}\right]_{-2}^{1} - \left[\frac{2}{3}(x+2)^{\frac{3}{2}}\right]_{-2}^{1} \\ &= \frac{2}{5}\cdot 3^{\frac{5}{2}} - 0 - \left(\frac{2}{3}\cdot 3^{\frac{3}{2}} - 0\right) \\ &= \frac{18\sqrt{3}}{5} - 2\sqrt{3} \\ &= \frac{8\sqrt{3}}{5}\end{aligned}$$

→タ～ツ

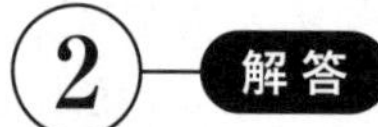

[1] **ア．** 3　**イ．** 2　**ウ．** 1　**エ．** 6　**オ．** 1　**カ．** 2　**キ．** 5　**ク．** 6

[2] **ケ．** 4　**コ．** 1　**サ．** 2　**シ．** 3

解説

《小問2問》

[1]　三角関数の加法定理から，実数 α，β に対して

$$\sin(\alpha+\beta) - \sin(\alpha-\beta) = 2\cos\alpha\sin\beta$$

が成立する。$\alpha+\beta=5x$，$\alpha-\beta=x$ とすると，$\alpha=3x$，$\beta=2x$ であるから

$$\sin 5x - \sin x = 2\cos 3x\sin 2x$$　→ア，イ

よって

$$\sin 5x - \sin x = 0$$

$$2\cos 3x\sin 2x = 0$$

ゆえに

$\cos 3x = 0$　または　$\sin 2x = 0$

$0<x<\pi$ より $0<3x<3\pi$ であるから，$\cos 3x=0$ のとき $3x=\dfrac{\pi}{2}$，$\dfrac{3}{2}\pi$，$\dfrac{5}{2}\pi$ である。これを解いて，$x=\dfrac{1}{6}\pi$，$\dfrac{1}{2}\pi$，$\dfrac{5}{6}\pi$ である。

$0<x<\pi$ より $0<2x<2\pi$ であるから，$\sin 2x=0$ のとき $2x=\pi$ である。これを解いて，$x=\dfrac{1}{2}\pi$ である。

したがって，求める解は小さい順に

$$x=\frac{1}{6}\pi,\ \frac{1}{2}\pi,\ \frac{5}{6}\pi \quad \to ウ〜ク$$

[2]　直線 l が $x=s$ で $y=x^2$ に接するとすると，$y'=2x$ より l の傾きは $2s$ である。よって，l の方程式は

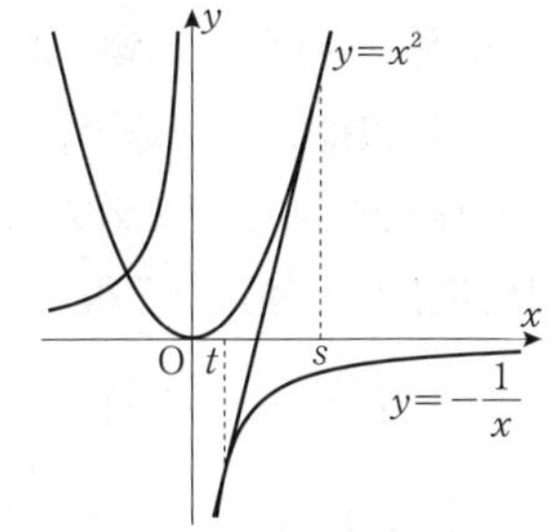

$$y=2s(x-s)+s^2$$

より　　$y=2sx-s^2$　……①

また，直線 l が $x=t$ で $y=-\dfrac{1}{x}$ に接するとすると，$y'=\dfrac{1}{x^2}$ より l の傾きは $\dfrac{1}{t^2}$ である。

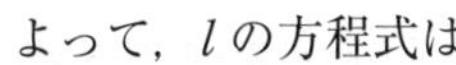

よって，l の方程式は

$$y=\frac{1}{t^2}(x-t)-\frac{1}{t}$$

より　　$y=\dfrac{1}{t^2}x-\dfrac{2}{t}$　……②

①，②は同じ直線を表すので

$$\begin{cases} 2s=\dfrac{1}{t^2} \\ -s^2=-\dfrac{2}{t} \end{cases}$$

が成立する。

第1式より　　$s=\dfrac{1}{2t^2}$

これを第2式に代入すると

$$-\frac{1}{4t^4}=-\frac{2}{t}$$

$t\neq 0$ より　　$t^3=\frac{1}{8}$

t は実数なので　　$t=\frac{1}{2}$, $s=2$

このとき，直線 l の傾きは

$2s=4$　→ケ

直線 l の方程式は $y=4x-4$ となるので，直線 l と x 軸の交点の x 座標は　　1　→コ

曲線 $y=x^2$ と x 軸，および直線 l で囲まれた右図斜線部分の図形の面積は，$y=x^2$ と x 軸および直線 $x=2$ で囲まれた部分の面積から右図網かけ部分の三角形の面積を引いて

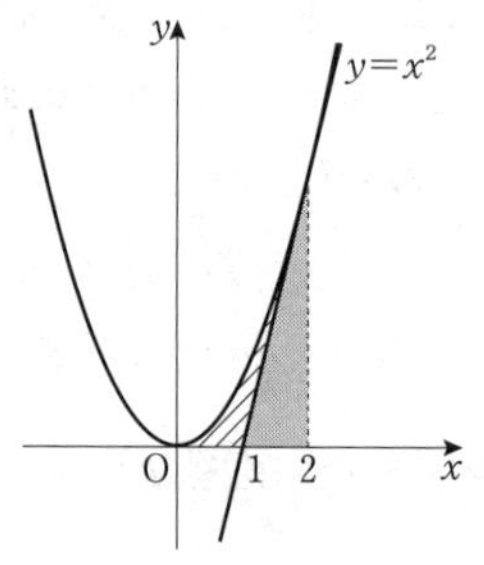

$$\int_0^2 x^2dx-\frac{1}{2}\cdot 1\cdot 2^2$$

$$=\left[\frac{1}{3}x^3\right]_0^2-2=\frac{8}{3}-0-2=\frac{2}{3}$$　→サ，シ

3 解答

(1)　$f'(x)=3x^2-10x+8$ から $f'(1)=3-10+8=1$ であることと，$f(1)=1-5+8-3=1$ であることから，$y=f(x)$ の $(1,\ f(1))$ における接線 l の方程式は

$$y=1\cdot(x-1)+1$$

より　　$y=x$　……(答)

(2)　$f(2)=8-20+16-3=1$，$f(3)=27-45+24-3=3$ より，2次関数 $y=g(x)$ は $(1,\ 1)$，$(2,\ 1)$，$(3,\ 3)$ を通る。実数 a，b，c を用いて $g(x)=ax^2+bx+c$ とおくと

$(1,\ 1)$ を通るので　　$1=a+b+c$　……①

$(2,\ 1)$ を通るので　　$1=4a+2b+c$　……②

$(3,\ 3)$ を通るので　　$3=9a+3b+c$　……③

②−①，③−① より

$$\begin{cases}3a+b=0\\8a+2b=2\end{cases}$$

これを解いて　　$a=1,\ b=-3$

①に代入すると　　$c=3$

よって，求める $g(x)$ は

$$g(x)=x^2-3x+3 \quad \cdots\cdots(答)$$

別解　$y=g(x)$ が $(1,\ 1)$，$(2,\ 1)$ を通ることから，$y=g(x)$ を y 軸方向に -1 平行移動すると $(1,\ 0)$，$(2,\ 0)$ を通る。これより

$$y-1=a(x-1)(x-2)$$

とかける。$g(x)-1=a(x-1)(x-2)$ より

$$g(x)=a(x-1)(x-2)+1$$

$y=g(x)$ は $(3,\ 3)$ を通るので，これを代入して

$$3=a\cdot 2\cdot 1+1 \qquad \therefore\ a=1$$

よって

$$g(x)=(x-1)(x-2)+1=x^2-3x+3$$

(3)
$$\begin{aligned} f(x)-g(x)&=x^3-5x^2+8x-3-(x^2-3x+3)\\ &=x^3-6x^2+11x-6\\ &=(x-1)(x-2)(x-3)\end{aligned}$$

であるから，$f(x)-g(x)$ は $1<x<2$ で正の値，$2<x<3$ で負の値をとる。

よって

$$|f(x)-g(x)|=\begin{cases} f(x)-g(x) & (1\leqq x\leqq 2)\\ g(x)-f(x) & (2\leqq x\leqq 3)\end{cases}$$

したがって

$$\begin{aligned} &\int_1^3|f(x)-g(x)|dx\\ &=\int_1^2\{f(x)-g(x)\}dx+\int_2^3\{g(x)-f(x)\}dx\\ &=\int_1^2(x-1)(x-2)(x-3)dx-\int_2^3(x-1)(x-2)(x-3)dx\\ &=\int_1^2(x-2+1)(x-2)(x-2-1)dx\\ &\qquad -\int_2^3(x-2+1)(x-2)(x-2-1)dx\\ &=\int_1^2\{(x-2)^3-(x-2)\}dx-\int_2^3\{(x-2)^3-(x-2)\}dx\end{aligned}$$

$$=\left[\frac{1}{4}(x-2)^4-\frac{1}{2}(x-2)^2\right]_1^2-\left[\frac{1}{4}(x-2)^4-\frac{1}{2}(x-2)^2\right]_2^3$$

$$=0-\frac{1}{4}+\frac{1}{2}-\left(\frac{1}{4}-\frac{1}{2}-0\right)$$

$$=\frac{1}{2}\quad\cdots\cdots(答)$$

(4) (3) より $1<x<2$ で $f(x)>g(x)$，$2<x<3$ で $f(x)<g(x)$ であることと，$f(x)=g(x)$ となる x は $x=1,\ 2,\ 3$ の 3 つであることから，$y=h(x)$ のグラフは右図太線部となる。

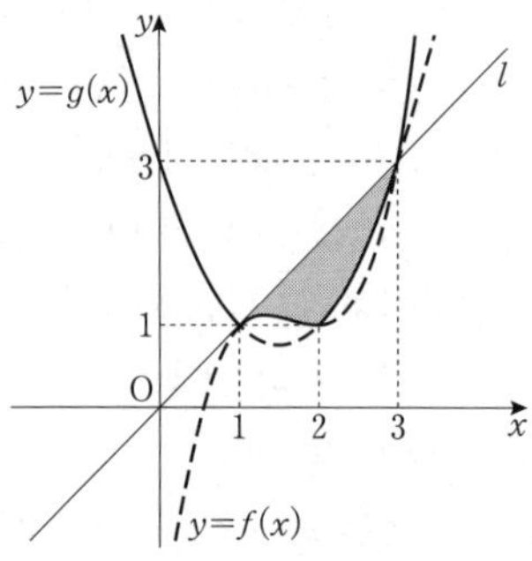

右図において，直線 l は $x=1$ で $y=f(x)$ に接し，直線 l も $y=f(x)$ も $(3,\ 3)$ を通ることから，求める面積は右図の網かけ部分である。

$y=f(x)$ と直線 l は $x=1$ で接し，$x=3$ で交わることから $x^3-5x^2+8x-3=x$ は $x=1$ を重解にもち，$x=3$ を解にもつ。

よって　　$x^3-5x^2+8x-3-x=(x-1)^2(x-3)$

$y=g(x)$ と直線 l は $x=1$ と $x=3$ で交わることから $x^2-3x+3=x$ は $x=1,\ 3$ を解にもつ。

よって　　$x^2-3x+3-x=(x-1)(x-3)$

これらを用いると，求める面積 S は

$$S=\int_1^2\{x-(x^3-5x^2+8x-3)\}dx+\int_2^3\{x-(x^2-3x+3)\}dx$$

$$=\int_1^2\{-(x-1)^2(x-3)\}dx+\int_2^3\{-(x-1)(x-3)\}dx$$

$$=\int_1^2\{-(x-1)^2(x-1-2)\}dx+\int_2^3\{-(x-3+2)(x-3)\}dx$$

$$=\int_1^2\{-(x-1)^3+2(x-1)^2\}dx+\int_2^3\{-(x-3)^2-2(x-3)\}dx$$

$$=\left[-\frac{1}{4}(x-1)^4+\frac{2}{3}(x-1)^3\right]_1^2+\left[-\frac{1}{3}(x-3)^3-(x-3)^2\right]_2^3$$

$$=-\frac{1}{4}+\frac{2}{3}+\frac{1}{3}\cdot(-1)^3+(-1)^2$$

$$=\frac{13}{12} \quad \cdots\cdots(答)$$

解説

《曲線と接線で囲まれた図形の面積》

(1)　本問では接点の x 座標がわかっているので，$y=f(x)$ の $x=t$ における接線の方程式

$$y-f(t)=f'(t)(x-t)$$

を求めればよい。

(2)　教科書や問題集で必ず扱う解法は，〔解答〕のように3元1次方程式を解く解法であるが，$x=1$，2 に対応する y 座標が等しいことに注目して，この y 座標の分だけ y 軸方向に平行移動することで，$x=1$，2 で x 軸と交わる2次関数とすることができることに気づくと，〔別解〕の方法で解くことができる。

(3)　$y=f(x)$ と $y=g(x)$ が共有点を3つもつことから，$f(x)=g(x)$ はその点の x 座標を解としてもつことを見抜くと，$f(x)-g(x)$ を見通しよく因数分解することができる。$(x-1)(x-2)(x-3)$ と因数分解した後は，定積分の計算で代入をしたときになるべく0という値が出てくるよう，$x-2$ が多く出てくる形に変形すると計算量を減らすことができる。

(4)　グラフの状況をとらえるのに時間がかかるかもしれないが，重要なことは $y=f(x)$ と $y=g(x)$ の上下関係と，直線 l と $y=h(x)$ の上下関係である。(3)を考えて前者の上下関係を把握することができたら，〔解答〕のようなグラフがかける。

を成り立たせている精神性と肉体的な欲望を分けて考え、前者は高尚で神聖なものであり、後者は戒められるものとするのである。1は人間を二元的にとらえたものではない。2は霊肉を分けて考える点に矛盾する。3・4は「肉体の欲求」が戒められるべきものだとされている点を踏まえていないので不適切。

五　傍線部（4）の次の段落で、『女学雑誌』のメンバーたちについて、「『色』や『恋』が性的欲望に基づく『ラスト』にすぎず、精神の交わりである『ラッブ』の高尚さに対して、低級なものであると切って捨て」とあるのを踏まえて、4が正解。1「金銭を媒介にした」、2「親しい人に対するありふれた情愛」は、それぞれ「低級」「低俗」の理由として不適切。3の「真剣」と「遊び」の対比、5の「西欧近代文明」と「粋の理想」の対比は、問題にされていない。

六　「そこ」の指示内容は直接には直前の「想いの質、ふるまいの形」で、その内容は、終わりから二段落目に説明されている、「理知的な態度を批判し、盲目の恋の激情を求めた」ことである。1は『女学雑誌』のメンバーの一般的な考え。3の「遊郭での恋」を霊肉の問題で批判した点は、透谷も他の『女学雑誌』のメンバーも同じである。4は、透谷の「激情」や「盲目」は精神的なものであり、「肉体的な側面にも目を向けた」が誤っている。5は、設問三のYの空欄補充とも絡むが、透谷は「穏やかで理知的な」「考え方を受け継」いではいないので不適切。

七　「本旨」は〝本来の主旨、目的〟の意。また、傍線部（6）の次の段落を参照すると、迷うとは「恋の激情に囚われ、周りが見えなくなった者」の「盲目」的なあり方であり、逆に「迷わざる」は「醒めた心をもって状況を把握」し「理知的な判断」ができることを指す。「粋」は恋愛を楽しむので、1のように「恋を遠ざける」わけではない。2の「もとから存在する」、5の「生まれるようだ」は「本旨」の語義と異なる。3は透谷の主張とは逆の内容である。

八　傍線部手前の二行の記述に合致する選択肢は3。1は、透谷には設問六で見たような新しさはあったが、基本的には「霊肉二元論」に立っているので誤り。2の「肉体的な要素を持たざるをえない」、4の「結婚制度を破壊」、5の「相手を傷つける」に関する言及は本文にはない。

五　4
六　2
七　4
八　3

解説

一　傍線部（1）以下の二段落にある筆者の解説を確認していけばよい。2は第二段落の一行目から二行目の表現に合致。3は三行目の表現に合致。4は第二段落から第三段落の一行目にかけての内容と同じ。5は第二段落の三行目から四行目を踏まえている。1の「神の人間に対する愛を実感する」という内容は本文には出てこない。

二　傍線部（2）直前に「それゆえに」とあるので、その前の内容が理由を示している点から正解は2。1は筆者が巌本の結婚観が「精神と肉体を分離して考えるキリスト教に則り」（二つ後の文）とする点に合致しない。3は2に近い内容だが、拒否しない場合は自分で探さなくてもよいことになるので誤り。4は「神聖な婚姻に至るため」に恋愛が必要なのであって、「近代的結婚を実現するため」ではない。5は「プラトニックな恋愛」を「経験」上の必要としている点が誤り。

三　**X**、当時の知識人たち（「特に『女学雑誌』に集った人びと」（同段落））が、巌本の恋愛観に共感を寄せていたという文脈に対応する4が正解となる。
Y、人生の危機にあった北村透谷が、伴侶となる石坂美那によって「人生を切り開くきっかけとなった」（四つ後の文）というのだから、5が適切。
Z、透谷が「激しさ」や「狂気に近い盲目」を求め、巌本の「穏やかな『ラブ』観」から「愛ある家庭を築く」ことを放棄することにつながる言葉を選ぶ。

四　前段落に「肉欲を戒め、精神と肉体を分離して考えるキリスト教」という記述がある。すなわち霊肉二元論は、人間

七 説明としては当たらない。5は次の段落の一行目の「『ローマ最初の』直線道路」という記述と齟齬がある。

八 傍線部（7）のある段落に「中世の勝手気ままな曲線に対する、ルネッサンスの整理された直線」という表現があり、両者が対比されていることがわかる。後者の例として、傍線部（5）の段落以下傍線部（7）の段落まで「ヴィア・ジュリア」について説明されており、4以外は全て「ヴィア・ジュリア」に該当する。最終段落は中世の道の例の説明で、この段落に4の「旧政庁通り」が出てくる。

九 最終段落で説明されている「旧政庁通り」は、「『人に見せるため』につくった道ではないから、気取らない」日常の世界が広がっている。さまざまな店先、職人、書店などのありのままの生活を垣間見せるローマの姿を形容している語を選ぶ。

十 アは第一段落、第五段落の記述に合致する。イの「ヴィア・ジュリア」を発見したのは、傍線部（5）の段落に「数年前、ローマに半年ほど滞在したときだった」とある。ウは傍線部（7）の段落の記述に合致する。筆者は設問七の解説のように「中世の勝手気ままな曲線に対する、ルネッサンスの整理された直線」を対比的にとらえ、それぞれの魅力を認めているのだから、エの「より高く評価している」は不適切。筆者が必ずしも「旧政庁通り」を否定しているわけではなく、むしろ親しみを感じているのだから、オの「嫌悪感」も本文の趣旨には合致しない。

三

出典 宮野真生子『なぜ、私たちは恋をして生きるのか―「出会い」と「恋愛」の近代日本精神史』〈第四章 近代日本における「恋愛」の諸相（1）―「超越」を求めて〉（ナカニシヤ出版）

解答

一 1

二 2

三 X―4 Y―5 Z―2

四 5

もうたいだしそうな表情」で、緊張感がないのに、機関銃まで背負っている様子について形容している。

二 「物見高く見物にやって来た」とある。野次馬的に眼前の出来事に興味を示し、珍しがって見ようとするのを「物見高い」と言う。1の「うわさを好む」は伝聞に主眼を置いた言葉で、正解の「好奇心が強い」とはニュアンスが異なる。

三 日本の「夕立」と比較されているが、イタリアらしさを感じさせるにわか雨であることが説明され、「私」は一種の親しみを感じている。当該段落の最終行に「大仰でさっぱりした一瞬の大雨だ」とまとめられている。さらに次の段落の一行目の「祝祭じみた」という表現をふまえると、正解は3となる。1の「憂鬱」は「細かい雨」によるもの。2の「一日の計画が立てられない」は通り雨の特徴とそぐわない。4は「情緒」の有無よりも、イタリアは日本と異なった風土であることが強調されているので不適切。5の「遠い異国に来た」実感は本文からは読み取れない内容。

四 傍線部（4）は「すべらないように」するために「爪先でよけ」るという目的を示す用法。同様に「するために」を補って文意を解することができるのは3。他はそれぞれ、1が比況（比喩）、2が婉曲な命令・希望、4が例示（～の通りにの意）、5が婉曲な断定を表す用法である。

五 「払う」はさまざまな意味があるが、基本的に自分のもとから離れさせる動作を表し、〝人払い〟という言葉があるように、「あたりを払う」で〝周囲から人を遠ざけるような威厳が感じられる〟の意。当該の段落、次の段落に出てくる「愉しかったり、感心したりする道」「おもわず足を停めた」「由緒ある道」といった表現からも、4の「堂々としている」という様子が読み取れる。2のように「宗教的な」とは限定できない。5は「払う」の主体が〈道〉ではなく〈人〉なので誤り。1・3は「払う」の意味をとらえていない。

六 「演出している」は〝効果的に見せる〟ぐらいの意味で、傍線部の四～五行後に出てくる「まっすぐな道路が示す幾何学的な虚構への憧憬」を踏まえて1が正解となる。2の「演劇的な面白さ」は本文からは読み取れない。3は「屋根のえがく曲線」が誤り。4の「西欧の論理的思考」は実質的な内容を伴うものなので、「虚構を演出している」の保障政策で解決」するべきだとするBになる。
(二)(一)の解説にあるように、Aは従来の日本の雇用を維持する方向性、Bは社会保障政策の充実を図る方向性、Cは原則として同一労働同一賃金を重視する方向性を示しており、それぞれに対応する現象や施策を選ぶ。
(三)傍線部(9)の三つ前の段落に「筆者自身は…社会保障の拡充によって解決するしかないと考える」という筆者の明確な主張がある。

八　本文の(中略)以下の三段落に「社会は変えることができる…もっとも重要なことは、透明性の向上である」とある。

二

出典　須賀敦子『トリエステの坂道』〈ふるえる手〉(新潮文庫)

解答

一　2
二　5
三　3
四　3
五　4
六　1
七　4
八　5
九　ア—1　イ—2　ウ—1　エ—2　オ—2

解説

一　「ものものしい」は〝大げさだ〟という意。〝いかめしい〟という意味で使われることもある。ここは警官が「鼻唄で

三　傍線部（1）の直前にあるように、「新しい合意」の失敗は「日本の雇用慣行の改革」におけるものなので、「外国の雇用慣行を導入する際」に限定する1・2は誤り。合意がどのように形成されるかについては、傍線部（1）の前の段落で、「歴史的過程を経て定着したルール」の変更には参加者の合意が必要であり、当事者である労働者を含めて、波線部（c）の「プラス面・マイナス面」を一体のものとして捉える必要性が説明されている。3は「政府と経営者」が当事者とされており誤り。4は第二段落の記述と齟齬がある。

四　「士気の低下」は、本来、兵士の戦闘に立ち向かう気力が失せることを言うが、転じて、一般的に熱意・意気込みが弱まること、やる気・モチベーションが下がることを表す。

五　「横断的な労働市場」は、「年功賃金」や「長期雇用」のルールが支配的であったため実現されなかったものとして、「男女の平等」「大学院進学率の向上」と並置されている。すなわち、長期間にわたって同一企業で働くシステムとは異なる雇用のあり方であり、「自由に転職できる」とする3が正解。1の「労働者が連帯」は雇用のあり方とは異なるもの。2・4は年齢による雇用の平等について述べていて、企業や職場を超えた雇用の形態とは別の内容であり不適。5は男女の平等なので、「横断的な労働市場」と並列されているものである。

六　「小手先の措置」に対して筆者は「延命措置にすぎず…賛成できない」とした上で、「…改革にはなりえないだろう」と主張している。この「改革」をヒントに関連する内容を探すと、三つ前の段落に「そんなつまみ食いの改革」とあり、この語の前の「透明性の向上を課さずに、高プロを企業が使いやすい制度にすればよい」が「小手先の措置」の例にあたる。したがって1が適当。

七　（一）　空欄③の二行後に、「戦後日本の多数派が選んだのは、回答①であった。しかし正社員の拡大には限界があった」とあり、回答①は「すべてが正社員になれる社会」を目指すAである。改革にはプラス面とマイナス面があり、回答②を選ぶと「格差は別のかたちで拡大」する懸念があるというのだから、回答②には、あらゆる差別を解消し「同一労働同一賃金」を貫くべきとするCが該当する。回答③は、「税や保険料の負担」が要請されるのだから「社会

国語

一

出典 小熊英二『日本社会のしくみ―雇用・教育・福祉の歴史社会学』（講談社現代新書）

解答

一 (4)―3 (5)―3 (6)―1 (8)―5
二 (a)―5 (b)―4 (c)―2 (d)―4
三 5
四 4
五 3
六 1
七 (一)―2 (二)―1 (三)―2
八 1

解説

二 (a) 対立概念でも類義でもない。波線部以下の記述から、ルールが変更・形成されるためには双方の要素が互いに干渉し合うので、5が適切。
(b)・(d) 類義的な概念が並列されているので、4が正解となる。
(c) プラス面とマイナス面が一体として存在することが社会で合意されていることで、アメリカ社会が成立しているので、2が適切。

/////////////////// ·memo· ///////////////////

////////////////////// · memo · //////////////////////

2023年度

問題と解答

■2教科型全学部統一入試（E方式）・2教科型グローバル教育プログラム統一入試（G方式）・5科目型国公立併願アシスト入試（P方式）

問題編

▶試験科目・配点

方式	学部・学科		教　科	科　　目	配　点
E方式	経済	経済数理	外国語	コミュニケーション英語Ⅰ・Ⅱ・Ⅲ，英語表現Ⅰ・Ⅱ	300点
			数　学	数学Ⅰ・Ⅱ・Ⅲ・A・B（数列・ベクトル）	200点
		現代経済	外国語	コミュニケーション英語Ⅰ・Ⅱ・Ⅲ，英語表現Ⅰ・Ⅱ	300点
			国　語	国語総合（近代以降の文章），現代文B	200点
	経　営		外国語	コミュニケーション英語Ⅰ・Ⅱ・Ⅲ，英語表現Ⅰ・Ⅱ	400点
			国　語	国語総合（近代以降の文章），現代文B	200点
	法		外国語	コミュニケーション英語Ⅰ・Ⅱ・Ⅲ，英語表現Ⅰ・Ⅱ	300点
			国　語	国語総合（近代以降の文章），現代文B	200点
	文	英語英米文，国際文化，現代社会	外国語	コミュニケーション英語Ⅰ・Ⅱ・Ⅲ，英語表現Ⅰ・Ⅱ	300点
			国　語	国語総合（近代以降の文章），現代文B	200点
		日本文	外国語	コミュニケーション英語Ⅰ・Ⅱ・Ⅲ，英語表現Ⅰ・Ⅱ	200点
			国　語	国語総合（近代以降の文章），現代文B	300点
	理　工		外国語	コミュニケーション英語Ⅰ・Ⅱ・Ⅲ，英語表現Ⅰ・Ⅱ	300点
			数　学	数学Ⅰ・Ⅱ・Ⅲ・A・B（数列，ベクトル）	300点

<table>
<tr><td rowspan="4">G方式</td><td colspan="2" rowspan="4">経済（現代経済）・経営・法・文（英語英米文・国際文化）</td><td>外国語</td><td>コミュニケーション英語Ⅰ・Ⅱ・Ⅲ，英語表現Ⅰ・Ⅱ</td><td>400点</td></tr>
<tr><td>国　語</td><td>国語総合（近代以降の文章），現代文B</td><td>200点</td></tr>
<tr><td colspan="2">活動報告書</td><td>50点</td></tr>
<tr><td colspan="2">英語外部検定試験</td><td>50点</td></tr>
<tr><td rowspan="3">P方式</td><td colspan="2">経済・経営・法</td><td>外国語</td><td>コミュニケーション英語Ⅰ・Ⅱ・Ⅲ，英語表現Ⅰ・Ⅱ</td><td>200点</td></tr>
<tr><td rowspan="2">文</td><td>英語英米文，国際文化，現代社会</td><td>外国語</td><td>コミュニケーション英語Ⅰ・Ⅱ・Ⅲ，英語表現Ⅰ・Ⅱ</td><td>200点</td></tr>
<tr><td>日本文</td><td>国　語</td><td>国語総合（近代以降の文章），現代文B</td><td>200点</td></tr>
</table>

▶備　考

- 数学Aの出題範囲は，全分野とする。
- G方式の英語外部検定試験は，スコアを50点満点に換算する。
- P方式は共通テスト5科目と独自試験の総合点で合否を判定。

英語

（90分）

I　次の英文の空所①～⑮に入れるのに最もふさわしい語をそれぞれ1～4の中から一つ選び、その番号をマークしなさい。

Everyone loves going to the movies. In a little over a century, film has (　①　) from being a technological novelty to one of the world's most popular forms of entertainment and it has changed a lot over time. Here, then, are some of film history's most important firsts.

Roundhay Garden Scene is probably the first film made with a moving picture camera. It was shot by French inventor Louis Le Prince and (　②　) just 2.1 seconds. While *The Jazz Singer* is believed to be the first proper talking film, the earliest (　③　) recording of sound with moving pictures was made by William Dickson. It was only a few seconds long and featured a violinist playing a simple melody. By the 1930s, nearly all feature-length movies were (　④　) with sound and by the mid-1930s, some were in colour, too. The arrival of 'talking pictures' (　⑤　) rise to the 'Golden Age of Hollywood'.

During the 1930s and 1940s, cinema was the main form of (　⑥　) entertainment, with people often attending cinemas twice a week. Elegant 'super' cinemas or 'picture palaces', offering extra (　⑦　) such as cafés and ballrooms, came to towns and cities; many of them could hold over 3,000 people in a single building. In Britain, the highest attendances occurred in 1946, with over 31 million visits to the cinema each week.

Sherlock Holmes is one of the most (　⑧　) portrayed characters in film history. The first film about Sir Arthur Conan Doyle's famous detective is a 30-second recording that was originally made to be watched in coin-operated machines; to date, over a thousand films about him (　⑨　) made.

Animated films are very popular and one of the best loved is *Snow White and the Seven Dwarves*. People (　⑩　) Walt Disney that the film would fail, arguing that adults would not want to sit through a 90-minute animated movie. But (　⑪　) all odds, the film was a hit: Everyone loved it, and comedian Charlie Chaplin even told *The Los Angeles Times,* "Disney has created one of the greatest films of all time."

Titanic, (⑫) Leonardo de Caprio, became the first motion picture to make over one billion dollars. It was the most successful film of all time (⑬) director James Cameron beat his own record with 2009's *Avatar.*

For the past few decades, the film industry has been under (⑭) from other entertainment sources. While cinemas have had some success in fighting competition from television and online streaming services, it has not regained the position that it (⑮) in the 1930s and 40s. For example, by 1984 cinema attendance in Britain had fallen to one million a week.

	1	2	3	4	
①	become	been	gone	arrived	1
②	runs	stays	exists	finishes	2
③	possible	entertaining	clear	actual	3
④	established	produced	compared	manufactured	4
⑤	made	gave	brought	created	5
⑥	general	common	popular	home	6
⑦	room	alternatives	facilities	resources	7
⑧	successively	occasionally	arguably	frequently	8
⑨	were	have been	had been	to be	9
⑩	warned	predicted	taught	reported	10
⑪	against	at	for	with	11
⑫	starred	to star	starring	was starred	12
⑬	since	for	prior	before	13
⑭	stress	pressure	advances	control	14
⑮	defended	owned	held	controlled	15

Ⅱ 次の英文を読んで，空所1～7にあてはまる最も適切な表現を、また設問8～10に対する最も適切な答えを、それぞれ1～4の中から一つ選び、その番号をマークしなさい。

Peter, Angela and David have just finished high school and are at their graduation party.

Angela: I can't believe we've finished school. The years have just flown by, haven't they?

Peter: You can say that again. It feels like only yesterday that we were sitting in that first class, all nervous and excited.

David: (　1　) You had to borrow a pen off me, didn't you? And some writing paper.

Peter: Mum forgot to pack my things. I think she was just as nervous as me.

Angela: It's been good, though. I'm going to miss this place. (　2　).

David: Even Mr Roberts? He was awful! I don't think I ever stayed awake during one of his classes.

Angela: Yeah, well. You can't have everything, can you? So, what are your plans now? Congratulations on getting that place at Edinburgh, David. It's a great university. What are you going to be doing?

David: Yeah, I'm pretty happy. I'll be studying Politics and Philosophy. It looks like a really good course. And I'm (　3　) looking forward to moving to Scotland. It's such a beautiful part of the country.

Angela: We'll have to come up and visit you some time. They filmed some of the Harry Potter movies up there, didn't they? That would be fun to see.

Peter: Sounds like a plan! I hope you'll remember us when you're running the country, David. How about you, Angela? You're staying in London, aren't you?

Angela: Yeah, that's right. I've got a job at Ozwald Boateng, one of the top designers here. The money's not too good at first, but they train you up and with any luck, five or ten years from now, I'll be starting my own fashion house.

Peter: That's quite the dream you both have. I wish I knew what I really wanted to do.

David: (　4　)

Peter: Yeah, I'm going to travel for a bit. See the world, you know?

Angela: Where are you heading off to?

Peter: Actually, I just volunteered with Habitat for Humanity. So I'll start off helping to build houses in Cambodia for a few months. After that, I don't really know. I might go down to New Zealand. I've got relatives there.

Angela: You know what? I've just had a crazy idea. Why don't we meet up for Christmas in New Zealand? There's a really big fashion show around then and I've been asked to go by my company. What a great chance to catch up.

David: (　5　) You know what my parents are like. And money's always been pretty tight. I don't think I'll be able to afford it. I'd love to, though.

Peter: It's a great idea. Come on, David. You could stay with me. I'm sure my uncle and aunt won't mind. They're pretty easy-going.

David: Well, let's decide nearer the time. Oh, look who's coming over!

Roberts: Well, now. If it isn't my three favourite students. Enjoying yourselves?

Angela: Yes, it's a lovely party. We're going to miss this place. And you of course, sir. Are you going to miss us too, Mr Roberts?

Roberts: (　6　), Angela. You caused a lot of trouble over the years! I still remember that rubber snake you left in my drawer. Gave me quite a scare.

David: It was just a joke, sir. And it was your birthday, wasn't it?

Roberts: A lovely present, David. I shall treasure the memory forever.

Peter: Are you looking forward to next year, sir? A whole new group of students for you to teach.

Roberts: Not for me, Peter. You're not the only ones who are leaving. So am I.

Angela: Really, sir? (　7　)

Roberts: No, I'm retiring. I think I've done all I can here. Time for me to try something different.

Peter: What are you planning to do, sir?

Roberts: Well, I've always wanted to write. So, I think I'll try and finish that novel I've been working on these last twenty years.

Angela: Good luck with that, sir. So, I guess we're all going to be starting a new chapter of our lives, then.

David: Let's hope they turn out to be chapters worth publishing.

1. 1　Time went so slowly.
   2　I remember that first day.
   3　Our parents weren't, though.
   4　Were you in my class?　**16**

2. 1　So many happy memories
   2　But not the teachers that much

3 And the friends we made

4 My parents will, too 17

3. 1 only

2 so

3 probably

4 always 18

4. 1 Why don't you travel the world?

2 Don't worry, you'll think of something.

3 That's right, you're taking a year off, yes?

4 You could always work with Angela. 19

5. 1 What a brilliant idea.

2 I'm not sure.

3 Is your company paying?

4 I'm afraid I've already got plans. 20

6. 1 That's up to you

2 Especially this old building

3 I wouldn't go that far

4 Not as much as them 21

7. 1 Are you going to retire, then?

2 We didn't know that you're going.

3 Moving to a new school, perhaps?

4 It won't be the same without you. 22

8. Who is the least certain about the future?

1 Peter

2 Angela

3 David

4 Mr Roberts 23

9. Which ONE of the statements is NOT true?

1 Angela is quite ambitious.

2 Peter wants to do charity work.

3 David's family is not wealthy.

4 Mr Roberts is also a respected author. 24

10. Where will the three friends meet again?

1 Somewhere in Scotland.

2 Somewhere in New Zealand.

3 At the next reunion party.

4 It is undecided. 25

Ⅲ 次の英文を読み、設問に答えなさい。

著作権の都合上，省略。

What Is an Endangered Language?, Linguistic Society of America by Anthony C. Woodbury

(1)　下線部(1)の意味を表しているものを以下から一つ選び、その番号をマークしなさい。

26

1　言語が消滅していく状況が一変しなければ

2　少数民族の言語が廃れるとき

3 言語に対する考え方が一変しないのであれば

4 少数民族の言語が保護されない限りは

(2) 空所(2)に入る最もふさわしい語句を以下から一つ選び、その番号をマークしなさい。 27

1 By contrast

2 Still

3 In conclusion

4 Moreover

(3) 空所(3)に入る最もふさわしい語句を以下から一つ選び、その番号をマークしなさい。 28

1 as well

2 for instance

3 mysteriously

4 unexpectedly

(4) 下線部(4)を指しているものを以下から一つ選び、その番号をマークしなさい。 29

1 自分の言語だけでなく、征服者の言語も学ぶこと

2 ヨーロッパ人征服者によって殺害されてしまうこと

3 少数民族の言語と誇りを維持すること

4 言語とともに民族としてのアイデンティティを放棄させられること

(5) 空所(5)に入る最もふさわしい語句を以下から一つ選び、その番号をマークしなさい。 30

1 strange and usual

2 dangerous and peaceful

3 sudden and gradual

4 consistent and slow

(6) 一世代の間に消滅してしまった言語を以下から一つ選び、その番号をマークしなさい。

31

1 Modern Greek

2 Mohawk

3　Yupik

4　Latin

(7)　今から百年後の言語事情について予測されていることを以下から一つ選び、その番号をマークしなさい。　32

1　現在の言語数の半分か、数百程度になってしまう

2　アメリカ大陸では、スペイン語が共通語となっている

3　世界中にあるほとんどの言語が消滅する

4　英語が世界共通語となっている

(8)　下線部(6)を説明しているものを以下から一つ選び、その番号をマークしなさい。　33

1　ある言語が失われても、ある言語が取って代わるから

2　言語によって受け継がれる文化は、神話や儀式、詩、日常的な語を含むから

3　言語は消滅しても、しばしば力のある文化集団によって受け継がれるから

4　言語の消滅は、膨大な文化資産を失うことを意味するから

(9)　下線部(7)から始まる段落の趣旨を述べているものを以下から一つ選び、その番号をマークしなさい。　34

1　言語を通して経験される社会の側面を研究する必要がある

2　調査対象としての言語が廃れると、それだけ人間について学べなくなる

3　世界中のあらゆる言語に共通する仕組みが存在する

4　民族の歴史は、言葉によって語り継がれる

(10)　空所(　8　)に入る最もふさわしい語句を以下から一つ選び、その番号をマークしなさい。　35

1　almost broadens

2　often assists

3　clearly reveals

4　severely limits

(11)　言語が消滅する原因として著者があげて<u>いない</u>ものは以下のうちどれか。<u>二つ</u>選び、その番号をマークしなさい。　36　37

1　ある言語が優勢言語となり、多くの他の言語が使われなくなること

2　話者が自分の言葉に誇りを持てなくなること

3　当該言語の使用者が、他民族の侵略により殺害されてしまうこと

4　古代ギリシャ語のように、言語そのものが変化すること

5　その言語の最後の話者が、死亡してしまうこと

6　話し言葉だけでなく、書き言葉としても社会で使われなくなること

Ⅳ　次の英文を読み、設問に答えなさい。

Around a third of the population has trouble sleeping, including difficulties maintaining sleep throughout the night. While night time awakenings are upsetting for most sufferers, there is some evidence from our recent past that suggests this period (1) of wakefulness occurring between two separate sleep periods was common. During this waking period, people would relax or think about their dreams. Some would engage in activities like sewing, chopping wood or reading.

Researchers have found evidence that in Europe, two sleep periods were considered normal before the Industrial Revolution. People went to bed once they had completed their chores and not, unlike today, at a regular time. Historian A. Roger Ekirch's book *At Day's Close: Night in Times Past* describes how families at this time slept a couple of hours after around the end of daylight, woke a few hours later for one to two hours, and then had a second sleep until dawn.

Ekirch found references (2) to the first and second sleep began to disappear during the late 17th century. This is thought to have started in the upper classes in Northern Europe and filtered down to the rest of Western society over the next 200 years.

Interestingly, the appearance of insomnia* in the literature (3) in the late 19th century occurs along with the period (　4　) accounts of split sleep start to disappear. Thus, modern society may place unnecessary pressure on individuals to obtain a night of continuous stable sleep every night.

To this day, many cultures retain the two-sleep period during the day. This is because our body clock lends itself to (5) such a schedule, having a reduction in alertness in the early afternoon.

In the early 1990s, psychiatrist Thomas Wehr conducted a laboratory experiment in which he exposed a group of people to a short photoperiod* — that is, they were left in darkness for 14 hours every day instead of the typical eight hours — for a month. It took some time (　6　) their sleep to regulate but by the fourth week a distinct two-phase sleep pattern emerged. They slept first for four hours, then woke for one to three hours before falling into a second four-hour sleep. This finding (7) the idea that *bi-phasic* sleep is a natural process with a biological basis.

Today's society often doesn't allow for this type of flexibility, thus we have to obey today's sleep/wake schedules. It is generally thought that a continuous seven to nine-hour unbroken sleep is probably best for feeling refreshed.

(8)Some of the key advantages of a split sleep schedule include the flexibility it allows with work and family time (where this flexibility is afforded). Some individuals in modern society have adopted this type of schedule as it provides two periods of increased activity, creativity and alertness throughout the day, rather than having a long wake period where sleepiness builds up across the day and productivity decreases.

(9), there is growing evidence suggesting naps can have important benefits for memory and learning, increasing our alertness and improving mood states. Some believe sleep disorders, like insomnia, are rooted in the body's natural preference for split sleep. Therefore, split sleep schedules may be a more natural rhythm for some people.

Split-shift schedules in factories that maintain good sleep time per 24 hours may be beneficial for sleep, performance and safety. A number of recent studies have found split sleep provides comparable benefits for performance to one big sleep, if the total sleep time per 24 hours was maintained (at around seven to eight hours total sleep time per 24 hours).

However, as might be expected, performance and safety can still be harmed if wake-up and start-work times are in the early hours of the morning; we don't know if these schedules provide any benefits for health or reduce the risk for chronic* disease.

Although we aim to have solid and unified sleep, this may not suit everyone's body clock or work schedule. In fact, a return to the bi-modal sleep pattern from our pre-industrial ancestors may work well in a modern industrial setting.

(注)

*insomnia：不眠（症）

*photoperiod：照光時間

*chronic：慢性の

出典追記：Did we used to have two sleeps rather than one? Should we again?, The Conversation on June 14, 2016 by Melinda Jackson and Siobhan Banks

(1)　下線部(1)の内容として最も適切なものを次の1～4の中から一つ選び、その番号をマークしなさい。　38

1　眠りの周期に関する二つのパターン
2　夜中に起こる、眠りと眠りの間の時間
3　夜の眠りと昼の眠りの間の時間
4　夢か現実かわからないような時間

(2)　下線部(2)が参照しているものとして最も適切なものを次の1～4の中から一つ選び、その番号をマークしなさい。　39

1　用事が済んだら眠りにつくという習慣
2　眠りについてから日が明けるまでの数時間
3　眠りが二回に分かれていたこと
4　17世紀の終わり頃

(3)　下線部(3) literature の意味として最も適切なものを次の1～4の中から一つ選び、その番号をマークしなさい。　40

1　文学
2　文献
3　文字
4　学識

(4)　空所(　4　)に入らない語（句）を次の1～4の中から一つ選び、その番号をマークしなさい。　41

1　where
2　when
3　in which
4　what

(5)　下線部(5) lends itself to の意味として最も適切なものを次の1～4の中から一つ選び、その番号をマークしなさい。　42

1　does not fit
2　is suitable for
3　makes much of
4　stops short at

(6) 本文の内容に合うように空所(　6　)に入れるものとして最も適切なものを次の1～4の中から一つ選び、その番号をマークしなさい。　43

1　as
2　by
3　for
4　with

(7) 本文の内容に合うように空所(　7　)に入れるものとして最も適切なものを次の1～4の中から一つ選び、その番号をマークしなさい。　44

1　supports
2　challenges
3　summarizes
4　replaces

(8) 下線部(8)の内容に含まれるものとして最も適切なものを次の1～4の中から一つ選び、その番号をマークしなさい。　45

1　長時間の睡眠の後の起床時に得られる爽快感
2　起きている間に心身ともに活発になること
3　起きているときに集中力が低下すること
4　労働の生産性が下がること

(9) 空所(　9　)に入れるものとして最も適切なものを次の1～4の中から一つ選び、その番号をマークしなさい。　46

1　On the other hand
2　In support of this
3　As a result
4　In other words

(10) 本文の内容と合う記述として最も適切なものを次の1～6の中から<u>二つ</u>選び、その番号をマークしなさい。　47　48

1　夜中に一度も起きずに眠ることは体に悪い。
2　西洋で1日に1回睡眠を取る習慣が広まるには数百年かかった。
3　現代の社会では、1日の睡眠を2回に分けて取る文化は見られない。
4　Thomas Wehr の実験では、1日14時間暗い場所にいるとどうなるか3ヶ月間観察した。

5　昼寝をすると、記憶や学習のみならず精神面にも良い効用があると考えられる。

6　不眠症と1日2回睡眠との間に有意義な関係は認められない。

V Read the passage and answer the questions.

A long time ago, the king of a little town in Italy bought a fine large bell, and had it hung up in a tower in the market place. A long rope that reached almost to the ground was fastened to the bell. The smallest child could ring the bell by pulling upon this rope.

"It is the bell of justice," said the king. "My people," said he, "do you see this beautiful bell? It is your bell; but it must never be rung except in case of need. If any one of you is treated unfairly at any time, he may come and ring the bell; and then the judges will come together at once, hear his complaint, and give him justice. Rich and poor, old and young, anyone may come; but no one must touch the rope unless he knows that he has been wrongly treated."

Many years passed and many times the bell in the market place rang, calling the judges together. At last the rope was almost worn out. It became so short that only tall people could reach it. "(1)This will never do," said the judges one day. "Children can't reach the bell. That is not fair."

"Let me fix it for you," said a man who was standing by. He ran into his garden, which was not far away, and soon came back with a long grapevine in his hands. "This will do for a rope," he said; and he climbed up, and fastened it to the bell. The vine fell to the ground. "Yes," said the judges, "it is a very good rope."

Now, on the hillside above the village, there lived a man who had once been a brave knight. In his youth he had been to many lands, and he had fought in many battles. His best friend through all that time had been his brave and noble horse.

But the knight, when he grew older, thought of nothing but gold; he was now (2)a miser. At last he sold all that he had, except his horse, and went to live in a little hut on the hillside. Day after day he sat among his money bags, and planned how he might get more gold; and day after day his horse stood, half-starved and shivering with cold.

"What is the use of keeping that lazy horse?" he said to himself one morning. "Every week it costs me more to keep him than he is worth. I will let him go and he can take care of himself. If he starves to death, (3)so much the better." So the brave old horse was sent away.

One hot afternoon, the horse wandered into the market place. He saw the grapevine rope that hung from the bell of justice. The leaves upon it were still fresh and green, for it had not been there long. What a fine dinner they would be for a starving horse! He stretched his thin neck, and took one of the tempting leaves in his mouth. It was hard to pull off but he pulled at it, and the great bell above him began to ring.

The judges heard it and went to the bell, where they saw the horse eating the leaves on the vine. "It is the miser's horse," one of the judges said, "he has come to call for justice; for his master, as everybody knows, has treated him most shamelessly."

"Go bring the miser to us," said all the judges. And when he came, they told him to stand and hear their judgment.

"The horse served you well for so many years," they said. "He saved you so many times. He helped you to become rich. Therefore we order that one half of all your gold shall be set aside to buy him food and shelter, a green pasture where he may eat, and a warm home for his old age."

The miser hung his head, angry at the loss of so much money; but the people shouted for joy, and for the rest of his life, the horse enjoyed (4) the happy life he deserved.

(1) The bell of justice is a sign of the king's ＿＿＿＿＿＿＿＿＿＿. 49

1 sense of humour

2 religious faith

3 love of animals

4 democratic attitude

(2) The people were allowed to ring the bell ＿＿＿＿＿＿＿＿＿＿. 50

1 only when it was necessary

2 if they felt impressed with its beauty

3 when they saw animals treated cruelly

4 if the judges gave them permission

(3) Which one of the following best explains the meaning of (1) This will never do?

This will no longer ＿＿＿＿＿＿＿＿＿＿. 51

1 work well

2 ring loudly

3 be short

4　be beautiful

(4)　Which one of the following best explains the word miser?[(2)]　52

A person who ＿＿＿＿＿＿＿＿.

1　loves money and hates spending it

2　does not love animals at all

3　fights bravely on a horse

4　lives an extremely poor life

(5)　Which one of the following CANNOT describe the meaning of the phrase so much the better?[(3)]　53

The horse's possible starvation would ＿＿＿＿＿＿＿＿.

1　be better than its cost

2　bring him much more money

3　be even more desirable than otherwise

4　be more imaginable than its death in a battle

(6)　What brought the horse to the bell of justice?　54

1　its sense of direction

2　the judges' suggestion

3　the bell's beauty

4　its terrible hunger

(7)　The judges stressed the miser's ＿＿＿＿＿＿＿＿.　55

1　lack of gratitude towards the horse

2　poverty after his brave fighting

3　illegal way of life

4　excessive love of money

(8)　Which one of the following best explains the people's reaction to the judgment?　56

1　bitter disappointment

2　lack of interest

3　complete agreement

4　aggressive anger

(9)　After hearing the judgment, the owner of the horse ＿＿＿＿＿＿＿＿＿＿.　57

1　argued against it

2　was furious but obeyed it

3　felt sorry for the horse

4　tried to keep his money

(10)　Which one of the following best explains the meaning of the phrase (4) the happy life he deserved?　58

The horse's happy life was ＿＿＿＿＿＿＿＿＿＿.

1　a natural reward for his faithfulness

2　a legal right given by the judges

3　something beyond his imagination

4　something finally celebrated by his master

(11)　Choose TWO statements that are true according to the passage.　59　60

1　A great number of crimes in the town made the king concerned about the safety of his people.

2　A grapevine was used as a rope for the bell because it could attract children and animals.

3　It was one of the judges who suggested to the king that they have the bell of justice.

4　The judges in the town knew just how unfairly the horse was treated by the cruel owner.

5　The horse helped the owner when he fought as a knight but it became less loyal after the battles.

6　The judges seemed to misunderstand the reason why the horse came to the bell of justice and rang it.

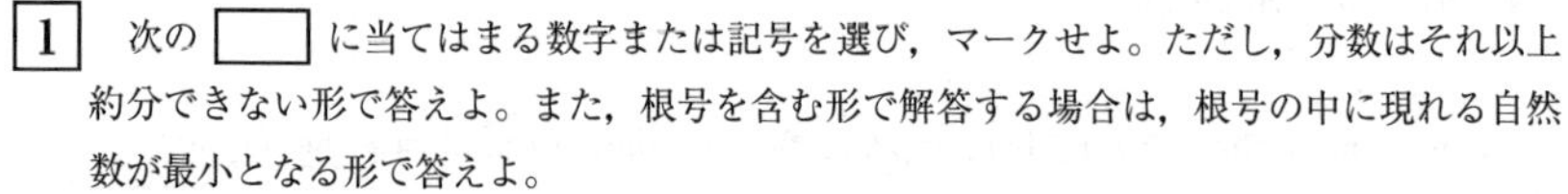

数学

（75分）

1　次の □ に当てはまる数字または記号を選び，マークせよ。ただし，分数はそれ以上約分できない形で答えよ。また，根号を含む形で解答する場合は，根号の中に現れる自然数が最小となる形で答えよ。

[1]　$0 \leqq t \leqq 2$ とする。平面上のベクトル $\vec{a}=(1,\ 3)$，$\vec{b}=(2,\ 1)$ に対し，$|t\vec{a}-3\vec{b}|$ の最小値は $\dfrac{\boxed{ア}\sqrt{\boxed{イウ}}}{\boxed{エ}}$ であり，最大値は $\boxed{オ}\sqrt{\boxed{カ}}$ である。

[2]　$\log_5 (x+5)^5=0$ を満たす x の値は $\boxed{キク}$ であり，$\log_3 \sqrt[3]{y+3}=1$ を満たす y の値は $\boxed{ケコ}$ である。

[3]　a，b を実数の定数とし，$b>0$ とする。x についての3次方程式 $x^3-ax+b=0$ の3つの解が，ある実数の定数 θ を用いて $2\sin\theta$，$3\cos 2\theta$，$-\dfrac{5}{3}$ と表せるとき，$a=\dfrac{\boxed{サ}}{\boxed{シ}}$，$b=\dfrac{\boxed{スセ}}{\boxed{ソタ}}$ である。

[4]　座標空間内の3点 O $(0,\ 0,\ 0)$，A $(5,\ 5,\ 0)$，B $(2,\ 1,\ -1)$ を頂点とする△OAB の面積は $\dfrac{\boxed{チ}\sqrt{\boxed{ツ}}}{\boxed{テ}}$ である。

[5]　a，b，c を実数の定数 $(a \neq 0)$ とする。x の3次式 $f(x)=ax^3+bx^2+cx+1$ で表される関数がその導関数 $f'(x)$ で割り切れるとき，

$\dfrac{f(x)}{f'(x)}=\dfrac{\boxed{ト}}{\boxed{ナ}}x+\dfrac{b}{\boxed{ニ}\,a}$ である。さらに $f(c)=1331$ となるとき，$b=\boxed{ヌネ}$ である。

[6]　数直線上を運動する点Pの時刻 t における速度 v が $v=12-6t\ (0 \leqq t \leqq 6)$ で与えられるとき，$t=0$ から $t=6$ までにPが通過する道のりは $\boxed{ノハ}$ に等しい。

2 次の □ に当てはまる数字または記号を選び，マークせよ。ただし，分数はそれ以上約分できない形で答えよ。また，根号を含む形で解答する場合は，根号の中に現れる自然数が最小となる形で答えよ。

［1］ ある高校の60人の生徒を対象に，北海道と沖縄県に行ったことがあるかどうかを調べたところ，どちらにも行ったことがない生徒の人数は，両方に行ったことがある生徒の人数の3倍に等しかった。また，北海道に行ったことがある生徒の人数は沖縄県に行ったことがある生徒の人数以上であり，沖縄県に行ったことがある生徒の人数は北海道に行ったことがある生徒の人数の半分以上であった。これらのことから，北海道に行ったことがある生徒の人数xのとりうる値の範囲は［アイ］$\leqq x \leqq$［ウエ］であり，沖縄県に行ったことがある生徒の人数yのとりうる値の範囲は［オカ］$\leqq y \leqq$［キク］である。また，どちらにも行ったことがない生徒の人数は最大で［ケコ］であることがわかる。

［2］ 数列$\{a_n\}$に対して，

$$S_n = \sum_{k=1}^{n} a_k,\quad T_n = \sum_{k=1}^{n} |a_k|$$

とおいたところ，$S_n = 2n(34-n)$ $(n=1,\ 2,\ 3,\ \cdots)$ となった。このとき，

$$a_n = \boxed{\text{サシ}}\,n + \boxed{\text{スセ}}$$

であり，$S_n = T_n$となる最大の整数nの値は［ソタ］である。また，$T_n - S_n = 900$となるnの値は［チツ］である。

3 $0 < \alpha < 2\pi$ とする。座標平面上の曲線

$$C : y = x\cos x$$

について，曲線C上の点$(\alpha,\ \alpha\cos\alpha)$における接線$\ell$が原点を通るとき，次の各問に答えよ。

(1) αを求めよ。

(2) $x \geqq 0$において，曲線Cは直線ℓより下にないことを示せ。

(3) 不定積分$\displaystyle\int x\cos x\,dx$を求めよ。

(4) $\dfrac{\alpha}{4} < x < 4\alpha$の範囲で，曲線$C$と直線$\ell$によって囲まれた部分の面積を（$\alpha$を含まない形で）求めよ。

とを試みている。

5　語り手が卜川と一体となって驚きや感動を表現することで実況中継的な記述が可能になっていると同時に、それを読者にも喚起するように呼びかける語りが見られる。

一〇　次のア～オについて、問題文の内容に合致するものには1を、そうでないものには2を、それぞれマークしなさい。解答番号は 41 ～ 45

ア　数年前から旅に出ることを考えていた卜川は、ある年の秋にほとんどの持ち物を処分し、曇り空の東京を後にして気ままな旅に出発した。 41

イ　旅に出るときに、親から譲られた土地住居だけは手放すことができず、ふだんから身の回りの世話をしてくれていた使用人の老女に預けることとした。 42

ウ　三十歳を過ぎて髭を生やしたみすぼらしい風貌をしている現在の卜川だが、もともとは麻布の立派な家に住んでおり、高級感のある身なりをしていた。 43

エ　旅の途中、卜川は自身と松尾芭蕉とを重ねて五七五の俳句を詠みながら大津に向かい、そこから『おくのほそ道』の終着点である大垣を目指すことになった。 44

オ　入ろうとした古道具屋では、ずっと売れ残っていた商品が塵や埃をかぶっていたが、それが夕暮れの秋風に吹かれる様子に卜川は惹き付けられていた。 45

八　傍線部(8)「嬉しからねど」とあるが、なぜ嬉しくもないのか。その説明として最も適当なものを次の中から一つ選び、その番号をマークしなさい。解答番号は 39

1　寝冷えのための腹痛によって寝込まなければならず、なんとか痛みは治まったものの体調がまだ十分でなかったために、急ぎの旅に思いがけない足止めをくったから

2　長旅になるのを覚悟して無駄遣いをせずに倹約してきたのに、体調を崩して旅を再開することができなくなったために、宿泊料の高い宿に連泊しなければならないから

3　体調は回復したものの強い雨風がまだ続いているために、見るべき名所も何もない土地の宿で、することがなくただ昼寝ばかりして過ごしているから

4　体調が悪いためゆっくりと休みたいのになかなか寝付くことができず、仮眠のような浅い眠りしかできない状態で、宿から出立することになったから

5　腹痛は治まったがまだ十分に調子が戻らなかったために、ただ一夜の雨露をしのぐためだけに泊まったみすぼらしい宿に、思いがけず連泊することになったから

九　問題文の表現の特徴についての説明として最も適当なものを次の中から一つ選び、その番号をマークしなさい。解答番号は 40

1　古文を擬した文章で書かれているが、読点で繋げていくだけでなく、句点によって文を多く区切っている。このことが独特なリズムを生み、流麗な文体となっている。

2　漢語や仏教語、西洋の言語の翻訳語を多用した格調高さと、会話部の口語とを混ぜた独特の文体は、作者である幸田露伴が提唱した言文一致体の文章だと言える。

3　語り手は主人公である卜川とは別に設定されているが、語り手がときおり卜川の視点から語ることによって、主観的な感興を交えながら周囲の情景を描くことが可能になっている。

4　比喩表現や歌語の使用といった表現技法を排除することで、卜川の周囲に見えている光景をあるがまま正確に描写し、言葉として再現するこ

六 傍線部(6)「忽ちにして汽車を下りぬ」とあるが、なぜ汽車を降りたのか。その説明として最も適当なものを次の中から一つ選び、その番号をマークしなさい。解答番号は 37

1 悪天候の中でも富士山の頂が見え、その美しさが天からの贈り物のように思えて、全体が見えるまで待ちたくなったから
2 雲の隙間から思いがけず富士山の雄大な姿が見え、大きな幸運に出会えたような気がして麓を歩いてみたくなったから
3 沼津あたりに来ると急に天気が回復して富士山が見え、もっと美しい景色を探して周辺の街を散策してみたくなったから
4 沼津まで来て富士山の姿が見えたことで心境が変化し、我慢していた車内の喧噪(けんそう)にとうとう堪えられなくなったから
5 富士山の麓は見えたものの頂上までは見ることができなかったので、汽車を降りてでも見ておきたいと思ったから

七 傍線部(7)「山は白雲の上に」で始まる段落の前半で述べられている内容として最も適当なものを次の中から一つ選び、その番号をマークしなさい。解答番号は 38

1 富士山は雲の上に頂上が見えている姿を地上から見上げるのが美しいのであって、役の小角のように空を飛んで上から見下ろしたのでは、その美しさがわからない。
2 海辺の景色が美しいからといって海に潜る者はいないのに、富士山についてはわざわざ山に登ってくたびれるというばかげたことをする者が、後を絶たない。
3 和歌の浦の景色は遠くから見渡したほうが美しいが、富士山はどのような角度から見ても美しいものなので、これらの二つは美しさの性質が大きく異なっている。
4 和歌の浦の絶景を見るためには海の底に潜る必要はないが、富士山の場合は実際に登ってみて肉体的な疲労を感じたときでなければ、本当の素晴らしさが理解できない。
5 富士山は登っているときの景色も美しいものではあるが、役の小角のように空を飛んで上から見下ろした場合には、また別の素晴らしさを感じ取ることができる。

4　自由な世の中の厳しさ　5　旅支度を容易にできることの珍しさ

三　傍線部(3)「飄然と」の意味として最も適当なものを次の中から一つ選び、その番号をマークしなさい。解答番号は 30

1　さわやかに勇ましく　2　ぼんやりしていると　3　あれやこれや忙しく
4　運を天にまかせて　5　目的もなくふらりと

四　傍線部(4)「走り飛ぶ汽車の中」とあるが、ここでの卜川の様子として本文と合致するものには1を、合致しないものには2を、それぞれマークしなさい。解答番号は 31 ～ 35

ア　四人掛けのボックスシートに座っていて移動したいと思っているが、混雑のため席を変えられずにイライラしている。 31
イ　窓の外を流れていく景色を見ることに集中するために周囲から聞こえてくる音を防ごうとして、耳をふさいでいる。 32
ウ　同じ車両の中にいる人々が非常に気になっており、人々の態度や容姿、発言などをじっくりと観察している。 33
エ　周囲に溶け込めないことで将来の立身出世を絶望しつつ、せめて周囲からとやかく言われないようにと決意している。 34
オ　電車に乗り合わせた人々とは、ここを出れば会うこともないだろうと考え、ひねくれたようにじっと黙ったままでいる。 35

五　傍線部(5)「仔細らしき」とあるが、これは本文においてどのような人を示しているか。最も適当なものを次の中から一つ選び、その番号をマークしなさい。解答番号は 36

1　細かいことにこだわっている人
2　農業の研究をしている人
3　事情がよくわかっていそうな人
4　おせっかいに助言する人
5　今年の稲作を不安がっている人

注2 脚絆＝旅に出るときなどに、防寒や保護を目的として脛(すね)に着けた布。
注3 八百八町＝江戸市中に多くの町があること。ここでは、江戸から東京となった街そのものを指す。
注4 胴摩声＝調子外れで、濁った太い声。
注5 粃＝殻ばかりで、米となる中身の入っていない籾(もみ)。
注6 蒲穂＝キク科の多年草である蒲(がま)の穂。
注7 役の小角＝修験道の開祖とされる、七世紀から八世紀にかけて活躍した呪術者。富士山に登って修行を重ね、天を飛べるようになったという伝説がある。
注8 龕紙＝仏像などをおさめるためのもの。
注9 頤骨＝下顎(したあご)の先端のこと。

一 傍線部(1)「空吹く風に任せて飛び、潮に漂ふ浮木に宿つて憩ふやうに」の説明として最も適当なものを次の中から一つ選び、その番号をマークしなさい。解答番号は 28

1 旅に出る直前の緊張した気持ちを擬人的に書くことで、主人公ができるだけそれを自覚しないように努めている。
2 旅に出た直後に生じた不安な気持ちを比喩的に書くことで、他者に鮮明なイメージとして伝えようとしている。
3 都会を離れて旅に出たときの気ままなありようを対句的に書くことで、より印象深くなるように表現している。
4 自然の中を歩いているときに思わず口笛でも吹きたくなるような気持ちを抑えようとして、別のものに視点を当てている。
5 旅の途中で目にした自然を写実的に描写することで、目の前にある光景を読者に向かって正確に伝えようとしている。

二 傍線部(2)「開けたる世のあり難さ」とあるが、その内容として最も適当なものを次の中から一つ選び、その番号をマークしなさい。解答番号は 29

1 便利になった世の中の快適さ　2 開放的な世間の風潮の目新しさ　3 進歩的な社会の生きにくさ

辺、石山の秋の色見たくて大津に下りぬ。

昨日は五十四帖にやさしき女が心の色を染めし石山の其の月夜を見て、今朝は洒落たる翁が五七五文字に魂魄の寂を籠めたりし国分山の、其の秋のあかつき、とくとくの清水に自炊のわびしさを思ひやりなどして、大津も一夜泊れば琵琶の湖の水光四明が嶽の山色も身に染みて足れり、いでこれよりは汽車を仮るまでも無し、逢坂の関路の跡履みて京都へと出でんとしけるが、夜半の涼風に我知らぬ寝冷の腹渋りて、独り何やら丸など服す間に昼は過ぎぬ。軈て心地は全く常に復りしも猶山路を京へ行かん力無く、銭を吝みてにはあらねど長途の旅をせんつもりの奢侈を厭ひて、ただ雨露を凌がんばかりに宿りしいぶせき旅宿に(8)嬉しからねど今宵もまた仮枕の夢を結ぶに決めし卜川、ただ夕暮まで午睡に費さんも智恵無しと、当も無きそぞろあるきに町を西北へと通り過ぎて、大津も出外れんとする近く、家並もやうやくに悪く、店つきさびれて、唯さへ悲しき秋の夕を襤褸被たる小児の徳利買の酒提げて帰る後姿、肋骨見えたる痩狗の長々と路傍に寝て居るなど、いづくも同じ場末のあはれさを現せり。辛崎の松を見に行くでも無し、湖はまだ明るくとも既暮近し、これまでなりと帰らんとする時、ふと一軒の古道具屋の眼に留まりたり。金物の三四ヶ所剥脱れたる痕見苦しき古箪笥、古鏡台、古火鉢、皿、鉢、丼、籠などの着いたる可厭な贋ひ古銅の花生、鶴頸の瓢箪、古茄子が潰れたかと思ふ煙草入、ひすばり返つて板のやうに堅さうな革の古鞄、絃の五六本切れて付いて居る間づまりの琴、中は何か知らず煤けた注8龕紙、鉛の様な色した馬鹿太い古煙草管、一として碌なもの無き田舎の骨董屋の、主人は痩顔の注9頤骨尖つて、羽子板に目鼻付けたやうなるが、もはや店を鎖して仕舞ふ支度なるべし、腹の減つた眼の中勢力無く、そろそろと何や彼や片づけ居るなり。嫌ひといふにはあらねども、さして書画を好むといふにもあらぬ卜川なれど、丁度其店の真中に当りて、宙に吊り下げられたる横幅の茶屋掛ほどなるが、中は兎にかく表装は女物の長襦袢など用ひたりとおぼしく、紅やら縹色やら緑色やらの種々の色のちらちら見えて、疑ひも無き友禅染の、昔思はれて艶に媚かしきが、幾日店晒しにせられて道路の塵埃に古され果てし今日ぞや、夕暮淋しく闇逼る今渡る秋風の煽りに、ぶらありぶらありと吹き動かされて懶げに廻り居れるを見て、何と無く云ひ知らぬ哀れさをおぼえ、引き付けらるるが如く其の店に近きぬ。

（幸田露伴「土偶木偶」による）

注1　朸＝物を担ぐときに使う棒、特にてんびん棒を指す。

よぎて秋立つ風に、袂を振つて(3)飄然と遂に出でぬ。馴染みし都に左様ならとも云はず、注3八百八町への挨拶には撒水冷ゆる停車場での嚔一つ。

(4)走り飛ぶ汽車の中には何程やきもきと物を思へばとて、手も脚も箱から外へは届くこと無ければ、夢に出す力瘤、何の益にも立たぬむだ思といふもの、せめてはベンチに腰掛くる間だけも、見る間に変り行く窓外の景色、結構な絵巻物に眼を辷らせて行くやうなる此の面白さを味はふべきにと、喧ましき世間話を煩さがりて卜川の耳を塞ぐに、猶募る乗合の雑談、株の上り下りを甲高声が論ずれば、米作の善悪を注4胴摩声が語る、それにも交る婆様のぐどぐど、海老茶のぺちやぺちや、あちらで赤子泣き、こちらでは新聞を誦む、人さまざまの三等列車中にも(5)仔細らしきが田の面を見めぐらして、今年は雨多かりし湿気年の事ゆゑ、注5粃は屹度沢山に出来て、家鴨の豊年には違無けれど、彼の通り稲の頭も垂れて下向いて居れば、半作以上は受合ひまする、あれが注6蒲穂のやうにピンと上向いて立つて居るやうでは、それこそ大変でございまするがといふ。其尾に従ひて軽薄らしい声が、へヘエ、左様いふ者でございますか、それでは先づ有りがたい、して見れば何も同じこと、人間も悪くツンとして頭の高い奴に碌なものは無いものでございますと、人々の中に挟まりて坐りながら、誰にも彼にも相手にならず、窓の外ばかり見て居る玄一郎に中てて云へば、皆々一時に左様左様と笑ひぬ。成程僅に三十里四十里の間を乗り合せたる汽車の中でさへ、世に馴れ親まぬ、我が胸の底の香のおのづから洩れて、心に何の毒は無けれども愛想気無き素振りは人の憎みを斯くまでも惹くか、今さら初めて知つた訳では無けれど、如何にもこれでは何をしても世に用ひらるることなどの出来さうにも無い筈、嗚呼我ながら能くぞ何も彼も思ひ切つて、仕たい三昧と賢くも定めけるよ、世に色気無ければ何と云はれても気は安し、雲は来り雲は去りて調戯へど彼の山は動かず、先刻も青々、今も青々、人は笑ひ人は譏つても自分は自分、高が一つ車に乗り合はせし間の事、下りて仕舞へばそれまでと済まして、何処までも拗虫の猶の事人と言はず、やがて箱根の山過ぎて沼津、折から変り易き初秋の空、天半に早風起つて吹き払ひたる雲の隙間に、思ひ設けぬ富士が根の高々と現はるれば、これは大なる拾ひものと其の美しさに嬉しさ堪らず、此の麓路二日三日歩かんと(6)忽ちにして汽車を下りぬ。

(7)山は白雲の上に見てこそめでたけれ、和歌の浦の眺めが善きとて水底に潜つて見るものは無けれど、富士は注7役の小角以来疲労れるが好物の大痴漢年々に絶えず、あたら名山を泥草鞋の下にして、おのが分別の低さには気がつかいで、来て見れば左程でも無しなんど譫語を云へるも可笑と、すべて人とは心の行き方の違ふ卜川は、ただ麓路の東海道を三日ばかり歩きけるが、それも、飽きて別るるよりはと、猶八葉蓮華の姿の残り惜と思ふ時、また汽車に乗りて、何といふ的あるにはあらねど先づ心ざしたる西の方に走り、幾日馴染みし駿河の山の出来し其の夜に成りしといふ琵琶の湖

3　寺田は、乗客が満員電車を避けられるのに好んで乗ると言い、磯村は、都市の暴力性には物理的な面と社会的な面があると言い、戸谷は、効率的に配置された都市の中では暴力が無効化して善も悪もなくなると言う。

4　寺田は、満員電車をいくつか見送ることで暴力的な状態が避けられると言い、磯村は、都市の暴力に耐えられない人々に目を向けるべきことを言い、戸谷は、暴力性を意識することでスマート社会という理想が成立すると言う。

5　寺田は、満員電車の乗客が自ら望んで暴力的になっていると言い、磯村は、都市のシステムが満員電車に耐えられない人間を排除すると言い、戸谷は、スマートな社会では良心もシステムに適応して悪を認識できなくなると言う。

第三問　次の文章は幸田露伴が書いた小説であり、主人公の卜川玄一郎が東京を出て東海道を旅するさまを描いたものである。これを読んで、後の問いに答えなさい。

旅衣、今日思ひ立つてにはあらず、三年も四年も前より、我が性分のをかしく拗ねたるに我から鑑定を付けて、いつまで都に居たればとて、我が如き当世に背ける男の、とても立身出世して、人並に一軒の主人顔するやうなることは、朝顔の蔓に蕃瓜の生る法はあれ、間違つても出来る道理無し、所詮は華美嫌ひの淋しい事好き、気位のみ高くて薄間抜の身の、車の轟き人の跫音忙しき都に居てまごつくだけが、塵埃の被ぎ損、夫よりは(1)空吹く風に任せて飛び、潮に漂ふ浮木に宿つて憩ふやうに、千里の山河に嘯きあるきて、身は雲烟の定め無く、心は風雅の寂しみに遊び、いよいよ進退究まらん其の夕には、それまでの運なり生命なりとあきらむべしと、幾度か幾度か思ひ思ひしが、流石に棄てんとすれば手馴れしものは古扇も惜まるる道理、何処やらに猶後髪の牽かるる未練ありて、一日一日と過し来りしが、既に親より譲られし小さき地処住家だけを孝行気の有るまま、破羽織を世話焼婆にでも押付くる様に人に預けし外は、何も彼も売つて仕舞つて、肩の注1枴を下せし積りの、身は軽々と、主なし親なし役目無しの、頭の上には茶色帽子一つ、小鞄、洋傘これで旅人、注2脚絆草鞋までにも及ばぬ(2)開けたる世のあり難さ、おもしろや山水に咽を潤して渇を医し、松が根枕、夢にさざんざの声を聞くも是よりと年久しく住まひたる麻布の町を立つて、年齢は疎に鬚髭もやや硬うなる三十ばかりの男、日ごろ偏屈の友無し妻無し、思ふ人無し、卜川玄一郎たつた一人、陰法師も見えざりし曇り天の雲淋しき朝、路行く花屋の籠の芒そ

5　スマート化によって課題が解決する理想を反論でも示すことで、スマートな悪を無くすという主張と共通していることを伝える。

九　傍線部(7)「超スマート社会という理想像はむしろ悪を最大化する世界として立ち現れる」とあるが、その説明として最も適当なものを次の中から一つ選び、その番号をマークしなさい。解答番号は 26

1　スマート社会は効率が優先され、非効率なものは排除される社会である。そのため人々は新しい技術を無批判に受け入れ、そこから発生する問題点に目を向けなくなるということ。

2　スマート社会はさまざまな暴力性を認識不可能とすることで成立している。そのため人々はその暴力に意図的に加わり、暴力が支配する社会となるということ。

3　スマート社会は効率的なシステムを当たり前に受け入れることを強いる。そのため人々はそこから生まれる暴力に気づかなくなり、悪が蔓延するということ。

4　スマート社会は理想にすぎず、現実には存在しない。それなのに人々はそのような社会を追い求めて努力し続け、その徒労感の中で多くの人が絶望するということ。

5　スマート社会はシステムに人間が最適化することを求める社会である。そのため人々は非人間的な暴力にも進んで加担し、いずれは社会システム自体を破壊してしまうということ。

一〇　問題文中の「暴力」をめぐる三人の発言のまとめとして、最も適当なものを次の中から一つ選び、その番号をマークしなさい。解答番号は 27

1　寺田は、満員電車を例として人間が効率化の流れの中に生きていると言い、磯村は、効率化を妨げる者への怒りが事故の際に明らかになると言い、戸谷は、社会不適格者を効率的に排除するスマートな社会こそ巨大な暴力だと言う。

2　寺田は、満員電車の暴力性が強い伝染力を持つと言い、磯村は、社会化した暴力は被害者を排除して見えなくすると言い、戸谷は、社会不適格者が排除された社会で生きる人間はシステムの歯車になると言う。

2　満員電車に蔓延する直接的な暴力と、無意識に弱者を排除する暴力とが重層的に存在している。
3　他の乗客を押し潰す暴力と、暴力性を知りつつ満員電車に乗る暴力とが相即的に存在している。
4　良心が痛む物理的な暴力と、システムの中で良心が消え去る暴力とが並行的に存在している。
5　社会に対し人間を最適化する暴力と、その結果人間を無抵抗にする暴力とが両義的に存在している。

六　傍線部(5)「ロジスティクス」の意味として、最も適当なものを次の中から一つ選び、その番号をマークしなさい。解答番号は 23

1　出所の異なる多様な情報を、そのままの形で集積し目録化した体系
2　資材人員の調達から生産、移送、提供等に至る、物の流れ全体の管理
3　作品を完成させた後、あえて発表までに時間を空けて熟成させる期間
4　危機的または混乱した状況にあって人間性を失わないための倫理規範
5　公平性を保つために企業活動等に要求される法令および社会規範の遵守

七　空欄 Y に当てはまることばとして最も適当なものを次の中から一つ選び、その番号をマークしなさい。解答番号は 24

1　協働　2　対立　3　調和　4　符合　5　矛盾

八　傍線部(6)「次のような反論が生じるだろう」とあるが、主張に対して想定される「反論」を記すことの筆者の意図はどのようなものか。その説明として最も適当なものを次の中から一つ選び、その番号をマークしなさい。解答番号は 25

1　社会課題の解決手段をスマート化によって得ることと、人間が社会に合わせて自らを最適化することの弊害とを明確に区別する。
2　スマート化によって導かれる方法自体は望ましいが、そこから生じるスマートな悪の弊害は見過ごすことはできないと主張する。
3　反論としてイギリスの事例を示し、同一のテクノロジーでもそこから生まれる弊害は文化によって異なるという主張を確認する。
4　反論として記したスマート化の利点が有効でないことを示し、人間の社会への最適化というスマートな悪の異常さを際立たせる。

2 都市のシステムの要求するものがそこで暮らす人々にとって苦痛なものとなっていても、人々にはどうすることもできない。
3 社会生活を円滑にするために生み出された満員電車という手段が、利用する人間を非人間的にしているのである。
4 非人間的であることを受け入れる人間が社会適格者として承認され、それを拒絶する人間は社会不適格者として扱われる。
5 人間的なシステムが人々の幸せな暮らしを実現するのではなく、非人間的なシステムによって住民の豊かさが生み出されている。

四 傍線部(3)「乗客たちの異常な憤怒を呼び起こすことにもなる」とあるが、この表現の説明として最も適当なものを次の中から一つ選び、その番号をマークしなさい。解答番号は 21

1 満員電車の役割は、集積のエネルギーを生み出すことにある。にもかかわらず事故によってそれが果たされないという、都市のシステムにとっての異常さを乗客の気持ちと合わせて表現している。
2 ラッシュアワーでの事故によって通勤が阻まれたときの乗客の怒りは、満員電車での暴力に相当する非人間的な行為である。その怒りの大きさを極度に強い表現で表している。
3 事故によって通勤が阻まれたとき、人々は遅刻をしないように努力する。その乗客の悲哀を、それと対照的な「異常な憤怒」という過剰表現によって際立たせようとしている。
4 「異常な憤怒」とは通勤通学時に事故に遭遇し、予定通りに行動できない人々の気持ちを表現したものである。過剰な表現によって迷惑している人々が多数いることを読者に伝えている。
5 「異常な憤怒」は、乗客たちが個人的な良心さえも都市のシステムに最適化させていることに起因している。このような事態の異常さを、筆者は強い表現を用いることで読者に伝えようとしている。

五 傍線部(4)「二重の暴力性」とあるが、その説明として最も適当なものを次の中から一つ選び、その番号をマークしなさい。解答番号は 22

1 人間と人間の間の物理的な暴力と、社会不適格者を排除する暴力とが背反的に存在している。

マークしなさい。解答番号は 17

1　窮鼠（きゅうそ）　　2　二階　　3　喉元　　4　暖簾（のれん）　　5　仏の顔

（B）夏目漱石に関係する人物の説明として、間違っているものを次の中から一つ選び、その番号をマークしなさい。解答番号は 18

1　漱石の説く個人主義の影響を受けた樋口一葉は、「みだれ髪」などの作品で女性の窮境を訴えた。
2　近代文学の出発点となる小説「浮雲」を著した二葉亭四迷は、後に漱石と同じく『朝日新聞』に勤めた。
3　文豪として漱石と併称される森鷗外は、「舞姫」の浪漫的な作風からやがて歴史小説や史伝に向かった。
4　新人時代の作品「鼻」を漱石に絶賛された芥川龍之介は、近代人の心理を鋭く分析する作品を残した。
5　漱石と親交のあった正岡子規は、病に伏しながら「歌よみに与ふる書」などで短歌革新の論陣を張った。

二　傍線部（2）「満員電車を不可欠とする都市のシステム」とあるが、その説明として最も適当なものを次の中から一つ選び、その番号をマークしなさい。 19

1　満員電車がなければ、人々は仕事を正確にこなすことができず、ゆたかな生活をおくることができない。
2　満員電車は、多数の人間が同様の行動を取ることによって成立する都市生活が必然的に生み出したものである。
3　満員電車が生む暴力性は、都市の人間を互いに結びつけ、生きるための活力にさえなっている。
4　満員電車は、多数の人間が競い合い傷つけ合いながら共存する都市のありようを象徴するものである。
5　満員電車は、速さや正確さを競い合う都市のシステムにおいて有効な道具であり、うまく利用すべきものである。

三　空欄 X には、ある一文が入る。その内容として最も適当なものを次の中から一つ選び、その番号をマークしなさい。解答番号は 20

1　人間が非人間的になる境界は明確であり、その境界を越えてしまった場合に人間は社会不適格者になる。

ムの機能を麻痺させるような事態、たとえば人身事故に対しては憤怒を爆発させる。たとえその事故によって誰かが亡くなっていても、「迷惑だ」などと心無いことを思ったり、言えたりしてしまう。このような特徴は、そのどれもが、スマートな悪と［Y］するものである。

このような意味において、人間は、満員電車に乗るときにシステムの歯車になる。人間は自らをシステムへと最適化させ、スマート化させるのである。もちろん、このような主張に対しては(6)次のような反論が生じるだろう。すなわち、そもそも満員電車はスマートなソリューションによって解決されるべき社会課題である、ということだ。たとえばイギリスではビッグデータとAIを活用して、乗客の移動状況をリアルタイムで把握し、人員や車輛（りょう）の分配を最適化することで、満員電車の発生を抑制するシステムが開発されている。それによって満員電車が解消され、不快な思いを強いられる人が減るのなら、もちろんそれは望ましいことである。

しかし本書が述べようとしているのはそうしたことではなく、むしろスマートな悪が今日においても息づいており、現在進行形で、私たちを脅かしているということに他ならない。本書はアイヒマン[注]による戦争犯罪と日本社会における満員電車を例に挙げた。しかし、当然のことながら、この二つだけがスマートな悪が発露している事例ではない。それは他にも、まったく違った場面で、恐ろしい暴力として作動しているかも知れない。そしてその暴力性は、スマートな悪という概念の性質上、私たちにとって自明のものと化し、そもそも認識することが困難になっているかも知れないのだ。

こうした暴力性に対して無自覚であり、絶え間のない自己批判を怠るのなら、(7)超スマート社会という理想像はむしろ悪を最大化する世界として立ち現れるかも知れないのである。

注　アイヒマン＝ドイツのナチス親衛隊中佐。第二次世界大戦中のユダヤ人大量虐殺の責任者。

一　傍線部(1)「寺田」は、「天災は忘れた頃にやってくる」という警句を使ったとされる科学者の寺田寅彦であり、「吾輩は猫である」の登場人物のモデルになった夏目漱石の教え子でもある。これに関連して、次の（A）（B）の問いに答えなさい。

（A）「天災は忘れた頃にやってくる」と同じ「忘れること」についてのことわざに含まれる最初のことばを、次の中から一つ選び、その番号をるが、これなどはまさに都市そのものの自殺的行為といわねばならない。例えば、どんなに巨大な組織があったとしても、その組織だけで、都市の機能が果たせるものではない。時差出勤のために、ある銀行は十時に始業したとする。他の銀行は九時に始業したとするならば、その一時間が銀行の業務にとって、どれだけの損害をうけるだろうか。

ここから、なぜ人間は自ら望んで満員電車に乗ろうとするのかが明らかになる。すなわち、もしも満員電車に乗り損ね、通勤時刻を逸してしまったら、それによって都市の「メカニズム」そのものに損失を与えることになるからである。満員電車の乗客は、自分のためだけに満員電車に乗るのではない。そうではなく、その満員電車によって成り立っている社会のシステムのためにそうするのである。

ここに都市の通勤システムがもつ(4)二重の暴力性が示されている。第一にそれは満員電車の車内において人間同士の間の物理的な暴力を誘発する。第二にそれは、そうした暴力に耐えられないものを、社会不適格者として排除する暴力を発揮する。第一の暴力がそれとして認識できないことは述べたが、第二の暴力もまた不可視である。当然のことながら、この世界には満員電車の暴力に耐えられない人々がいる。身体が弱い人、道具を使わなければ立てない人、かつて満員電車のなかで傷つけられた人、そうした人々は大きなハンディキャップを負う。そして、実際には高い知識や能力があったとしても、移動の機会を奪われ、自己実現の選択肢を狭められているのである。

これまで、満員電車の暴力性がどのように発露するのかを分析してきた。この暴力性は、本書がスマートな悪と呼ぶものによって、よりよく理解されるようになる。

スマートな悪とは、無駄を排除する(5)ロジスティクスへと人間が自らを最適化し、その結果としてロジスティクスがもたらす悪に対して人間が無抵抗になる、という形で発露する悪である。満員電車は、効率的に配置された都市のシステムによって要求される機能であり、そのなかでは暴力が蔓延する。乗客は他の乗客を容赦なく押し潰す。それに対して良心が痛むことはない。それは、良心そのものがシステムへと最適化しており、それを悪いこととして認識できなくなっているからだ。他者を圧迫することがあったとしても、そうすることは仕方のないことであり、当たり前のことである、と乗客は考える。そして、そのように他者を圧迫することになると知りながら満員電車に乗ること自体も、仕方のないことであり、当たり前のことである、と考える。そのようにシステムに最適化しているがゆえに、車内で押し潰されることに対しては文句を言わない乗客も、そのシステ社会学者の磯村英一によれば、それは、(2)満員電車を不可欠とする都市のシステムである。磯村によれば、都市とは「できるだけ多数の人間が、同じ時間に、一定の場所に集まることによって、高度の集積の効果、都市エネルギーを生む」ものであり、満員電車はその副産物に他ならない。この意味において、満員電車は、システムの機能障害によって引き起こされているというよりも、むしろ、都市のシステムによって要求される一つの機能なのである。磯村は次のように言う。

　逆説的にいえば、都市に住む者の大多数は強制的に、定められた時刻、定められた職場に、定められた学校に集合することが要求される。もしそれができないとか、阻害されるような場合には、人間は都市生活のなかで不適格だというらく印を捺されることになる。

これは極めて逆説的な事態である。なぜなら、前述の通り、満員電車に乗ることはむしろ人間を非人間的にするからだ。［X］だからこそ、寺田が述べていたように、満員電車の不快感を回避するために電車を見送るということが、人間にはできない。それをしてしまったら、社会不適格者になってしまうからである。そしてそれは、電車が人身事故などによってストップしたときの、(3)乗客たちの異常な憤怒を呼び起こすことにもなる。磯村は次のように述べる。

　その流れの強さは、幾万ボルトの電流のエネルギーにも相当する。たまたま交通機関が事故などでストップすると、この集積のエネルギーがいかに強大なものであるかがわかる。交通事故による阻害ほど都市の人間を爆発に導くものはない。行動の全てが時間によって制約されている。それが共通して阻まれると、何倍もの反発となって現われる。それは仕事に強い情熱をもっているためとも理解できるし、勤務成績にかかわるからともいえるであろう。事故を乗り越えて定められた時間に何とかして間に合うような努力をする。その姿を想像すると人間の哀れさをさえ感じさせる。

　定刻に集まることのできないものは、〝遅刻者〟として取り扱われる。それは遅刻者自身にとってマイナスであるばかりでなく、定時の集合を原則とするメカニズムそのものにとっても損である。だから都市が、交通の混雑にともなって、その打開策として〝時差出勤〟などを奨励す

第二問　次の文章を読んで、後の問いに答えなさい。

問題文は、戸谷洋志著『スマートな悪　技術と暴力について』の一節である。同書において筆者は、現代における「スマート」の本質を論じ、ある章では満員電車をテーマに寺田寅彦のエッセイを紹介する。寺田は一九二〇年のエッセイで、満員電車に乗る人々はその空間を不愉快に感じており、その不愉快さは強い伝染性を持つと記す。以前の寺田はそれを当然のことに思っていたが、海外渡航の体験を経て、車内に暴力が発生する日本の満員電車の異常性に気づいたのである。寺田はまた別のエッセイで、数本の電車を見送ることで満員状態を避けられることを科学的に説明し、満員電車に乗る人間は、むしろ好んで乗ろうとしているのだと結論づけている。このように寺田のエッセイを紹介した筆者は、以下のように続ける。

満員電車をめぐる寺田(1)の分析の要点は次のように整理できる。第一に、満員電車において乗客は他者に暴力を加えている。第二に、乗客はその暴力に自ら望んで加担している。第三に、そうすることによって、乗客はその暴力を再生産している。第四に、乗客はそれを仕方のないことであり、何でもないと思っている。そして第五に、乗客自身にとっても満員電車に乗らないほうがむしろ効率的なのであり、乗客が満員電車に乗るのは、乗客の「趣味」である。

満員電車をめぐるこうした寺田の分析は今日においても説得力をもっている。しかし彼がそれを発表したのは一〇〇年前である。そしてそれが意味しているのは、日本社会における満員電車をめぐる状況が一〇〇年前から根本的に進歩していない、ということに他ならない。

ただし、この第五の点には疑問の余地がある。たしかに、乗客自身にとっても、電車を数本遅らせたほうが満員電車を回避することができ、不快感を軽減することができよう。しかし、だからといって乗客が満員電車に乗りたくて乗っているわけではないだろう。少なくとも乗客は、もしも乗らないで済むならば、満員電車に乗りたいとは思っていないだろう。それでも満員電車に自ら乗らざるをえないのは、電車内で不快感を抱くことや、あるいは他者に暴力を振るうことよりも、優先するべき何かがあるからである。では、それは何なのだろうか。

多く用いることによって、文章のほとんどの部分において独自の主張がなされていることや、著者の主張が多岐にわたることなどが、はっきりわかるようになっている。

4　最初から第六段落までのまとめを「以上、ごく簡単に」で始まる段落で記し、次の第八段落以降の内容のまとめを「以上のように、日本の文化は」で始まる段落で記す。さらに、問題文前半部分の内容をまとめた「以上ごく大ざっぱに概観」で始まる段落もあり、主張を要約する段落が効果的に配置されている。

5　前半の段落では冒頭に接続詞を用いて段落どうしのつながりを示すことが多いのに対し、後半の段落では接続詞をほとんど用いず各段落が独立している。これによって、著者の主張を論理的に述べる前半部と、客観的な事実を繰り返し多層的に記述する後半部との、対照的な述べ方が際立つようになっている。

八　次のア～カについて、問題文の内容に合致するものには1を、そうでないものには2を、それぞれマークしなさい。解答番号は 11 ～ 16

ア　浪花節や俳句などの伝統芸能は、日本固有の文化だが、外国人でも十分理解することができる。 11

イ　日本人は島国に住んでおり、たいていの人は直接外国人とのつき合いがない。 12

ウ　日本人の文化理解の態度は、自らの文化の特殊性を強く信じ、他国から日本に取り入れられている文化は普遍的であると考えることから生まれている。 13

エ　時枝の国語文法論では、概念過程を経て成立した「詞」が、概念過程を経ない「辞」をまとめ、統一する構造を指摘する。 14

オ　日本人は元来異国の文字である「漢字」と自国の文字である「かな」を融合させることで、日本語の翻訳機能を強化した。 15

カ　近代日本語の文章表現は、漢文訓読の文体によって形作られた翻訳文体を基本としていた。 16

2　書き言葉は西欧語の文法を取り入れているが、話し言葉には本居宣長によって説かれた近代以前の文法が生きている。
3　書き言葉は西欧語のエクリチュールとパロールの関係を背負っているが、話し言葉は西欧語のパロールのみに接続している。
4　書き言葉には主語と述語を記すなどの規範があるが、話し言葉はそうした文法上の制約に縛られない。
5　書き言葉は外来語の普遍性の上に成り立っているが、話し言葉は外来語をそれぞれの固有性も含めて受容している。

六　傍線部(9)「「分らないはず」の言葉使い」とあるが、その説明として最も適当なものを次の中から一つ選び、その番号をマークしなさい。解答番号は **9**

1　同質の者だけでわかり合うことを前提とした、内向きで他人行儀な表現
2　ローカルな世界で培われた、わかりやすさを意識しない独創的で特殊な表現
3　土着の文化の中で育まれた、気の置けない間柄で用いられる堅苦しくない表現
4　日本のみならず外国由来の文化も吸収した、多義的で理解しにくい表現
5　土着の文化の中で養われた感性を基にした、難解で繊細な表現

七　問題文の文章の特徴について述べた次の1～5の中から、最も適当なものを一つ選び、その番号をマークしなさい。解答番号は **10**

1　日本文化の基本構造について論じていく中で、外国人とのつき合い方の二つの態度、オモテとウラ、タテマエとホンネなど、多くの人々が経験している身近な事柄について、二重の構造の対立が見られる具体例を次々に挙げている。このように、対立の例の提示を中心とした論が展開されている。
2　話し言葉と書き言葉の二重の構造ということをはじめに述べるものの、すぐにはそれについて論ぜず、まずは日本文化の二重構造について、次に日本語における外来の素姓の言葉と土着の言葉との二重性について論じる。その後に、書き言葉と話し言葉それぞれの特徴を示しながら、この二つの対立を主張している。
3　各段落はどれもあまり長くなく、短くまとまっているうえに、「と思う」「と私は考える」などの表現で終える段落が多い。このような表現を

5 新しい文化を生み出す日本固有の文化と、外から取り入れたにすぎない異国の文化

三 傍線部(4)「「分るはず」の要素」とは何か。その説明として最も適当なものを次の中から一つ選び、その番号をマークしなさい。解答番号は 6

1 日本の文化にも外国の文化にも共通してみられる二重構造
2 外国人が理解していると思い込んでいる日本独自の文化
3 直接外国人とつき合う中で身に付けた外国由来の風習
4 日本固有の文化と外来の文化を融合させた国際的な言語
5 外国と日本とのあいだで一般化可能な文化の領域

四 傍線部(5)「言葉の構造こそ下部構造であって、思考様式、文化のパターンの方はむしろその上部構造である」とあるが、筆者のどのような考えを述べたものか。その説明として最も適当なものを次の中から一つ選び、その番号をマークしなさい。解答番号は 7

1 言語の構造を理解するには、表に出やすい思考様式や文化のパターンを分析する必要があるということ
2 思考様式や文化のパターンは言語の構造と比較して、それぞれがより複雑な機構をもつということ
3 言語の構造と思考様式や文化のパターンはそれぞれ二重構造をもち、独立して存在しているということ
4 言語の構造の二重性は些末な問題で、思考様式や文化のパターンに本質的問題が潜んでいるということ
5 思考様式や文化のパターンの二重性が、言語の構造の二重性によって規定されているということ

五 傍線部(8)「書き言葉が、話し言葉に対して、構造として対立している」とあるが、ここでの「書き言葉」と「話し言葉」の説明として最も適当なものを次の中から一つ選び、その番号をマークしなさい。解答番号は 8

1 書き言葉では翻訳語としての漢語表現を多く用いるが、話し言葉では西欧語を多く用いる。

(3) セイズイ [2]

1 海外にエンセイする。　2 玄米をセイハクする。
3 眠りからカクセイする。　4 まるでからすのギョウズイだ。
5 他のツイズイを許さない。

(6) タイナイ [3]

1 新しい時代のタイドウが見られた。　2 急な出来事にもタイゼンとしていた。
3 タイカ一掃で売り上げが伸びた。　4 任期半ばでユウタイした。
5 武士ではないがタイトウを許された。

(7) キッスイ [4]

1 釣りの醍醐味をマンキツする。　2 主張の根拠をキツモンされた。
3 野暮でブスイな人間だ。　4 野菜を入れてゾウスイを作る。
5 役場のスイトウ係になる。

二 傍線部(1)「文化の二重構造」とあるが、その説明として最も適当なものを次の中から一つ選び、その番号をマークしなさい。解答番号は [5]

1 外国人に「分るはずがない」日本固有の文化と、誰にでも「分るはず」の外来の文化
2 ホンネで守ってきた日本固有の文化と、タテマエとして取り入れた外来の文化
3 特殊性をもった日本固有の土着的な文化と、先進性をもった異国由来の文化
4 外国人が学ぼうとする日本文化と、外国人に「分らないはず」の日本固有の文化

言葉は、文法的には、主語が多く使われ、名詞中心の構文が多くなる。

書き言葉の文の素姓は、もちろん広い意味での翻訳文であり、直訳調文体がその原型であるが、重要なことは、(8)書き言葉が、話し言葉に対して、構造として対立している、ということだ。たとえば小学校で、次の言葉を使って短文を作りなさい、というとき、主語を書かなければバッ点である。そして文末は終止形ではっきりと終え、句点をうたなければいけない。

こうして、書き言葉の文は、文法上の「文」を基本として成立していなければならない、という意識がつくられていく。他方、私たちの話し言葉の文は、「文」を基本としてはいない、と私は考える。

書き言葉と話し言葉との対立は、こうして、書き言葉の側から、話し言葉を警戒し、拒否し、それと対立しつつ形作られていく、と見ることもできる。書き言葉は、日本語では、話し言葉を単にうつすものではない。この点、西欧語におけるパロールとエクリチュールの関係と明白に違っている。

話し言葉は、土着の深い根に支えられて脈々と生き続けてきたわけだが、他方で、書き言葉の側からの警戒、拒否をその裏側で受けとめている。話し言葉は、改まった言葉使いではない。まともに表に出せる言葉ではない、として、絶えず自らを規定させられている。表に出し、外に出したら、そのままでは(9)「分らないはず」の言葉使いなのである。それは、気心の知れた者どうしの間でのみ許される裏方の言葉使いであり、だからこそまた、ホンネを吐くことのできる言葉なのである。

（柳父章『日本語をどう書くか』による）

一　傍線部(2)(3)(6)(7)のカタカナを漢字にする場合、それに使用する漢字を含むものを、次の中からそれぞれ一つずつ選び、その番号をマークしなさい。解答番号は 1 ～ 4

(2)　セッタイ　1

1　セツジョクを果たして優勝した。
2　セッソクな判断を戒める。
3　セツナ的な考えを批判する。
4　王国のタイカン式に出席した。
5　自宅でタイキしていた。

漢字とはもちろん元来異国の文字である。そこで、日本文は、異国の素姓の言葉を、自らの(6)タイナイに包みこんでできあがっている。このことは、もう一つの面から見ると、異国の素姓の言葉を自らの内部に入りこませながら、他方の(7)キッスイの自国の言葉とまぎれさせることなく、構造的に併存させている、ということなのである。

日本語における翻訳の機能は、まず基本的に、この漢字中心の詞の言葉が担当している、と言うことができる。近代以後、それ以前の中国語受容文化から、西欧語受容文化へと変わったときも、媒体として利用されたのはやはり主として漢字であった。翻訳の要請にこたえて、漢字の新語が続々と作られた。概念、主体、客体、等である。また、従来使われていた漢字も、翻訳語としての新しい意味を担うようになった。たとえば今日、文化という言葉を見れば、多数の日本人は、culture という横文字を思い浮べるであろうし、表現とは expression のことだ、と思うであろう。

私たちが culture という言葉を聞いて、すぐその意味が「分るはず」と思うのは、この言葉が文化という漢字に対応しているためなのである。たとえ、今、たまたまよくは分らなかったとしても、文化という文字で表わされている以上、分らぬはずがない、と思う。だから、このような機能の漢字とは私たち日本人にとって普遍的な意味の言葉だ、と言うことができよう。

漢字製翻訳語が日本人にとって普遍的な言葉である、ということは、日本語から外国語へという翻訳の場合にもよく示される。たとえば、「あらわす」とか、「あらわれる」というやまと言葉を横文字にしようと思うとき、これを「表現する」と言い換えてみる。そしてその上で、express だ、と思う。こみ入った文章の翻訳の場合ほど、このような漢字表現を媒介とした横文字への転化は、はっきりしてくるだろう。

日本語における二重構造とは、本質的に、土着の言葉と、外来の素姓の言葉との二重構造なのである。したがってその二重性は、漢字、かなというような個々の単語のレベルばかりでなく、文法や文体などにもとらえることができる。

外来の素姓の言葉の基本的な文体は、漢文訓読の文体である。これは蘭学を経て、明治の英学へと受け継がれ、翻訳における直訳の文体を作った。この直訳文体は、翻訳の場に限られず、普通の文章表現にも及んでいき、文章家たちの工夫によってしだいに洗練され、遂に近代日本の文章語を作った、と私は考えるのである。

このような系譜を大きくたどって考えてみると、現代日本語の書き言葉の文とは、外来の素姓の側にあるのであって、他方、土着的な話し言葉の文と対立している。エクリチュール（書き言葉）とパロール（話し言葉）との対立である。書き言葉の文は、まず漢字表現が多い。文章の分野にもよるが、カタカナの言葉もよく使われる。私の視点によれば、いわゆるカタカナの外来語は、伝統的な漢字表現と同一の機能を果たしている。書き以上のように、日本の文化は、基本的に二重の構造を持っている、と私は考える。この二重の要素は、タテマエとホンネと言うのとも共通するところがある。オモテとウラ、ハレとケ、などとも似ている。が、とくに、私がここで、「分るはず」と「分らないはず」の一対の二重要素で説いたのは、本論である言葉論との関連から考えたためであった。

翻訳と日本語というようなテーマで考えるとき、まず、日本語の基本的な二重構造というものを、私は根底に置かざるをえない。この二重構造は、まさしく前述の日本文化の二重性と対応している。と言うよりも、私の考えの視点によれば、(5)言葉の構造こそ下部構造であって、思考様式、文化のパターンの方はむしろその上部構造である、と考える。

日本文化の二重構造ということは、文化論ばかりでなく、政治思想史や経済学などの分野でも、近年指摘されることがある。が、日本語の二重構造というような意見は、まず聞くことがない。私は敢えてそれを言い出そうとする。それは、他方に、私の問題意識として、日本文化が課題となっているからである。

そこで、ここから言葉の問題に入っていこう。

日本語における二重構造ということは、まともに言われはしないとしても、よく見てみると、あちらこちらに、それと共通する発想や表現形態が見つかる。たとえば、古く和漢混交文と言うときの「和」と「漢」がそうである。同じ系譜で、漢字かな交り文と言うときの「漢字」と「かな」もそうだ。同じくまた、私たちの漢字の二重のよみ、つまり「音」と「訓」とがそうだ。

そしてこのような表現形態についての意識的な反省、指摘としては、本居宣長の『詞(ことば)の玉緒(たまのお)』における、「玉」と「玉緒」とがそうだ。宣長のこの考え方は、いわゆる鈴屋(すずのや)門下に継承されるのだが、やはり、近代におけるその継承者である代表的国語学者、時枝誠記(ときえだもとき)を挙げなくてはならない。時枝の国語文法論では、詞と辞(じ)との二大別を基本に置いている。詞とは、品詞で言えば名詞、動詞、形容詞、などであり、辞とは助詞、助動詞が中心である。そして、詞とは「概念過程を経て成立したもの」であり、「主体に対する客体界を表現」し、他方、辞は、概念過程を経ない「主体それ自身の直接的表現」である、と言う（『国語学原論』）。そして、日本文は、辞が、詞、または詞と辞を含む一連の言葉をまとめ、統一していくような構造である、と説いている。

以上ごく大ざっぱに概観したところをまとめると、日本文は、基本的に二つの要素から成っており、その一つは、漢字、または漢字で表現するのに適した言葉、時枝の言う詞、もう一つは、かな、またはかなで表現するのに適した言葉、時枝の辞、から成り立っている、と言えよう。

くもあり得意でもある。が、結局のところ、「分るはずがない」という根本の確信は、おそらくゆるがないであろう。「分るはずがない」ということは、事実として分るかどうかとは、一応別のことなのである。

ところで、他方、私たちの国は、世界中の各国から、その文化の(3)セイズイともいうべきものを、熱心に取り入れ、理解し、自分たちのものにしようとしてきた。工業、発明、制度から芸術、料理に至るまで、一般に優れている、先進的である、と評価されるものは、たいてい日本に取り入れられている。そして、こうして取り入れられた異国の文化を、私たちは「分る」、少なくとも、「分らない」とはまず思わないであろう。

以上、ごく簡単に概観した私たち日本人の文化観は、一見別々の現象のようであるが、これは一つの視点からとらえるべきであろう、と私は考える。つまり、一方で、外国人に「分るはずがない」固有の文化、他方で「分るはず」の異国渡来の文化、この二つの文化理解の態度は、基本的に一つのものの考え方からきている、と思うのである。

いったい、この島国に住んで、直接外国人とのつき合いを知らぬ多数の日本人が、私たちじしんの文化の独自性について、確信とも思えるほどの基本的考え方を持っているのはなぜか。それは、他方で、私たちはすぐ傍らに、すでに取り入れた異国の文化を持っているからである。両者ははっきりと対立している。そしてたがいに対立させられている、ということが、実は私たちのものの理解の仕方なのである。

「分るはず」の文化は、すでに私たちの生活の中にある。それは元来異国渡来の素姓であるが、私たちの中に取り入れられ、もっと大きな一つの構造の中で位置づけられている。もっと正確に言えば、初めに一つの文化構造があって、そこにおける「分るはず」の文化が、元来異国渡来の素姓なのである。「分る」のは、まず私たち日本人にとってであり、そしてまた、その素姓の上から言って、外国人にとってなのだ。したがって、このことからまた、この一つの文化構造における「分る」部分の要素は、本質的に普遍的な性格を持っているはず、とされる。

そこで、私たち日本人が、外国人に対して意思を伝達したい、と思うときは、この(4)「分るはず」の要素を使用する。日本人と外国人とのつき合いは、「分るはず」の文化要素によって行なわれる。逆に言えば、日本人と外国人とのつき合いは、「分らないはず」の文化要素の方には立入ってこない、ということである。日本人が、外国人を、容易にここへは立入らせないのである。

たとえば、日本にかなり長く住みついて、しかも日本に好意を持っていて、何とか日本を知ろうとする外国人が、よく、日本人はなかなか社交的で、私たちのちょっとした日本知識もほめてくれたりするが、さてそれ以上のつき合いにはどうも立入らせてくれない、などと嘆く。私たちの対外態度の二重性を、外側からとらえた批評である。

国語

（七五分）

第一問　次の文章は、一九八一年に発表されたものである。これを読んで、後の問いに答えなさい。

言葉は文化の基本構造である。

私たちの話し言葉、書き言葉の二重の構造は、日本文化の根深い基本構造を形作っている、と私は考える。そこで、私たちの言葉の二重構造を、(1)文化の二重構造との関連から考えてみたいと思う。

一般に日本人は、自分たち日本の生活習慣や固有の文化などを、非常に特殊なものだと考えているようである。このことは外国人と直接つき合うような場合にもっともはっきり現われてくることだが、たとえば、取引先の人と出合うときの挨拶の仕方、用件の持出し方、さては夜の(2)セッタイのやり方など、こういうわれわれ独自のやり方は、とうてい外国人には分るわけがないと思う。またたとえば、浪花節(なにわぶし)や俳句などの伝統芸能についても、通り一遍のことならともかく、その微妙な味わいについては、外国人は全く立入ることのできぬ領域である、と思う。

もちろん、こういう考え方は、外国人とつき合ったときよく分ることなのだが、ここで大事なことは、外国人とのつき合いのない人々でも、このような日本固有の慣習や文化の特殊性について、一般にかなりはっきりとした考えを持っている、と思われることである。「日本人でなきゃ分らないね」というようなよく聞かれる文句は、当然その裏に、「外国人には分らないね」という意味を含めている。そして、このような文句は、多くの日本人が、確信をもって断言するのである。

もっとも、近頃は日本の国際的地位の向上とともに、外国人が日本の会社に見学にきて、その特殊な人間関係の機構を学ぼうとしたり、また、禅や日本料理などが外国でもてはやされたりする。日本文化の特殊性を確信をもって断言する多数の日本人は、このことにいささか驚く。一方、嬉し

解答編

英語

I **解答** ①－3　②－1　③－4　④－2　⑤－2　⑥－3
⑦－3　⑧－4　⑨－2　⑩－1　⑪－1　⑫－3
⑬－4　⑭－2　⑮－3

◆全　訳◆

≪映画の歴史≫

誰もが映画を観に行くのを好む。映画は百年ちょっとの間に，科学技術が生み出した新発明品的なものから世界で最も人気のある娯楽の一つになり，その間に大きな変化を遂げた。次に挙げるものは，映画史上最も重要な最初の作品のいくつかである。

『ラウンドヘイの庭の場面』は，撮影機で製作されたおそらく最初の映画である。それはフランスの発明家ルイ＝ル＝プランスによって撮られたもので，上映時間はわずか2.1秒である。『ジャズシンガー』はトーキー（発声映画）と呼ぶにふさわしい最初の映画と考えられているが，動画を伴う音声の録音を実際に最初に行ったのはウイリアム＝ディクソンだった。それはわずか数秒間のもので，バイオリン奏者が簡単なメロディーを奏でていた。1930年代までにほとんどすべての長編映画は音声付きで製作され，1930年代中頃までにはカラー作品も現れた。「トーキー」の登場は「ハリウッドの黄金時代」をもたらした。

1930年代および1940年代は映画が主要な人気の娯楽で，人々はしばしば週に2回映画館へ行った。映画の他に喫茶店や舞踏室などの施設を備えた豪華な「スーパー」映画館や「映画パレス」が町や都市に現れ，それらの多くは一つの建物の中に3千人以上も収容することができた。イギリスでは1946年に入館者数が最も多くなり，毎週3,100万人以上が映画館へ行った。

映画史上，最も多く描かれた登場人物の一人がシャーロック＝ホームズである。アーサー＝コナン＝ドイル卿が創り出したその有名な探偵を描く最初の映画は30秒の録画で，元々はコイン映写機で観るように作られた。シャーロック＝ホームズの映画は今日までに千作品以上も作られている。

アニメ映画は大変人気があり，最も愛されている作品の一つが『白雪姫と7人の小人たち』である。人々はウォルト＝ディズニーに，大人は90分間のアニメ映画をじっと座って見たがらないだろうと言って，その映画は成功しないと警告した。しかしそうした予想に反し，その映画は大ヒットした。誰もがそれに夢中になり，喜劇役者のチャーリー＝チャプリンはロサンゼルスタイムズ紙に，「ディズニーはこれまでで最高の映画の一つを作った」とさえ言った。

レオナルド＝ディカプリオ主演の『タイタニック』は10億ドルを超える収益を上げた最初の映画だった。それはジェームズ＝キャメロン監督が2009年の作品『アバター』で自身の記録を破るまで，映画史上最も成功を収めた映画だった。

ここ数十年間，映画産業は他の娯楽源に押されている。映画はテレビやオンラインストリーミング配信との競争の中でいくらか成功を収めているものの，1930年代や1940年代に占めていた地位を回復するまでには至っていない。例えば，イギリスの映画館の入館者数は1984年までに週当たり100万人にまで落ちてしまった。

◀解 説▶

①第1段第2文（In a little over …）前半は「百年ちょっとの間に，映画は科学技術が生み出した新発明品的なものから，世界で最も人気のある娯楽の一つになり～」の意。become「（変化して）～になる」はその後のC（補語）に名詞，形容詞，過去分詞を使うので，being（動名詞）が後にある本文では使えない。2のbeenと4のarrivedは変化を表すことができない。したがって，3のgone「変わる，変化する」が最もふさわしい。

②空所を含む文の文頭のItは前文の『ラウンドヘイの庭の場面』という映画を指す。空所の後にjust 2.1 seconds「わずか2.1秒」があることから，空所には「（劇や映画などが）上演（上映）される，流れる」という意味のrunsが入ると推測される。

③第2段第3文（While *The Jazz* …）は「譲歩」を表す接続詞whileで始まり，「『ジャズシンガー』がトーキーと呼ぶにふさわしい最初の映画と

考えられているが」という内容である。その後にくる主節は「しかし，実際には」と続くのが論理の自然な展開であり，空所には actual が入ると推測される。

④空所の前の主語が nearly all feature-length movies「ほとんどすべての長編映画」で，空所の後に with sound「音声付きで」という副詞句がある。また，その後の some were in colour, too の部分は，were の後に空所の動詞が省略されていて，in colour「(白黒ではなく) カラーで，多色で」が副詞句になっているとわかる。よって，produced が入り，「音声付きで製作された」,「カラーで製作された」という意味になると考えられる。

⑤空所の前の The arrival of ‘talking pictures’「『トーキー』の登場」が文の主語になっているとわかる。空所の後に rise to があり，the ‘Golden Age of Hollywood’「ハリウッドの黄金時代」で終わっていることから，空所には give の過去形 gave が入り，give rise to ～「～を引き起こす，～をもたらす」という表現になるとわかる。

⑥空所の後の with 以下が「人々はしばしば週に2回映画に行き」という内容になっていることから，空所には popular が入り，「映画は主要な人気の娯楽であった」という意味になると考えられる。

⑦第3段第2文が Elegant ‘super’ cinemas or ‘picture palaces’「豪華な『スーパー』映画館や『映画パレス』」で始まり，空所の部分はそれらを説明する構造になっている。空所の後に具体例を挙げる such as があり，cafés and ballrooms「喫茶店や舞踏室」と続いていることから，空所は「施設」という意味の facilities が適切。

⑧空所を含む文の後の第4段第2文 (The first film about …) の Sir Arthur Conan Doyle’s famous detective は前文の Sherlock Holmes を指し，第2文は「アーサー＝コナン＝ドイル卿が創り出した有名な探偵を描く最初の映画は30秒の録画で，コイン映写機で観るように作られた。シャーロック＝ホームズの映画は今日までに千本以上も作られている」という内容になっている。よって，空所は frequently が入り，「映画史上最も多く描かれた登場人物の一人」という意味になる。

⑨空所の部分は to date「現在までに」という副詞句で始まっていることから，空所の動詞は現在完了形の have been が適切。

⑩空所の後の that 節が「大人は90分間のアニメ映画をじっと座って観た

いとは思わないから，その映画は失敗に終わるだろう」という悲観的な内容になっている。よって，空所はwarned「警告した」が適切。

⑪空所の前に「逆接」のButがあり，空所の後が「その映画は大ヒットだった」という内容であることから，空所にはagainstが入り，against all odds「予想に反して」という表現をなすと推測される。

⑫第6段第1文は *Titanic*(S) became(V) the first motion picture(C)の文構造で，空所は動詞の分詞形とわかる。空所の後のLeonardo de Caprioは俳優で，空所の部分は「レオナルド＝ディカプリオを主演させている」という意味になると推測できる。よって，「(俳優)を主演させる」という意味の他動詞のstarの現在分詞形starringが適切。

⑬第6段第2文（It was the most…）の空所以下はdirector James Cameron(S) beat(V) his own record(O)の完全な文構造になっていることから，空所には接続詞が入る。この文の主節が「それは映画史上最大の成功を収めた作品だった」という内容で，従属節が「ジェームズ＝キャメロン監督が2009年の映画『アバター』で自身の記録を破った」という内容になっていることから，空所の接続詞は「～までは」という意味を表すと考えられる。よって，beforeが適切。

⑭空所の後の第7段第2文（While cinemas have…）の前半で「映画はテレビやオンラインストリーミング配信との競争の中でいくらか成功を収めているものの」と述べていることから，For the past few decadesで始まる第1文は「ここ数十年間，映画産業は他の娯楽から押されている」という意味になると推測される。よって，pressureが入る。under pressure「圧力をかけられて」

⑮第3段第1文（During the 1930s…）から1930年代や1940年代は映画の黄金時代だったことがわかる。空所の前にit has not regained the position「それは地位を回復していない」があるので，関係代名詞のthat以下は「それが1930年代や1940年代に占めていた」という意味になると推測できる。「(役職・地位など)を保持する」という意味ではholdが一般的で，heldが入る。

Ⅱ 解答

1－2　2－1　3－2　4－3　5－2　6－3
7－3　8－1　9－4　10－4

◆全　訳◆

≪高校卒業パーティーでの会話≫

ピーター，アンジェラ，デイビッドは高校を卒業したばかりで，卒業パーティーに出席している。

アンジェラ：卒業だなんて信じられないわ。月日の経つのが本当に早かったわね。

ピーター　：まったくその通りだ。緊張と興奮に包まれて，みんなが最初の授業の席に着いていたのがまるで昨日のようだよ。

デイビッド：あの最初の日のことは覚えているよ。君は僕からペンを借りなければならなかったよね。それに紙も何枚か。

ピーター　：お母さんが，僕が持っていく物をバッグに入れるのを忘れちゃったんだ。きっとお母さんも僕と同じように緊張していたんだと思うよ。

アンジェラ：でも，楽しかったわ。この学校をきっと懐かしむと思うな。楽しい思い出がいっぱいあるもの。

デイビッド：ロバーツ先生もかい？　彼はひどかったよ！　彼の授業中ずっと目を覚ましていたことが1回でもあったかなあ。

アンジェラ：そうだったわね。でも，すべていいことだらけというわけにはいかないわ。ところで，この先どんな計画なの？　エディンバラ大学に合格おめでとう，デイビッド。いい大学だわ。そこで何を学ぶつもりなの？

デイビッド：ああ，とっても嬉しいよ。政治と哲学を学ぼうと思うんだ。そのコースがとてもよさそうだから。それに，スコットランドに住むことがとても楽しみなんだ。とっても美しい場所だからね。

アンジェラ：いつかあなたを訪ねて行かなくちゃならないわ。確か，あそこでハリー・ポッターの映画が何本か撮影されたんじゃなかったっけ。是非，見てみたいわ。

ピーター　：それはいい計画だね！　デイビッド，君が田園地帯をランニングしているとき，僕たちのことを思い出してくれるといいなあ。アンジェラ，君はどうなの？　ロンドンにいるんだよね？

アンジェラ：ええ，そうよ。オズウォルド・ボウテン社に就職できたの。ロンドンでトップのファッションデザインの会社の一つよ。給料は最初あまりよくないけど，腕を磨けるわ。そして運がよければ，５年か10年後に自分のファッションブランドを立ち上げているかもね。

ピーター　：２人ともすばらしい夢があるね。僕も自分の本当にやりたいことが何か，わかればいいんだけど。

デイビッド：あ，そうそう，君は１年間休むんだよね？

ピーター　：うん，少し旅行しようと思うんだ。世間を知るためにね。

アンジェラ：どこに行くつもりなの？

ピーター　：実はね，ハビタット・フォー・ヒューマニティーのボランティア活動をすることにしたんだ。それで，カンボジアで住宅建築の手伝いを数カ月間やることから始めるよ。その先はまだわからない。ニュージーランドへ行くかもね。親戚がそこにいるから。

アンジェラ：ねえ，聞いて。すばらしいことを思いついたの。クリスマスにニュージーランドで合流しない？　その頃ニュージーランドでとても大きなファッションショーがあるんだけど，会社から行くように言われているの。お互いの近況を知るいいチャンスだわ。

デイビッド：僕はどうかなあ。僕の両親がどんなだか，君たち知っての通りだし。それに，金銭的にいつも余裕がないんだ。行きたいのはやまやまだけど，無理だと思うな。

ピーター　：いいアイデアじゃないか。デイビッド，行こうよ。僕と一緒に泊まればいい。叔父と叔母がきっと泊めてくれるよ。２人とも気にしないタイプだから。

デイビッド：じゃあ，時期がもっと近づいたら決めることにしようよ。あれ，こっちにやって来る人を見て！

ロバーツ　：おや，私の大好きな生徒３人じゃないか。楽しんでいるかい？

アンジェラ：ええ，とっても楽しいパーティーです。私たち，この学校を懐かしむと思います。もちろん先生のことも。ロバーツ先生，先生も私たちのことを懐かしく思われるでしょうか？

ロバーツ　：そこまではどうかなあ，アンジェラ。君たちにはずっと悩まされ続けたよ！　君たちが私の机の引出しにゴムのヘビを入れておいたこと，あれは今でも覚えている。いやあ，怖くてぞっとしたよ。

デイビッド：あれはまったくの冗談だったんです。それに，あの日は確か先生の誕生日だったんじゃないですか？

ロバーツ　：実にすてきなプレゼントだったよ，デイビッド。あの思い出は私の一生の宝だよ。

ピーター　：先生，来年度が待ち遠しいですか？　新しい生徒たちに教えるのが。

ロバーツ　：いや，私は違うんだ，ピーター。去るのは君たちだけじゃないんだよ。私もそうなんだ。

アンジェラ：えっ，先生，それ本当ですか？　じゃあ，新しい学校へ移られるんですか？

ロバーツ　：いや，退職するんだよ。この学校でやれることはやり尽くしたと思うんだ。何か他のことをやってみるときだよ。

ピーター　：何をなさる計画ですか，先生？

ロバーツ　：ずっと書きたいと思っていたんだ。この 20 年間書き続けてきた小説を仕上げようと思っているんだよ。

アンジェラ：成功をお祈りします，先生。じゃあ，私たちみんなにとって人生の新しい章の始まりですね。

デイビッド：それぞれの章が出版する価値のあるものになるように祈りましょう。

◀解　説▶

1．空所の前の文のピーターの発話の第 2 文（It feels like only …）で「緊張と興奮に包まれて，みんなが最初の授業の席に着いていたのがまるで昨日のように思える」と述べている。空所の後の文が「君は僕からペンを借りなければならなかったよね」と述べていることから，空所の文は最初の授業についての文と推測でき，「あの最初の日のことは覚えているよ」という内容の 2 が正解。

2．空所の前のアンジェラの発話が「でも，楽しかったわ。この学校をきっと懐かしむと思うな」で，空所の後のデイビッドの発話が「ロバーツ先生もかい？　彼はひどかったよ！」という内容なので，空所には「いい思い出しかない」という内容の文が入ると推測される。よって，「楽しい思い出がたくさんあるから」という内容の 1 が正解。

3．空所を含む文に続く文の最初の It は前の文の Scotland を指し，「スコットランドはとても美しい場所だ」という内容である。ゆえに，空所の文は「スコットランドに住むことが楽しみだ」という意味になり，空所の語は be looking forward (to moving) という動詞句を強調する副詞と考えられる。よって，動詞の前におかれ，「とても，非常に」という意味で動詞を「強意」修飾する so が入る。

4．空所の前のピーターの発話は「2人とも夢があるね。僕も自分が本当にやりたいことが何か，わかればいいんだけど」，空所の後のピーターの発話は「うん，少し旅行しようと思うんだ。世間を知るためにね」である。選択肢は1「世界中を旅してはどう？」，2「心配するなよ。何か思いつくよ」，3「あ，そうそう，君は1年間休むんだよね？」，4「君ならいつでもアンジェラと一緒に働けるよ」である。自分（デイビッド）とアンジェラは卒業後の進路が決まっているが，ピーターはまだ進路が決まっていないので，彼に気を遣って（あるいは励まして），デイビッドが別の話題を振ったと考えれば，3が最も適切である。travel the world は「世界中を旅する」の意なので，次のピーターの発話と少し嚙み合わない。that's right は「(思い出して）あっ，そうだ。あ，そうそう」といった意味。

5．空所の前のアンジェラの発話が，その前のピーターの発話を受けて「クリスマスにニュージーランドで合流しない？　その頃ニュージーランドでとても大きなファッションショーがあって，会社から行くように言われているの」。空所の後のデイビッドの発話が「僕の両親がどんなだか，君たち知っての通りだし。それに，いつもお金に余裕がないんだ。行きたいけど，僕は無理だと思うな」。よって，空所にはアンジェラの提案に悲観的な内容の文が入ると推測され，「僕は行けるかどうかわからないな」という内容の2が正解。

6．空所の前のアンジェラの発話は「私たちは，この学校を懐かしむと思います。もちろん先生のことも。先生も私たちのことを懐かしく思われるでしょうか？」。空所の後の文（You caused a lot …）が「君たちにはずっと悩まされ続けたよ！　君たちが私の机の引出しにゴムのヘビを入れておいたことを今でも覚えている。いやあ，怖かったよ」なので，「君たちのことを懐かしく思わないだろうな」という，からかった内容の文が入ると推測される。よって，「そこまではいかないよ」という内容の3が正解と考えられる。
7．空所を含むアンジェラの発話の前で，ロバーツ先生が，その前のピーターの「来年度，新しい生徒たちに教えるのを楽しみにしておられますか？」という内容の質問に対し，「私はそうじゃないんだ。この学校を去るのは君たちだけじゃなく，私もなんだよ」と言っている。空所の後の文が「いや，退職するんだよ。ここでやれることはすべてやり尽くした。他のことをやってみるときだよ」という内容でNoで始まっていることから，空所の文は疑問文とわかる。よって，選択肢は1か3に限られる。Noの後，I'm retiringと続いていることから，「新しい学校に移られるんですか？」という内容の3が正解。
8．「将来について一番はっきりしていないのは誰か？」
ピーターが4番目の発話（That's quite the dream …）で「2人ともすばらしい夢があるね。僕も自分の本当にやりたいことが何か，わかればいいんだけど」と言っているので，1が正解。
9．「本文の内容に合っていないのは次の文のどれか？」
1．「アンジェラには大きな夢がある」
アンジェラの5番目の発話の第3文（The money's not …）で「ファッションデザインの会社で腕を磨き，5年か10年後には自分のファッションブランドを立ち上げているかもしれない」と述べている。よって，一致する。
2．「ピーターは慈善活動をしたいと思っている」
ピーターの6番目の発話の第1・2文（Actually, I just volunteered … a few months.）で「ハビタット・フォー・ヒューマニティーというボランティア活動に参加し，数カ月間カンボジアで家を建てるのを手伝う」と述べている。よって，一致する。
3．「デイビッドの家庭は裕福ではない」
デイビッドの5番目の発話の第3文（And money's always …）で「いつも金銭的に余裕がない」と述べていることから，一致する。
4．「ロバーツ先生は評価の高い作家でもある」
ロバーツ先生の最後の発話（Well, I've always …）で「ずっと書きたいと思っていたんだ。この20年間書き続けてきた小説を仕上げようと思っているんだよ」という内容になっていることから，まだ作家ではないことがわかる。よって，一致せず，4が正解。

10.「3人の友達はどこで再会する予定か？」

ピーターがカンボジアでボランティア活動をした後，ニュージーランドに行くかもしれないと言う。するとアンジェラが，自分もクリスマスの頃にファッションショーを見にニュージーランドに行くので，3人でクリスマスをニュージーランドで過ごそうと提案する。それに対してデイビッドは金銭的な理由等で行けそうにないと言う。ピーターが彼の叔父，叔母の家に一緒に泊まればいいと勧めた後，デイビッドの6番目の発話（Well, let's decide …）で「時期がもっと近づいてから決めよう」と述べている。よって，「決まっていない」という内容の4が正解。

III　解答

(1)−1　(2)−2　(3)−1　(4)−4　(5)−3　(6)−3
(7)−1　(8)−4　(9)−2　(10)−4　(11)−2，6

◆全　訳◆

≪言語消滅の原因と影響≫

著作権の都合上，省略。

著作権の都合上，省略。

◀解　説▶

⑴下線部の前の文（Many languages are …）で「多くの言語が使用されなくなりつつあり，それらは例えばアメリカでは英語によって，メキシコではスペイン語によってなど，他の言語に取って代わられている」と述べている。下線部の後が「これらの言語は次の世紀のうちに消滅してしまう」という内容であることから，下線部は前文の内容を受けて，「多くの言語が使われなくなり，他の言語に取って代わられる状況がやまない限り」という内容と推測される。よって，1が正解と考えられる。

⑵第1段第5文（In fact, dozens of …）が「その言語を母国語とする人が1人しかいない言語が実際に何十もあり，その人が死ねばその言語は消滅してしまう」という内容で，次の第6文（For example, …）でそのような過去の言語の具体例として古代ギリシャ語とラテン語を挙げている。その後に続く第7文の空所の後が「古代ギリシャ語やラテン語は突然他の言語に取って代わられたのではなく，徐々に現代の言語に進化していった」という内容で，話が「消滅」から「進化」へと移っている。よって，前述の内容を認めつつ，対照的な事柄を導入する接続詞的な働きの副詞 Still「それでも」が入る。

⑶第2段第1文（Genocide is one …）が「ヨーロッパ人が19世紀初めに侵略してタスマニア人を虐殺した場合のように，大量虐殺は言語消滅の一因である」と述べている。それに続く第2文（At that time, …）の空所の前が「当時，計り知れないほどの言語が絶滅してしまった」と述べていることから，空所には「他の言語もまた」という意味を表す1の as well

が入る。

(4)第2段第4文（Sometimes the people…）で「人々が自分たちの言語に加えて外来者の言語を学ぶこともある」と述べ，グリーンランドのケースを挙げている。その後の第5文（But often the community…）で「しかし，地域集団が，言語のみならず，民族や文化のアイデンティティを放棄するよう強いられることがある」と述べ，下線部のThisで始まる文がそれに続き，「トルコのクルド族の場合がそうである」という内容であることから，Thisは「言語のみならず，民族や文化のアイデンティティを放棄することを強いられること」を指すとわかる。よって，4が正解。

(5)第3段第2文（The fate of a language…）で「言語は子どもたちが学ばないと，その運命は1世代で変わってしまう」と述べ，その後の第3・4文でその具体例としてアラスカエスキモーのユピック語を挙げている。その後のIn other casesで始まる第5文で「言語が徐々に衰退する場合もある」と述べ，モホーク語を例に挙げている。よって，第3段のトピックセンテンスと考えられる第1文は「言語消滅は急に起こる場合と徐々に起こる場合がある」という内容になると考えられることから，3が正解。

(6)第1段最終文の前半で「古代ギリシャ語は徐々に現代ギリシャ語に進化していった」と述べており，現代ギリシャ語は消滅していないことがわかる。第3段第5文（In other cases, …）から，モホーク語は2世紀以上にわたって徐々に衰退していることがわかる。第1段最終文の後半で「ラテン語は徐々に現代のイタリア語，スペイン語，フランス語，ルーマニア語等に進化した」と述べている。第3段第3・4文（For example, in some … speak only English.）で「アラスカのユピック・エスキモー族の集団では，わずか20年前はすべての子どもがユピック語を話していたが，今日では英語しか話さない」と述べている。よって，3が正解。

(7)第3段第6文（Most linguists agree…），第8文（Some linguists believe…）で「ほとんどの言語学者は現在，世界に5千をゆうに超える言語があると考えているが，1世紀後にはその数が半減するとみる学者もいれば，数百にまで激減すると予測する学者もいる」と述べている。よって，1が正解。

(8)第4段第1文（When a community loses…）で「社会がその言語を失うと，しばしば文化的アイデンティティの多くも同時に失ってしまう」と述べた後，第4～8文（But language is … more powerful group.）が「言語は集団のアイデンティティの象徴で，生活文化の多くの事柄が言語を通して行われる。したがって，言語を失ってしまった状態でそうした文化資産を維持しようとすれば，一から作り直さなければならず，文化や伝統を失い，有力な集団の文化に取って代わられてしまうことが多い」という内容になっている。下線部はそれに続いていることから，「言語を失うことは文化的・社会的資産を失うことにつながる」という内容を表すと考えられ，4が正解。

⑼第5段第4文（By studying what …）で「世界の言語が共有するものを研究することにより，言語で可能なことと不可能なことを見つけることができる」と述べた後，その後の第5・6文が「それにより人間の知性の働きや，子どもたちがどのようにして言語という複雑な体系を素早く容易に学べるのかを知ることができる。したがって，研究する言語の数が少なければ，人間の知性についてわかることが減ってしまう」という内容になっている。よって，2が正解。

⑽第5段最終文（The fewer languages …）で「研究対象の言語が少なくなるほど，人間の知性についてわかることがより少なくなる」と述べている。したがって，「人間の言語の消失はまた，言語学者が人間の思考について知ることができる事柄を大きく制限してしまう」となる4が正解。

⑾1．第2段第3文（Far more often, …）で「社会集団がより強大な集団に併合されるときに言語が消滅する」と述べている。

2．第4段第1文（When a community …）で「社会集団が言語を失うと，文化的アイデンティティの多くも同時に失ってしまう」と述べており，言語を失うことは社会的，文化的誇りを失うことにつながると考えられる。しかし，言語に誇りを持てなくなることが言語消滅を招くといった内容のことは述べられていない。

3．第2段第1文（Genocide is one cause …）で「ヨーロッパ人が侵略してタスマニア人を虐殺したケースのように，大量虐殺が言語の消滅を引き起こすことがある」と述べている。

4．第1段最終文で「古代ギリシャ語は徐々に現代ギリシャ語に進化した」と述べている。

5．第1段第5文（In fact, dozens …）で「今日，その言語を母国語とする人が１人しか存在しない言語が何十とあり，その人が死ねばその言語は絶えてしまう」と述べている。

6．書き言葉については言及されていない。

Ⅳ 解答

(1)―２　(2)―３　(3)―２　(4)―４　(5)―２　(6)―３
(7)―１　(8)―２　(9)―２　(10)―２，５

◆全　訳◆

≪分割睡眠について≫

人口の約３分の１が，一晩中ずっと通して睡眠を維持するのが難しい，ということを含む睡眠の問題を抱えている。夜間に目が覚めることはそれを経験している大半の人にとって苦痛だが，この２つに分かれた睡眠の間に生じる覚醒時間はごく普通だったことが，現代にかなり近い過去の資料から明らかになっている。目が覚めているこの時間に，人々はくつろいだり，見た夢について考えたりした。なかには縫物，薪割り，読書などの活動を行った人もいた。

ヨーロッパでは産業革命以前，２回の睡眠時間が普通と考えられていたことを示す証拠を研究者たちは見つけた。人々は今日のように決まった時間にではなく，１日の仕事が終わると床に就いた。歴史家の A. Roger Ekirch は，その著書『日暮れが昔は夜』の中で，当時の家庭では日暮れ頃に床に就いて２，３時間眠った後，数時間目を覚まし，その後また２回目の眠りに就いて夜明けまで眠ったと述べている。

Ekirch は，最初と２回目の睡眠についての言及が17世紀の終わりになくなり始めたことを知った。これ（分割睡眠の慣習の消滅）は北ヨーロッパの上流階級で始まり，その後200年かけて残りの西洋社会に浸透したと考えられている。

興味深いことに，不眠症が19世紀の終わりに文献に現れ始めるのと，分割睡眠についての記述が消え始めるのが時期的に重なっている。ゆえに，現代社会は人々に毎晩連続的で安定した睡眠をとるように不要な圧力をかけているのかもしれない。

今日でも，１日に２回の睡眠時間を維持している文化は多くある。それは，我々の体内時計がそのようなスケジュールに適していて，午後の早い時間は注意力が低下するからかもしれない。

1990年代の初めに，精神科医のThomas Wehrがある実験を行った。その実験で，彼は1つの集団の人々を照光時間の短い環境に置いた。つまり，1日の暗い時間が一般的な8時間ではなく14時間という環境に彼らを置き，それを1カ月間続けた。彼らの睡眠が一定の型になるまでにいくらか時間がかかったが，4週目までには2段階睡眠のパターンがはっきりと表れた。彼らは最初に4時間眠った後，1時間から3時間目を覚まし，それからまた2回目の4時間の眠りに入った。この発見は，「2段階」睡眠が生物学的な根拠に基づいた自然な作用であるという考え方を支持するものである。

今日の社会はしばしばこの種の柔軟性を許さず，我々は現代の睡眠／覚醒状態のスケジュールに従わざるを得ない。7時間から9時間連続して眠ることが爽快感を覚えるのに多分一番よい睡眠だ，と一般的に考えられている。

分割睡眠スケジュールの主な利点は，仕事の時間と家庭の時間に柔軟性をもてることだ（ただし，柔軟性がもてる環境の場合）。また，分割睡眠をとると，1日に2回，活動力，創造力，注意力が高まるので，時間の経過につれて次第に眠気が増して生産力が低下する，長い覚醒時間を一度もつスケジュールではなく，この分割睡眠のスケジュールを取り入れている現代社会人もいる。

これの裏付けとして，昼寝が注意力を高め，気分をよくし，記憶や学習に有効であることを示す証拠が増えている。不眠症などの睡眠障害は，体がもともと分割睡眠を好むことに根ざしていると考える人もいる。したがって，人によっては分割睡眠のスケジュールがより自然なリズムなのかもしれない。

24時間あたりの睡眠時間をきちんと維持した状態での工場における分割シフトスケジュールは，睡眠，作業，安全の面で有効かもしれない。いくつかの最近の研究は，24時間あたりの合計睡眠時間が維持された場合（24時間あたりの合計睡眠時間が約7時間から8時間），1回の長い睡眠に比べて分割睡眠のほうが作業面で利点があることを明らかにしている。

しかしながら，予想されるように，起床時間と仕事の開始時間が早朝の場合，作業と安全面においてやはり悪影響が生じるかもしれない。そのような分割睡眠スケジュールが果たして健康面で有益か，あるいは慢性疾患のリスクを下げるかどうかはまだわからない。

我々はひとつにまとまった睡眠をとることを目指すが，それはすべての人の体内時計や仕事のスケジュールに向いているとは言えないのかもしれない。実際のところ，産業革命以前の先祖たちが行っていた二峰性の睡眠パターンに戻るほうが，現代の産業構造の下ではうまくいくのかもしれない。

◀解　説▶

(1)第1段第1文（Around a third …）で「夜間ずっと通して睡眠を維持するのが難しいという悩みを含め，睡眠の問題を抱えている人は全人口の約3分の1に及ぶ」と述べ，第2文（While night time …）のはじめで「夜間の目覚めは，それを経験しているほとんどの人にとって悩みの種だ」と述べている。したがって，下線部を含む this period of wakefulness occurring between two separate sleep periods「この2つに分かれた睡眠の間に生じる覚醒の時間」とは，夜間の睡眠中に目が覚めて，再び眠りに入るまでの時間を指すとわかり，2が正解。

(2)第2段第1文（Researchers have found …）で「ヨーロッパでは産業革命以前，2回の睡眠時間が普通と考えられていたことを示す証拠を研究者たちは見つけた」と述べている。下線部の後に to the first and second sleep がある。下線部の references は動詞 refer の名詞形。refer は後に前置詞 to を伴い refer to ～ の形で「～について言及する」という意味を表す。したがって，名詞形の reference は reference to ～ の形で「～に関する言及（物）」という意味になる。よって，下線部は「1回目の睡眠と2回目の睡眠に関して言及した物」という意味になり，3が正解。

(3)第2段第1文 Researchers have found evidence の evidence と第3段第1文 Ekirch found references … の references はほぼ同意で，2回の睡眠が存在したと判断できる根拠となる記述物等を指すと推測できる。下線部を含む文の最後に accounts of split sleep start to disappear がある。これを第3段第1文（Ekirch found …）の references to the first and second sleep began to disappear と比較すると，split sleep と the first and second sleep が，start to disappear と began to disappear が，それぞれ同意であることから，accounts と references も同意と推測でき，accounts of split sleep start to disappear は「分割睡眠についての記述物

が消え始める」という意味になると考えられる。下線部の literature の前の the appearance of insomnia に着目する。appearance は appear の名詞形で，disappear は appear の反意語である。したがって，literature も accounts と同じく「記述物」を表し，この文は「記述物に不眠症が現れたのと記述物から分割睡眠が消えたのが同じ時期だった」という内容と考えられる。よって，2の「文献」が正解。

(4)空所の前が the period と「時」を表す語で，後が SV の構造になっていることから，先行詞 the period に続く関係副詞の when は可能。また，前置詞＋関係代名詞の in which も可能。先行詞が age など「一定の期間を表す」語の場合に関係副詞の where が用いられることがある。空所の前が the period「いくらかの期間」であることから where も可能。what はそれ自体の中に先行詞の要素を含む関係代名詞で不可能。よって，4が正解。

(5)第5段第1文（To this day, …）で「今日でも，1日に2回の睡眠時間を維持している文化は多くある」と述べている。その後に下線部が続き，下線部の後が「午後の早い時間に注意力が落ちる」という内容なので，下線部を含む前の部分は「これは我々の体内時計がそうしたシステムに合っているからである」という意味になると推測される。よって，「～に適している」という意味の2の is suitable for が正解。lend *oneself* to～「～に適している」

(6)空所の前に It took some time が，後に their sleep to regulate があることから，It takes *B* for *A* to *do*「*A*（人・物）が～するのに *B*（時間）がかかる」の文構造と考えられ，3の for が入る。

(7)第6段第2文（It took some time …）の but 以下で「4週目までには2段階睡眠のパターンがはっきり表れた」と述べ，次の第3文（They slept first …）で「彼らは最初に4時間眠った後，1時間から3時間目を覚まし，それからまた2回目の4時間の睡眠に入った」と述べている。よって，その後の空所の文は「この発見は，2段階睡眠が生物学的な根拠に基づいた自然な作用であるという考えを支持する」という意味になると推測でき，1の supports が入る。

(8)下線部を含む文は「分割睡眠スケジュールの主な利点は，仕事の時間と家庭の時間に柔軟性をもてること」という内容である。続く文（Some individuals…）で「分割睡眠は1日に2回，活動力，創造力，注意力を高めるので，このタイプの睡眠を取り入れている現代社会人もいる」と述べている。よって，2が正解。

(9)空所の直前の文に「分割睡眠をとるスケジュールの場合は，1日に2回，活動力や創造力や注意力が高まるが，長い覚醒時間を1回もつスケジュールにすると，時間の経過につれて次第に眠気が増して生産力が低下する」という内容が書かれている。空所の直後の文には「昼寝が注意力を高め，気分をよくし，記憶や学習に有効であることを示す証拠が増えている」という内容が書かれている。したがって，この2文をつなぐには2の In support of this「これの裏づけとして」が最も適切。

(10)1．第10段第2文（A number of…）で「1日の合計睡眠時間が約7時間から8時間とれるなら，1回の通した睡眠より分割睡眠のほうがよい」と述べていることから明らかなように，本文は2つの睡眠パターンを比較したときの利点に焦点を当てており，1回の睡眠が体に悪いといった記述はない。

2．第3段で「分割睡眠の慣習の消滅は17世紀の終わりに北ヨーロッパの上流階級で始まり，200年かかって残りの西洋社会に浸透していった」と述べている。よって，本文の記述に一致する。

3．第5段第1文（To this day, …）で「今日でも，1日に2回の睡眠時間を維持している文化は多くある」と述べている。よって，本文と一致しない。

4．第6段第1文（In the early 1990s, …）で「Thomas Wehr は1つの集団の人々を暗闇の中に1日に8時間ではなく14時間置く実験を1カ月間行った」と述べている。よって，本文と一致しない。

5．第9段第1文（(　9　), there is…）で「昼寝は注意力や気分を高め，記憶や学習にとても有効であることを示す証拠が増えている」と述べている。よって，本文に一致する。

6．第4段第1文（Interestingly, …）で「不眠症が文献に現れ始めたのは，分割睡眠についての記述が消え始めた時期である」と述べている。また，第9段第2文（Some believe sleep…）で「不眠症などの睡眠障害は，体がもともと分割睡眠を好むことに根ざしていると考える人がいる」と述べている。よって，本文と一致しない。

V 解答

(1)―4 (2)―1 (3)―1 (4)―1 (5)―4 (6)―4
(7)―1 (8)―3 (9)―2 (10)―1 (11)―4，6

◆全 訳◆

≪正義の鐘と馬の物語≫

昔，イタリアの小さな町の王様が大きくて立派な鐘を買って，それを市場の塔に吊るさせた。ほとんど地面まで届く長いロープがその鐘につけられ，小さな子どもでもそのロープを引っ張って鐘を鳴らすことができた。

「それは正義の鐘だ」と王様は言い，「民よ，この美しい鐘が見えるか。それはお前たちの鐘だ。しかし，困ったときしかそれを鳴らしてはいけない。不当な扱いを受けた者は，誰でも，いつでも来て，鐘を鳴らしてよい。そうすれば判事たちが直ちに集まって苦情や不満を聞き，正義をなす。富める者，貧しい者，老人，若者，誰でも来てよい。しかし，不当に扱われたと確信できない限り，誰もロープに触れてはいけない」と伝えた。

多くの年月が過ぎ，その間に市場の鐘は何度も鳴って，判事たちを呼んだ。ロープはついに擦り切れてとても短くなり，背の高い者しか手が届かなくなった。「これではどうしようもない。子どもたちは鐘に届かず，公平ではない」とある日判事たちが言った。

「私にそれを直させてください」と，傍に立っていた一人の男が言った。彼はそこからほど近い自分の庭へ走って行き，間もなく１本の長いブドウの蔓を手に持って戻ってきた。「これがロープの代わりになります」と言って，彼は登って行き，鐘にそれをつないだ。蔓は地面に届いた。「なるほど，とても立派なロープだ」と判事たちは言った。

さて，村の上のほうにある丘に，かつては勇敢な騎士だった男が住んでいた。若い頃，彼は幾多の土地へ行き，幾多の戦場で戦った。その間ずっと彼の最良の友だったのは，勇敢で優秀な彼の馬だった。

しかし，その騎士は年をとると金のことしか考えなくなり，今は守銭奴になっていた。ついに彼は馬以外の所有物をすべて売り払い，そして丘の斜面の小さな小屋に住んだ。毎日，彼は金の入った袋に囲まれて，さらに金を増やす方法を考えていた。一方，馬は毎日，半ば餓死状態で寒さに震えながら外に立っていた。

ある朝，男はこうつぶやいた。「あんな怠け者の馬を飼っていても仕方がない。あいつの価値より，飼うのにかかる費用のほうが毎週高くつく。

あいつを手放してしまおう。あいつは自分で何とかやっていくだろう。万一飢え死にしても，そのほうがかえってよい」 こうして，勇敢な老馬は追い払われてしまった。

ある暑い日の午後，馬は市場に迷い込んだ。すると，正義の鐘から垂れているブドウの蔓が目に入った。蔓が鐘につけられてから長く経っていなかったので，蔓の葉はまだみずみずしい緑色をしていた。飢えている馬にとってそれはごちそうだった！　馬はやせ細った首を伸ばし，見ただけでよだれが出るその葉を1枚口に入れた。葉はなかなか離れず，馬は力を入れて引っ張った。すると，上で大きな鐘が鳴り出した。

それを聞いた判事たちが鐘のところへやって来た。すると，馬が蔓の葉を食べているのが目に入った。「あれはあの守銭奴の馬だ。馬は正義を求めてやって来たんだ。誰もが知っているように，主人が恥知らずなひどい扱いをしたからな」と判事の一人が言った。

「守銭奴をここに連れて来なさい」と判事たちは口をそろえて言った。そして守銭奴が来ると，起立して判決を聞くようにと判事たちは言った。

「この馬は長年お前に尽くした。馬は何度もお前を救った。お前が金持ちになるのを助けた。したがって，我々は以下のことを命じる。お前の金すべての半分で，馬の食べ物と住む場所，すなわち，馬がそこで草を食べられるような緑の牧草地と，老齢の体を労り休める暖かい住処を買ってやるように」と判事たちは言った。

守銭奴はうなだれて，大金を失うことに憤った。しかし人々は喜びの叫び声を上げた。そして馬は，自分にふさわしい幸せな余生を送った。

◀解　説▶

(1)「正義の鐘は王様の…のしるしである」

第2段第4文（If any one of you …）以下で「もし不当な扱いを受けたなら，貧富や老若を問わず，誰でもいつでも来て，この鐘を鳴らしてよい。そうすれば，判事が直ちに事情を聞き，正当な裁きをする，と王様が言った」と述べている。よって，4の「民主的な姿勢」が正解。

(2)「人々は…に鐘を鳴らすことを許された」

第2段第5文（Rich and poor, …）の but 以下で「不当に扱われたと確信できない限り，誰も鐘のロープに触れてはならない」と述べている。よって，1の「必要なときのみ」が正解。

⑶「This will never do という表現の意味を最もよく表しているのは次のどれか？」
下線部の文の後の２文で「子どもたちは鐘に届かないので不公平だ」と述べている。よって，１の「うまく機能しない」が入り，「これではもはやうまく機能しない」という意味になる。work は自動詞で「機能する」という意味。
⑷「miser という語の意味を最もよく表しているのは次のどれか？」
下線部の語の前で「騎士は金のことしか考えなかった」と述べ，下線部の語の後の２文で「ついに彼は馬以外の所有物をすべて売り払い，金の入った袋に囲まれて，さらに金を増やすことだけ考えていた。一方，馬は餌を与えられず，腹を空かして寒さに震えながら立っていた」という内容を述べている。よって，１の「金が大好きで，金を使うことを嫌う人」が正しい。
⑸「so much the better という表現の意味として不適切なものは次のどれか？」
第７段第１～３文（“What is the use … care of himself.）で「あんな怠け者の馬を飼っていても仕方がない。あいつの価値より毎週の餌代のほうが高くつく。いっそ手放してしまおう。あいつは自分で何とかやっていくだろう」と述べている。下線部の文はそれに続き，下線部の前が「もし餓死すれば」となっているので，下線部は「なおさらよい」という意味になると推測できる。よって，４の「馬が餓死することは，戦場で死ぬことよりも想像しやすい」が文意に合わない。１．「馬が餓死することは，馬に金がかかることよりよい」 ２．「馬が餓死すれば，金が多くたまる」 ３．「馬が餓死することは，生きていることよりさらに望ましい」
⑹「馬を正義の鐘へ誘ったのは何か？」
第８段で「ある暑い日の午後，馬が市場へ迷い込むと，正義の鐘からブドウの蔓が垂れているのが見えた。ブドウの蔓の葉はまだ新鮮な緑色をしていた。飢えている馬にとっては何よりのご馳走で，首を伸ばして１枚口に入れた」と述べている。よって，「ひどい空腹」という意味の４が正解。
⑺「判事たちは守銭奴の…を強調した」
第11段第１～３文（“The horse served … to become rich.）に「馬はお前に何年間も尽くし，お前を何度も救い，お前が金持ちになるのを手助け

した」，また第9段第2文（"It is the …）後半に，「主人が馬に恥知らずなひどい扱いをした」と書かれている。よって，1の「馬に対する感謝の気持ちのなさ」が正解。

(8)「判決に対する人々の反応を最もよく表しているのは次のどれか？」

最終段後半に「しかし人々は喜びの叫び声を上げた」とあるので，3の「大賛成」が正解。

(9)「判決を聞いた後，馬の持ち主は…」

最終段に「守銭奴はうなだれて，大金を失うことに憤った」とある。よって，2の「怒ったが，その判決に従った」が適切。

(10)「下線部の the happy life he deserved の意味として最も適切なものは次のどれか？」

第11段第1～3文（"The horse served … to become rich.）に「馬はお前に長年尽くして，お前を何度も救い，お前が金持ちになるのを手助けした」と述べている。よって，下線部の「この馬にふさわしい幸せな生活」の意味として最も適切なのは1の「忠誠心に対する当然のご褒美」である。

(11)「本文の内容に合う文を2つ選べ」

1．「町で犯罪が多発するため，王様は民衆の安全を気遣った」

第2段で王様は民衆に「その鐘は正義の鐘で，不当な扱いを受けた者は誰でも，いつでもその鐘を鳴らしてよい。そうすれば判事たちが事情を聞き，事を正す」と述べており，「町で犯罪が多発し，民の安全を案じて鐘を市場に吊るした」という記述はない。よって，一致しない。

2．「ブドウの蔓が鐘のロープとして使われたのは，子どもたちや動物の目を引くからである」

第3段で「長年のうちにロープは擦り切れて短くなり，背の高い者しか手が届かなくなった」と述べ，第4段で「判事たちが最初のロープが役に立たなくなったと話しているのを耳にした男が，自分にそれを直させてくれと言って，自分の庭から1本のブドウの蔓を持ってきて鐘にそれをつけると，判事たちはそれに満足した」と述べている。よって，ブドウの蔓は子どもたちや動物の目を引くから使われたという記述はなく，一致しない。

3．「正義の鐘を設置することを王様に提案したのは判事の一人だった」

第1段第1文（A long time ago, …）で「王様が大きくて立派な鐘を買い，それを市場の塔に吊るさせた」と述べ，第2段で王様自身が民衆にその鐘の目的，使い方を語っている。よって，鐘は王様自身の考えで設置されたと考えられ，一致しない。

4．「町の判事たちは，馬が残忍な持ち主に不当な扱いを受けていることを知っていた」

第9段第2文（“It is the miser's horse,” …）で「馬は守銭奴の主人から不当な扱いを受けているので正義を求めて鐘を鳴らしたのだ，と判事の一人が言った」と述べ，第11段（“The horse served …）で，判事たちは守銭奴に，持っている金の半分で馬にこれまでの献身的な働きに見合った待遇をすることを命じている。よって，一致する。

5．「馬は持ち主が騎士として戦ったときには尽くしたが，戦いが終わると忠誠ではなくなった」

第11段第1～3文（“The horse served … to become rich.）で「この馬は長年お前に尽くし，何度もお前を救い，お前が金持ちになるのを手助けした」と述べている。よって，騎士として戦った後も持ち主に尽くしたことがわかり，一致しない。

6．「判事たちは，馬が正義の鐘のところに来て鐘を鳴らした理由を誤解しているようだった」

第8段から，馬は飢えていて，鐘に吊るされたブドウの蔓の葉を食べようとして引っ張ったところ鐘が鳴ったことがわかる。第9～11段から，判事たちは馬が持ち主の不当な扱いに耐え切れず，正義を求めて鐘を鳴らしたと思ったことがわかる。よって，判事たちは馬が鐘を鳴らした理由を誤解しており，一致する。

数学

1

解答　［1］ア．3　イウ．10　エ．2　オ．3　カ．5
［2］キク．−4　ケコ．24
［3］サ．7　シ．3　スセ．20　ソタ．27　［4］チ．5　ツ．3　テ．2
［5］ト．1　ナ．3　ニ．9　ヌネ．10　［6］ノハ．60

◀解　説▶

≪小問6問≫

［1］　成分を用いて計算すると，$t\vec{a}-3\vec{b}=(t-6,\ 3t-3)$ より

$$\begin{aligned}|t\vec{a}-3\vec{b}|&=\sqrt{(t-6)^2+(3t-3)^2}\\&=\sqrt{(t^2-12t+36)+9(t^2-2t+1)}\\&=\sqrt{10t^2-30t+45}\\&=\sqrt{10(t^2-3t)+45}\\&=\sqrt{10\left(t-\frac{3}{2}\right)^2+\frac{45}{2}}\quad(0\leqq t\leqq 2)\end{aligned}$$

であるから，最小値は $t=\dfrac{3}{2}$ のとき　$\sqrt{\dfrac{45}{2}}=\dfrac{3\sqrt{5}}{\sqrt{2}}=\dfrac{3\sqrt{10}}{2}$　→ア～エ

最大値は $t=0$ のとき　$\sqrt{45}=3\sqrt{5}$　→オカ

［2］　$\log_5(x+5)^5=0$ について，真数は正であるから，$(x+5)^5>0$ なので

$x+5>0$　すなわち　$x>-5$

このとき

$\log_5(x+5)^5=0$

$5\log_5(x+5)=0$　　$\log_5(x+5)=0$

$x+5=5^0$　　$x=1-5$

$x=-4$　（これは $x>-5$ を満たす）　→キク

$\log_3\sqrt[3]{y+3}=1$ について，真数は正であるから，$\sqrt[3]{y+3}>0$ なので

$y+3>0$　すなわち　$y>-3$

このとき

$\log_3\sqrt[3]{y+3}=1$

$\dfrac{1}{3}\log_3(y+3)=1\qquad\log_3(y+3)=3$

$y+3=3^3\qquad y=27-3$

$y=24$　（これは $y>-3$ を満たす）　→ケコ

［3］　3次方程式の解と係数の関係から

$$\begin{cases}2\sin\theta+3\cos2\theta-\dfrac{5}{3}=-\dfrac{0}{1} & \cdots\cdots①\\[2mm] 2\sin\theta\cdot3\cos2\theta+3\cos2\theta\cdot\left(-\dfrac{5}{3}\right)+\left(-\dfrac{5}{3}\right)\cdot2\sin\theta=\dfrac{-a}{1} & \cdots\cdots②\\[2mm] 2\sin\theta\cdot3\cos2\theta\cdot\left(-\dfrac{5}{3}\right)=-\dfrac{b}{1} & \cdots\cdots③\end{cases}$$

が成り立つ。①より

$$2\sin\theta+3(1-2\sin^2\theta)-\frac{5}{3}=0$$

$$2\sin\theta+3-6\sin^2\theta-\frac{5}{3}=0$$

$$6\sin\theta-18\sin^2\theta+4=0$$

$$9\sin^2\theta-3\sin\theta-2=0$$

$$(3\sin\theta+1)(3\sin\theta-2)=0$$

$$\sin\theta=-\frac{1}{3},\ \frac{2}{3}$$

$\sin\theta=-\dfrac{1}{3}$ のとき　　$2\sin\theta=-\dfrac{2}{3},\ 3\cos2\theta=3\left(1-2\cdot\dfrac{1}{9}\right)=\dfrac{7}{3}$

$\sin\theta=\dfrac{2}{3}$ のとき　　$2\sin\theta=\dfrac{4}{3},\ 3\cos2\theta=3\left(1-2\cdot\dfrac{4}{9}\right)=\dfrac{1}{3}$

なので，3つの解の候補は $\left(-\dfrac{2}{3},\ \dfrac{7}{3},\ -\dfrac{5}{3}\right)$ または $\left(\dfrac{4}{3},\ \dfrac{1}{3},\ -\dfrac{5}{3}\right)$ である。

$b>0$ であることと③より，3つの解の積 $-b$ は負の値となるので，3つの解は $\left(\dfrac{4}{3},\ \dfrac{1}{3},\ -\dfrac{5}{3}\right)$ である。

このとき，②より

$$a=-\left\{\frac{4}{3}\cdot\frac{1}{3}+\frac{1}{3}\cdot\left(-\frac{5}{3}\right)+\left(-\frac{5}{3}\right)\cdot\frac{4}{3}\right\}$$

$$=\frac{25-4}{9}$$

$$=\frac{7}{3}$$ →サシ

③より

$$b=-\frac{4}{3}\cdot\frac{1}{3}\cdot\left(-\frac{5}{3}\right)$$

$$=\frac{20}{27}$$ →ス～タ

［4］ $|\overrightarrow{\mathrm{OA}}|=\sqrt{5^2+5^2+0^2}=5\sqrt{2}$，$|\overrightarrow{\mathrm{OB}}|=\sqrt{2^2+1^2+(-1)^2}=\sqrt{6}$，$\overrightarrow{\mathrm{OA}}\cdot\overrightarrow{\mathrm{OB}}=5\cdot2+5\cdot1+0\cdot(-1)=15$ であるから，求める △OAB の面積 S は

$$S=\frac{1}{2}\sqrt{|\overrightarrow{\mathrm{OA}}|^2\cdot|\overrightarrow{\mathrm{OB}}|^2-(\overrightarrow{\mathrm{OA}}\cdot\overrightarrow{\mathrm{OB}})^2}$$

$$=\frac{1}{2}\sqrt{50\cdot6-15^2}$$

$$=\frac{1}{2}\sqrt{300-225}$$

$$=\frac{\sqrt{75}}{2}$$

$$=\frac{5\sqrt{3}}{2}$$ →チ～テ

別解　B から xy 平面に下ろした垂線が xy 平面と交わる点を H とすると，H の座標は $(2,\ 1,\ 0)$ である。
直線 OA の方程式は $y=x$ かつ $z=0$ であるから，H から xy 平面上における直線 OA へ下ろした垂線と直線 OA の交点を I とすると，$\mathrm{HI}=\frac{|2-1+0|}{\sqrt{1^2+1^2}}=\frac{\sqrt{2}}{2}$ である。

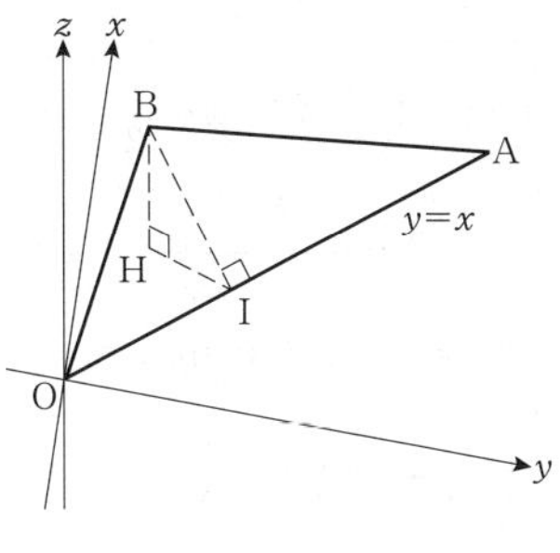

△BHI に三平方の定理を用いると，$\mathrm{BI}=\sqrt{\mathrm{BH}^2+\mathrm{HI}^2}=\sqrt{\frac{3}{2}}=\frac{\sqrt{6}}{2}$ である。

よって，求める△OABの面積 S は

$$S=\frac{1}{2}\mathrm{OA}\cdot\mathrm{BI}=\frac{1}{2}\cdot5\sqrt{2}\cdot\frac{\sqrt{6}}{2}=\frac{5\sqrt{3}}{2}$$

［5］ $f(x)=ax^3+bx^2+cx+1$ を $f'(x)=3ax^2+2bx+c$ で割った商を $px+q$ とおくと，$f(x)$ は $f'(x)$ で割り切れるので

$$ax^3+bx^2+cx+1=(3ax^2+2bx+c)(px+q)\quad\cdots\cdots(*)$$

$(*)$の右辺を展開すると

$$(3ax^2+2bx+c)(px+q)$$
$$=3apx^3+(3aq+2bp)x^2+(2bq+pc)x+cq$$

であるから，$(*)$の左辺と右辺の各項の係数を比較して

$$\begin{cases} a=3ap & \cdots\cdots① \\ b=3aq+2bp & \cdots\cdots② \\ c=2bq+pc & \cdots\cdots③ \\ 1=cq & \cdots\cdots④ \end{cases}$$

①かつ $a\neq0$ より　　$p=\dfrac{1}{3}$

これを②に代入して　　$b=3aq+\dfrac{2}{3}b$

$$3aq=\frac{1}{3}b\qquad q=\frac{b}{9a}$$

よって　　$\dfrac{f(x)}{f'(x)}=\dfrac{1}{3}x+\dfrac{b}{9a}$　→ト～ニ

また，③，④に $p=\dfrac{1}{3}$，$q=\dfrac{b}{9a}$ を代入して

$$c=\frac{2b^2}{9a}+\frac{1}{3}c\quad\cdots\cdots③',\ 1=\frac{bc}{9a}\quad\cdots\cdots④'$$

とする。④′より $9a=bc$ を③′に代入して

$$c=\frac{2b}{c}+\frac{1}{3}c\quad(\because\ ④'\text{より } b\neq0,\ c\neq0)$$

$$\frac{2}{3}c=\frac{2b}{c}$$

$$b=\frac{1}{3}c^2$$

これを $9a=bc$ に代入して，$9a=\frac{1}{3}c^3$ より $a=\frac{1}{27}c^3$ である。

よって　　$f(x)=\frac{1}{27}c^3x^3+\frac{1}{3}c^2x^2+cx+1=\left(\frac{1}{3}cx+1\right)^3$

$f(c)=1331=11^3$ より　　$\left(\frac{c^2}{3}+1\right)^3=11^3$

$\frac{c^2}{3}+1=t$ とすると　　$t^3=11^3$

$$(t-11)(t^2+11t+121)=0$$

t は実数であるから　　$t=11$

よって

$$\frac{c^2}{3}+1=11$$

$$\frac{c^2}{3}=10$$

$b=\frac{1}{3}c^2$ より　　$b=10$　→ヌネ

［6］　求める道のり l は

$$\begin{aligned} l&=\int_0^6|12-6t|dt \\ &=\int_0^2(12-6t)dt+\int_2^6(6t-12)dt \\ &=\Big[12t-3t^2\Big]_0^2+\Big[3t^2-12t\Big]_2^6 \\ &=12-0+(108-72)-(12-24) \\ &=12+36+12 \\ &=60 \end{aligned}$$

→ノハ

2　解答

［1］アイ．15　ウエ．40　オカ．12　キク．30　ケコ．45

［2］サシ．−4　スセ．70　ソタ．17　チツ．32

◀解　説▶

≪小問2問≫

［1］　北海道に行ったことがある生徒の集合を A，沖縄県に行ったこと

がある生徒の集合を B とする。$n(A)=x$, $n(B)=y$, $n(A\cap B)=z$ とすると

$x\geqq 0$　……①

$y\geqq 0$　……②

$z\geqq 0$　……③

が成立する。

北海道に行ったことがある生徒の人数は，沖縄県に行ったことがある生徒の人数以上なので　　$x\geqq y$　……④

沖縄県に行ったことがある生徒の人数は，北海道に行ったことがある生徒の人数の半分以上なので　　$y\geqq\frac{1}{2}x$　……⑤

z はどちらにも行ったことがある生徒の人数なので，$x\geqq z$ かつ $y\geqq z$ と④より　　$y\geqq z$　……⑥

また，調査対象の人数が 60 人なので

$$n(A\cup B)+n(\overline{A\cup B})=60$$

$$\{n(A)+n(B)-n(A\cap B)\}+n(\overline{A\cap B})=60$$

$$(x+y-z)+3z=60$$

$$x+y+2z=60 \quad \cdots\cdots ⑦$$

が成立する。⑦に③，⑤を順に用いると

$$60=x+y+2z$$

$$\geqq x+y\geqq x+\frac{1}{2}x=\frac{3}{2}x$$

よって　　$60\geqq\frac{3}{2}x$

これを整理して　　$40\geqq x$

⑦に⑥，④を順に用いると

$$60=x+y+2z$$

$$\leqq x+y+2y=x+3y\leqq x+3x=4x$$

よって　　$60\leqq 4x$

これを整理して　　$15\leqq x$

ゆえに，x の取りうる値の範囲は　　$15\leqq x\leqq 40$　→ア～エ

⑦に③，④を順に用いると

$$60=x+y+2z$$
$$\geqq x+y \geqq y+y=2y$$

よって　　$60 \geqq 2y$

これを整理して　　$30 \geqq y$

⑦に⑥，⑤を順に用いると

$$60=x+y+2z$$
$$\leqq x+y+2y=x+3y \leqq 2y+3y=5y$$

よって　　$60 \leqq 5y$

これを整理して　　$12 \leqq y$

ゆえに，y の取りうる値の範囲は　　$12 \leqq y \leqq 30$　→オ～ク

⑦に④，⑥を順に用いると

$$60=x+y+2z$$
$$\geqq y+y+2z=2y+2z \geqq 2z+2z=4z$$

よって　　$60 \geqq 4z$

これを整理して　　$15 \geqq z$

ゆえに，北海道と沖縄県のどちらにも行ったことがない生徒の人数 $3z$ の最大値は　　45　→ケコ

［2］ $S_n=2n(34-n)$ $(n=1,\ 2,\ 3,\ \cdots)$ であるから，$n \geqq 2$ のとき

$$a_n=S_n-S_{n-1}$$
$$=68n-2n^2-\{68(n-1)-2(n-1)^2\}$$
$$=68n-2n^2-(68n-68-2n^2+4n-2)$$
$$=-4n+70$$

$n=1$ のとき，$a_1=S_1$ より

$$a_1=2 \cdot 1 \cdot (34-1)$$
$$=2 \cdot 33$$
$$=66$$

これは $a_n=-4n+70$ に $n=1$ を代入した値と一致する。

よって　　$a_n=-4n+70$　$(n=1,\ 2,\ 3,\ \cdots)$　→サ～セ

S_n と T_n の増加・減少について考える。

$a_n \geqq 0$ である範囲の n に対しては，n が増加すると S_n，T_n はどちらも増加する。

$a_n<0$ である範囲の n に対しては，n が増加すると S_n は減少し，T_n は増加する。

よって，$S_n=T_n$ となる n の範囲は，$a_n\geqq 0$ である n の範囲より

$$-4n+70\geqq 0 \qquad n\leqq\frac{35}{2}=17.5$$

ゆえに，$S_n=T_n$ となる最大の整数 n の値は　　17　→ソタ

$T_n-S_n=900$ となる n の値について，$a_n\geqq 0$ である n に対しては $T_n-S_n=0$ であるから，$a_n<0$ となる範囲の $n\geqq 18$ を前提として考える。

$n\geqq 18$ では $S_n=\sum_{k=1}^{n}(-4k+70)$，$T_n=\sum_{k=1}^{17}(-4k+70)+\sum_{k=18}^{n}\{-(-4k+70)\}$

であるから

$$\begin{aligned}T_n-S_n&=\left[\sum_{k=1}^{17}(-4k+70)+\sum_{k=18}^{n}\{-(-4k+70)\}\right]\\&\qquad-\left\{\sum_{k=1}^{17}(-4k+70)+\sum_{k=18}^{n}(-4k+70)\right\}\\&=-2\sum_{k=18}^{n}(-4k+70)\\&=-2\{(-2)+(-6)+\cdots+(-4n+70)\}\\&=-2\sum_{k=1}^{n-17}(-4k+2)\end{aligned}$$

$n-17=t$ とすると

$$\begin{aligned}T_n-S_n&=-2\sum_{k=1}^{t}(-4k+2)\\&=-2(-2t(t+1)+2t)\\&=4t(t+1-1)\\&=4t^2\end{aligned}$$

これが900となるのは　　$4t^2=900$

$t>0$ より　　$2t=30$

つまり，$t=15$ のときである。このとき，$n-17=15$ より $n=32$ である。

よって，求める n の値は　　32　→チツ

解答　(1)　$y=x\cos x$ を x で微分すると，$y'=\cos x-x\sin x$ であるから，C 上の点 $(\alpha,\ \alpha\cos\alpha)$ における接線 l の方程式は

$$y=(\cos\alpha-\alpha\sin\alpha)(x-\alpha)+\alpha\cos\alpha$$
$$=(\cos\alpha-\alpha\sin\alpha)x-\alpha\cos\alpha+\alpha^2\sin\alpha+\alpha\cos\alpha$$

すなわち　$y=(\cos\alpha-\alpha\sin\alpha)x+\alpha^2\sin\alpha$

これが原点を通るとき，$x=y=0$ を代入すると $0=\alpha^2\sin\alpha$ となるので

$\alpha=0$　または　$\sin\alpha=0$

$0<\alpha<2\pi$ より，$\alpha\neq 0$ なので　$\sin\alpha=0$

よって　$\alpha=\pi$　……(答)

(2)　$\alpha=\pi$ を代入して，l の方程式は $y=-x$ である。

$f(x)=x\cos x-(-x)=x(\cos x+1)$ とすると，$x\geqq 0$ ではつねに $x\geqq 0$ かつ $\cos x+1\geqq 0$ であるから，$x\geqq 0$ のとき

$$f(x)=x\cos x+x\geqq 0$$

つまり，$x\geqq 0$ においてつねに $x\cos x\geqq -x$ より，$x\geqq 0$ において，曲線 C は直線 l より下にない。　(証明終)

(3)　$\displaystyle\int x\cos x\,dx=\int x(\sin x)'dx$

$$=x\sin x-\int\sin x\,dx$$
$$=x\sin x-(-\cos x)+C_1$$
$$=x\sin x+\cos x+C_1$$

（C_1 は積分定数）　……(答)

(4)　$\dfrac{\pi}{4}<x<4\pi$ の範囲で，曲線 C と直線 l の交点は

$$x\cos x=-x \iff x(\cos x+1)=0$$

$\dfrac{\pi}{4}<x<4\pi$ より　$x=\pi,\ 3\pi$

よって，交点は　$(\pi,\ -\pi)$，$(3\pi,\ -3\pi)$

(2)より C と l の上下は入れ替わらないので，求める面積 S は

$$S=\int_{\pi}^{3\pi}(x\cos x+x)dx$$
$$=\left[x\sin x+\cos x+\frac{1}{2}x^2\right]_{\pi}^{3\pi}$$
$$=\left(0-1+\frac{9\pi^2}{2}\right)-\left(0-1+\frac{\pi^2}{2}\right)$$
$$=4\pi^2$$

……(答)

◀解　説▶

≪曲線と接線で囲まれた図形の面積≫

(1)　原点を通る接線の方程式を求めるときには，接点の座標を文字でおいて接線の方程式を立てたうえで，原点を通ることから $x=y=0$ を代入すると見通しよく方程式を求めることができる。

(2)　曲線 C のグラフと $y=-x$ のグラフの上下の関係については，$f(x)$ を微分して $f(x)\geqq 0$ を証明することもできるが，この問題のように $f(x)$ が積の形にできるときにはそれぞれの因数について考えるとよい。

(3)　この後の問いで使うであろう，ということも予想しながらミスしないように計算したい。

(4)　題意を正しく読み取り，積分区間を求める。

七　注7に役の小角が「天を飛べるようになったという伝説」が紹介されているが、実際に空を飛んで富士を眺めたという記述は本文にないので、1・5は誤り。傍線部の後の「水底に潜つて見るものは無けれど」「疲労れるが好物の大痴漢年々に絶えず」を踏まえて2が正解。3の「富士山はどのような角度から見ても美しい」は本文にはない内容。卜川は実際に富士山に登ってみて大したことはないなどと言う人を笑っているのだから4は不適切。

八　嬉しくはないが、今晩も仮の宿りをすることに決めたと言っている。快く思っていないのは腹痛による体調不良で無理がきかず、山道を京に行く力が出ず、連泊になったからであり、正解は5。1の「急ぎの旅」は気ままな一人旅とは反するので誤り。泊まっているのは「いぶせき」（＝狭苦しい）宿なので、2の「宿泊料の高い」は当たらない。3は連泊した後のことなので不適切。4は本文にない内容。

九　各段落とも文の数は少なく、1の「句点によって文を多く区切っている」は当たらない。2の前半の記述は正しいが、「会話部の口語とを混ぜた」言文一致体ではない。また言文一致体で著名なのは二葉亭四迷、山田美妙などである。第一段落の後ろから二行目に卜川玄一郎を描く語り手が登場し、その後も時々その視点で描かれる部分が出てくるが、概ね卜川の主観で描写が進められており、3が正解。4に「比喩表現や歌語の……を排除する」とあるが、必ずしもそうではない。5の「語り手が卜川と一体となって」は不適切。

一〇　アは第一段落の記述に合致。第一段落七行目の「破羽織を世話焼婆にでも押付くる様に」は比喩であって、実際に家を預けたのは（ある）「人」なので、イは誤り。ウの「麻布の立派な家」「高級感のある身なり」は本文にはない内容なので不適切。エに「俳句を詠みながら」という記述が出てくるが、最終段落の冒頭にあるように、卜川は芭蕉の旧跡を訪ねただけであるし、大垣でなく京に向かうつもりだったので誤り。オは最終段落の内容に合致する。塵埃にまみれ店晒しになっていたのは「茶屋掛」（＝掛け軸）だが、商品であることに違いはない。

旅に出る心情としては気分の赴くまま旅情に身を浸したい思いを表現したものである。1の「緊張した気持ち」や2の「不安な気持ち」は当たらない。4の「口笛でも吹きたくなるような気持ちを抑えようとして」は、ここでの「嘯く」の語義を捉えてはいるが、「抑え」てはいないし、「別のもの」も見当たらない。5の「写実的に描写」は不適切で、むしろ旅に関する様式的な表現である。

二　「開けたる」は傍線部(2)の直前の記述にあるように、手軽に旅に出られるようになった便利さを言っている。また「あり難さ」は古語では〝めったにない、珍しい〟の意だが、ここでは手軽に旅に出られることは都合がよいという意味で用いられている。したがって1が正解。

三　「飄」はもともとつむじ風のことを言うが、風にひるがえるように〝ふらっと、気ままに〟の意。「飄々とした」といった語を思い浮かべるとよい。

四　アの席を「移動したい」は誤りで、汽車に乗ってしまうと客車の外には出ようもないと感じているのである。イは第二段落の二行目「此（＝窓外の景色）の面白さを味はふべきにと、喧ましき世間話を煩さがりて卜川の耳を塞ぐ」に合致。ウは卜川が他の乗客に関心を寄せているように記述されているが、乗客たちの方が勝手に世間話をしつつ絡んできているので誤り。卜川は「世に色気無ければ何と云はれても気は安し」（同段落後ろから五行目）と考えているのだから、エの「とやかく言われないよう」は誤り。オは同段落の後ろから三行目の記述に合致している。

五　「仔細」は〝物事の詳しい事情、経緯〟のこと。ここでは田んぼを観察して、さほどの不作にはならないだろうと解説している人物の描写なので、正解は3。

六　傍線部の前の「雲の隙間に、思ひ設けぬ（＝予想しない）富士が根（＝峰）の高々と現はるれば、これは大なる拾ひもの（＝もうけもの、幸運）と其の美しさに嬉しさ堪らず、此の麓路二日三日歩かん」に従って正解は2。4は「車内の喧噪」に辟易していた心情は確かだが、卜川は他の乗客たちをほぼ無視しているので、「堪えられなくなった」が不適切。

一〇　1の「人間が効率化の流れの中に生きている」という内容は磯村の分析。2の磯村の「社会化した暴力」は本文にない内容。3の戸谷の「暴力が無効化して善も悪もなくなる」は誤り。4の戸谷の「スマート社会という理想が成立する」は、傍線部(7)の内容と矛盾する。5が、寺田の電車の暴力性の指摘、磯村のシステムに適合しない人間の排除、戸谷の「スマートな悪」における、良心そのもののシステムへの最適化による暴力、という論理展開を捉えている。

三

出典　幸田露伴「土偶木偶」（『明治文学全集25　幸田露伴集』筑摩書房）

解答

一　3
二　1
三　5
四　ア―2　イ―1　ウ―2　エ―2　オ―1
五　3
六　2
七　2
八　5
九　3
一〇　ア―1　イ―2　ウ―2　エ―2　オ―1

◀解　説▶

一　傍線部(1)のすぐ後に、「千里の山河に嘯きあるきて、身は雲烟の定め無く、心は風雅の寂しみに遊び」とあるので、番目の段落を参照すると、満員電車における暴力性に象徴される都市システムの非人間性が、人々の良心をもシステムに最適化させていくことが述べられており、その異常な状況を説明している5が正解となる。

五　傍線部の直後に「第一」＝電車内の「物理的な暴力」、「第二」＝「社会不適格者」を「排除する暴力」と明示されている。3と5はその内容に適合しない。1の「背反的」はお互いに相容れないさまのことで、二つの暴力は同じ状況の中で発生するので誤り。4は「良心が痛む物理的な暴力」とあるが、筆者は乗客たちがむしろやむを得ないと受け入れていると述べている。5は二つの暴力の説明も不適切だし、「両義的」も誤り。

六　「ロジスティクス」は物流や運輸においてその流れを全体として管理すること。ここではやや範疇を広げて、社会全体の中で人の流れも含めた形で用いられている。

七　満員電車という通勤システムに最適化した結果発露した暴力性の特徴が、いずれも筆者が導入した「スマートな悪」というあり方から説明できることを述べているので、2の「対立」や5の「矛盾」は誤り。1の「協働」や3の「調和」は暴力性とスマートな悪が並立することになるので不適切である。

八　終わりの三段落で、筆者はビッグデータとAIを活用したスマートな解決が可能であるとするという主張（反論）は、対症療法的なものであり、「スマートな悪」は別の形で立ち現れてくるかもしれないという危惧があり、「スマートな悪」が暴力を生む構造に自覚的であらねばならないと主張している。2は「スマート化」の方法を追認しており筆者の主張と異なる。3は「文化によって異なる」という内容は本文にない。筆者はスマート化によって満員電車が解消されることを否定していないので4は不適。5は正解の1と全く逆の内容。

九　スマートな悪は効率的なシステムに人々を最適化させ、暴力性に無自覚になるところに危険性がある。したがって、2の「意図的に」や5の「進んで加担し」は不適切。1は「新しい技術を無批判に受け入れ」とあるが、技術が問題であるわけではないので正解にならない。4の「スマート社会は理想にすぎず」とあるが、スマート社会が進行しているからスマートな悪がはびこっているのであるし、徒労による絶望という内容も本文にはない。

八　1

九　3

一〇　5

▲解　説▼

一　(A)「喉元過ぎれば熱さを忘れる」から正解は3。ちなみに他の選択肢はそれぞれ、1「窮鼠猫を噛む」(追い詰められた弱者が反撃する)、2「二階から目薬」(物事が遠回りでうまくいかないこと)、4「暖簾に腕押し」(手応えのないこと)、5「仏の顔も三度」(温厚な人でも無礼が繰り返されると怒る)が想定されている。

(B)「みだれ髪」は与謝野晶子の歌集。他の記述はそれぞれ正しい。

二　都市のシステムが求めるものは、筆者は社会学者磯村英一の諸説を引いて「多数の人間が、同じ時間に、一定の場所に集まることによって、高度の集積の効果」の生まれる「都市エネルギー」であるとしている。1の人々が「ゆたかな生活をおくること」が直接の目的とはされていない。傍線部の「不可欠とする」を「必然的に生み出した」と説明している2が正解である。3の「生きるための活力」、4の「傷つけ合いながら共存する」は本文からは読み取れない内容。5の「うまく利用すべきものである」という価値判断は本文にはない。

三　空欄の前の「逆説」は一見矛盾を含む表現がむしろ問題の本質を突くような修辞法をいう。ここでは空欄の前の磯村の諸説が、満員電車に乗って暴力性の中に身を置くものが、かえって社会適格者として受け入れられ、そうでないものが受け入れられない状況を示していることを指している。1の「境界」は本文にはない内容。2と3はやや紛らわしい。非人間的な状況は2のように「人々にはどうすることもできない」程度ではなく、3は満員電車が設問二のような要請に基づいて求められていることを踏まえれば不適切。5は「住民の豊かさ」が不適切。

四　冒頭のリード文の中に著作のタイトルが「スマートな悪」とされていることに留意する。「乗客たちの異常な憤怒」という暴力性は、人々が気づかないうちに社会システムに取り込まれていることによって起きる。末尾から数えて四において独自の主張がなされている」「著者の主張が多岐にわたる」が不適切。4は「主張を要約する段落」とあるが、筆者の主張の核心である文化と言葉の二重構造の要約には当たらない。5は特に後半の段落に関する説明が不適切である。

八　ア、第五段落に「『分るはずがない』ということは、事実として分るかどうかとは、一応別のことなのである」とあり、事実として「分る」かどうかは本文中では言及されていないため、合致しない。
イ、第八段落冒頭に「この島国に住んで、直接外国人とのつき合いを知らぬ多数の日本人」とあるのと合致する。
ウ、設問三の内容と同じであり、本文と合致する。
エ、時枝の文法論を説明した段落にあるように、「統一」するのは「辞」の方である。
オ・カ、日本語の翻訳文は漢文訓読体が明治の英学に受け継がれて生まれたものであるから、オは誤りで、カが本文と合致する。

二

出典　戸谷洋志『スマートな悪　技術と暴力について』〈第7章　満員電車の暴力性〉（講談社）

解答

一　(A)―3　(B)―1

二　2

三　4

四　5

五　2

六　2

七　4

来の素姓」であって外国人にとって「分る」ものであった、という内容の記述があり、日本、外国で一般化できる内容だという5の説明が合致する。その具体的内容は、第六段落にある「工業、発明、制度から芸術、料理に至るまで、一般に優れている、先進的である、と評価されるもの」であり、5は、傍線部の「要素」を「文化の領域」と言い換えている。

四　「上部構造」「下部構造」は、本来カール・マルクスの史的唯物論を元にする言葉で、社会的な制度や意識（上部構造）は生産・経済活動（下部構造）によって規定されると考える。この文章では「言葉の構造」が下部で「思考様式、文化のパターン」が上部とされているので、言葉が文化、思考様式を決めていくということになり、正解は5となる。1は「表に出やすい」、2は「複雑な機構」、3は「独立して存在」がそれぞれ誤り。4は全く逆の内容。

五　1の「話し言葉では西欧語を多く用いる」は本文にない内容。2は「書き言葉は西欧語の文法を取り入れている」とあるが、書き言葉の文体のルーツである漢文訓読の文体が、翻訳の直訳の文体を経て近代日本の文章語になったという筆者の主張と齟齬する。3は傍線部(8)の二段落後の記述と合わない。書き言葉が「文」を意識することを求めるのに対し、話し言葉が「文」を基本とはしていないという筆者の主張に合致するのが4である。5は「固有性も含めて受容している」が誤り。

六　傍線部(9)直後の「それは、気心の知れた者どうしの間でのみ許される裏方の言葉使いであり」に着目すると、「分らないはず」は内にいるものどうしであれば理解できるという前提で、日本の文化や言葉の外にいるものにはわからないという意味になる。したがって、「分らない」を理解困難や難解さと解している2、4、5は誤り。1は「他人行儀」が「気心の知れた者どうし」という表現と矛盾する。「気の置けない」が〝気遣いの必要がない〟という意味であることを踏まえて3が正しい。

七　まず言葉の二重構造について問題を提起し、文化の二重構造の考察から、言葉の二重構造を論じるという文章全体の構成を捉えて記述しているのは2である。1は筆者が強調する言葉の二重構造に言及がない。3は「ほとんどの部分

国語

一

出典　柳父章『日本語をどう書くか』〈第二章　日本文の二重構造　日本語の二重構造〉（角川ソフィア文庫）

解答

一　(2)―5　(3)―2　(6)―1　(7)―3

二　1

三　5

四　5

五　4

六　3

七　2

八　ア―2　イ―1　ウ―1　エ―2　オ―2　カ―1

▲解　説▼

二　まず、筆者が言葉の二重構造を解き明かすために、文化の二重構造について考察を進めていくという展開を押さえる。第七段落の「私たち日本人の文化観は…」以下の文化の二重構造の説明を踏まえた1が正解。2のホンネとタテマエは二重構造として共通性があると述べられているだけで、日本の文化と外来の文化の特徴とされてはいない。3～5の選択肢はいずれも言語の二重構造に結びつく内容ではない。

三　傍線部(4)の前の段落に、異国から取り入れることで消化してきた、日本人が「分るはず」の文化は、「元来異国渡

2022年度

問題と解答

■2教科型全学部統一入試（E方式）・2教科型グローバル教育プログラム統一入試（G方式）・5科目型国公立併願アシスト入試（P方式）

問題編

▶試験科目・配点

方式	学部・学科		教科	科目	配点
E方式	経済	経済数理	外国語	コミュニケーション英語Ⅰ・Ⅱ・Ⅲ，英語表現Ⅰ・Ⅱ	300点
			数学	数学Ⅰ・Ⅱ・Ⅲ・A・B（数列・ベクトル）	200点
		現代経済	外国語	コミュニケーション英語Ⅰ・Ⅱ・Ⅲ，英語表現Ⅰ・Ⅱ	300点
			国語	国語総合（近代以降の文章），現代文B	200点
	経営		外国語	コミュニケーション英語Ⅰ・Ⅱ・Ⅲ，英語表現Ⅰ・Ⅱ	400点
			国語	国語総合（近代以降の文章），現代文B	200点
	法		外国語	コミュニケーション英語Ⅰ・Ⅱ・Ⅲ，英語表現Ⅰ・Ⅱ	300点
			国語	国語総合（近代以降の文章），現代文B	200点
	文	英語英米文，国際文化，現代社会	外国語	コミュニケーション英語Ⅰ・Ⅱ・Ⅲ，英語表現Ⅰ・Ⅱ	300点
			国語	国語総合（近代以降の文章），現代文B	200点
		日本文	外国語	コミュニケーション英語Ⅰ・Ⅱ・Ⅲ，英語表現Ⅰ・Ⅱ	200点
			国語	国語総合（近代以降の文章），現代文B	300点
	理工		外国語	コミュニケーション英語Ⅰ・Ⅱ・Ⅲ，英語表現Ⅰ・Ⅱ	300点
			数学	数学Ⅰ・Ⅱ・Ⅲ・A・B（数列，ベクトル）	300点

<table>
<tr><td rowspan="4">G方式</td><td colspan="2" rowspan="4">経済（現代経済）・経営・法・文（英語英米文・国際文化）</td><td>外国語</td><td>コミュニケーション英語Ⅰ・Ⅱ・Ⅲ，英語表現Ⅰ・Ⅱ</td><td>400点</td></tr>
<tr><td>国　語</td><td>国語総合（近代以降の文章），現代文B</td><td>200点</td></tr>
<tr><td colspan="2">活動報告書</td><td>50点</td></tr>
<tr><td colspan="2">英語外部検定試験</td><td>50点</td></tr>
<tr><td rowspan="3">P方式</td><td colspan="2">経済・経営・法</td><td>外国語</td><td>コミュニケーション英語Ⅰ・Ⅱ・Ⅲ，英語表現Ⅰ・Ⅱ</td><td>200点</td></tr>
<tr><td rowspan="2">文</td><td>英語英米文，国際文化，現代社会</td><td>外国語</td><td>コミュニケーション英語Ⅰ・Ⅱ・Ⅲ，英語表現Ⅰ・Ⅱ</td><td>200点</td></tr>
<tr><td>日本文</td><td>国　語</td><td>国語総合（近代以降の文章），現代文B</td><td>200点</td></tr>
</table>

▶備　考

- 数学Aの出題範囲は，全分野とする。
- G方式の英語外部検定試験は，スコアを50点満点に換算する。
- P方式は共通テスト5科目と独自試験の総合点で合否を判定。

英語

（90分）

I　次の英文の空所①～⑮に入れるのに最もふさわしい語句をそれぞれ1～4の中から一つ選び、その番号をマークしなさい。

Scary music plays. Someone is swimming in the ocean when, suddenly, a triangular shape rises behind them. The music gets louder and more (①), but the person on screen doesn't notice their (②). The shape gets closer and closer, then dips beneath the waves. Moments later, the person starts to (③) and scream, then vanishes into the silent sea.

This is the idea that most people have about sharks, based on their appearances in popular media, including films, documentaries and video games. They are often seen as terrifying killers of the deep, with huge teeth, frighteningly dead eyes and (④) bodies. However, this is not the whole truth and is actually quite unfair. In fact, you are about five times more likely to be killed by a harmless-seeming cow than by a shark (⑤). In reality, sharks are a vital part of a healthy ocean, and therefore a healthy planet.

Sharks are predators, which means that they hunt other fish for food. When they do so, they control the size and increase the diversity of fish populations, and this helps to (⑥) balance. With no sharks, other species can become dominant and change the marine environment. In (⑦), as a 2020 study by the ARC Centre of Excellence for Coral Reef Studies found, many sharks, along with other large fish such as tuna and swordfish, can act to reduce the amount of carbon dioxide in the atmosphere. When such fish die, they (⑧) to the bottom of the ocean, trapping and storing the carbon inside their bodies.

Some sharks are what researchers (⑨) "apex predators," or hunters who are at the top of their natural food chain. There is one very dangerous animal that can threaten their (⑩), however. This is, of course, the human being. We kill an estimated one hundred million sharks every year. More than half of these are fished for their fins*, which are (⑪) used in soup in countries such as China and Vietnam, where this is a popular dish. The rest are caught for their meat, for sport or are simply trapped in large fishing nets.

When this happens, it has a (⑫) and devastating effect not just on them, but on all life in the ocean. Things go out of balance. Because sharks are slow to grow to full size and don't usually have a lot of babies, their populations often cannot recover from overfishing, and many species are close to extinction. In addition, that trapped carbon dioxide mentioned before gets released when the body is cut open, (⑬) further environmental damage.

In recent years, more and more attention has been paid to the importance that these magnificent creatures have for the whole planet, as well as the issues that arise when their existence is under (⑭). Now, long-overdue laws that are helping to reduce the problems we have caused through our (⑮) are being put in place. Still, a lot more needs to be managed if we are to have any chance of reversing the damage already done.

(注)

*fin: ヒレ

	1	2	3	4	
①	1 frightening	2 enjoyable	3 faster	4 suspicious	1
②	1 coming	2 attack	3 danger	4 sound	2
③	1 struggle	2 swim	3 float	4 dive	3
④	1 tiny	2 intelligent	3 positive	4 powerful	4
⑤	1 fight	2 swimmer	3 attack	4 teeth	5
⑥	1 upset	2 stop	3 maintain	4 transfer	6
⑦	1 contrast	2 addition	3 spite	4 fairness	7
⑧	1 sink	2 rise	3 bob	4 swim	8
⑨	1 describe	2 make	3 call	4 examine	9
⑩	1 diet	2 survival	3 peace	4 environment	10
⑪	1 traditionally	2 rarely	3 thoroughly	4 never	11
⑫	1 small	2 positive	3 huge	4 reluctant	12
⑬	1 leading	2 describing	3 storing	4 causing	13
⑭	1 threat	2 water	3 observation	4 way	14
⑮	1 greed	2 research	3 rules	4 thoughtfulness	15

Ⅱ 次の英文を読み、空所 16 ～ 20 に入れるのに最もふさわしい文章をそれぞれ1～6の中から一つ選び、その番号をマークしなさい。ただし、不要なものが一つある。また、同じ番号は一度しか使えないものとする。

In the mid-19th century, Australia must have seemed like an exotic land of endless possibility for many working-class people in Great Britain. The discovery of gold and tales of adventure meant that moving there offered a way to escape the hard life faced by those struggling in low-paid professions in England, Scotland and Wales. [16] One such brave soul was James Calder, a baker from Edinburgh. In 1852, he and his wife Margaret undertook the four-month voyage across the sea.

While most travellers hoped to make their fortune on the goldfields of Ballarat in Victoria, James and Margaret decided to head to Adelaide, which was in the neighbouring state of South Australia. Upon arrival, they set about establishing a bakery. [17] When it did so, James Calder's bakery also began to become extremely profitable.

Business became even better following the visit of Prince Alfred, the Duke of Edinburgh and son of Queen Victoria. Following a successful encounter with the Prince in 1867, James Calder managed to get permission to advertise himself as "Biscuit-Maker to the Duke of Edinburgh." [18] The gamble to come to Australia had certainly paid off.

In 1877, James made his wife's relative John Balfour a partner in the business and the Balfour name was added to the shop signs. The next few decades saw many ups and downs, including the death of James Calder, a financial collapse and a series of takeovers. [19] Throughout the twentieth century, it continued to grow and change.

It's still going to this day, and has become part of local culture. One of the most famous examples of street food from South Australia is a "pie floater," which consists of a meat pie covered in pea soup and ketchup, served in a bowl. This is, in the minds of many, forever associated with the Balfours Pie Cart, which has provided the strange meal to hungry Australian Football fans and late-night customers for decades. [20] However, it's unlikely that many of those enthusiastic consumers know the story of James Calder and his wife Margaret, whose dreams of a better life for themselves and their relatives were to come true so far from the land of their birth.

1 Despite these and other challenges, the company somehow managed to survive, operating cafes and bakeries in Adelaide.

2　Ask anyone from Adelaide if they've ever had a Balfours vanilla slice, frog cake or custard tart and they'll probably say yes.

3　Travelling to Australia meant a long journey in difficult conditions, but the hardship and risks could be worth it for those willing to take a chance.

4　The bakery soon began to make money for the first time, as people were anxious to try its products.

5　At first, business was slow because so many people were out of town hunting for gold, but, as they gradually returned, the city began to flourish.

6　This claim helped James to become an extremely successful businessman.

Ⅲ　次の Section One および Section Two で、AとBの対話を成立させるために最もふさわしい表現をそれぞれ下の1～6の中から一つ選び、その番号をマークしなさい。ただし、不要なものが一つある。また、同じ番号は一度しか使えないものとする。

Section One:

(1)　A: It's so cute!
　　B: [21]

(2)　A: This is your cell phone?
　　B: [22]

(3)　A: You look very tired.
　　B: [23]

(4)　A: You're not supposed to smoke in your office!
　　B: [24]

(5)　A: Can you turn the TV down?
　　B: [25]

1　Hey, it might be old, but it still works.

2　Why? Do you need to sleep?

3　At least I opened the window.

4　Really? A lot of people don't like pet rats.

5　I can't find it anywhere.

6　I was up all night because of the baby.

Section Two:

(6)　A: [26]

B: That must make online meetings really hard.

(7)　A: [27]

B: Honestly, he buys too much stuff.

(8)　A: [28]

B: These old video games are harder than people think.

(9)　A: [29]

B: Maybe it's time for a hobby.

(10)　A: [30]

B: I guess they need luck as well as talent.

1　Should we go to the hobby store together?

2　This old computer keeps having problems.

3　Don't you think your sister should relax more?

4　Why isn't that band more famous?

5　I don't remember it being this difficult.

6　He complained that his room was too small.

Ⅳ Read the passage and answer the questions.

著作権の都合上，省略。

Caffeine : How much is too much?, Mayo Foundation for Medical Education and Research

著作権の都合上，省略。

（注）

*caffeine: カフェイン

*the U.S. Food and Drug Administration: 米国食品医薬品局

*urination: 排尿

*pharmacist: 薬剤師

(1) Who is the article mainly addressing? 31

1 pregnant women

2 doctors who treat caffeine addiction

3 anyone who consumes caffeine

4 people who suffer from caffeine's side effects

(2) According to the passage, which statement is true? 32

1 There is more caffeine in one can of cola than in one cup of coffee.

2 There is more caffeine in one cup of coffee than in three cans of cola.

3 One energy shot drink contains about the same amount of caffeine as two cups of coffee.

4 Two energy shot drinks contain about the same amount of caffeine as one cup of coffee.

(3) According to the passage, if you are pregnant, you should ＿＿＿＿＿＿＿＿＿＿. 33

1 not consume caffeine at all

2 not drink more than two cups of coffee

3 not drink alcohol or use drugs

4 consult your doctor about your caffeine intake

(4) Fill in the blank (1). 34

1 how much caffeine you are used to drinking

2 how sensitive you have been to caffeine since birth

3 how serious the side effects of caffeine are

4 how much milk and sugar you add to your coffee

(5) Fill in the blank (2). 35

1 not

2 only

3 during

4 even

(6) Fill in the blank (3). 36

1 For example

2 As a result

3 In principle

4 Similarly

(7) Which one of the following best describes The bottom line$_{(4)}$? 37

1 Problem

2 Conclusion

3 Question

4 Challenge

(8) Choose THREE statements that are true according to the passage.

38 39 40

1 Caffeine can kill you when you take it in liquid or powder form because it is far more dangerous than regular coffee.

2 Teenagers, if they are healthy and are not taking medication, do not have to worry about their coffee drinking habits.

3 If you suffer from headaches, irritability, forgetfulness, and shaking muscles, it is likely to be a side effect of too much caffeine.

4 If your heart is beating fast and if you are drinking six cups of coffee a day, it may be a good idea to drink less of it.

5 Many people drink coffee to be more alert and to stay awake because it is effective and helps them in the long run.

6 If you are taking any medication or herbal supplements, doctors will order you to stop drinking coffee.

7 In many cases, healthy people should not have to change their coffee drinking habits and caffeine intake.

V 次の英文を読み、設問に答えなさい。

It's a shop I must have walked past a million times before, but have barely noticed until now, and have never thought to enter. A plain, little, boring brown brick building, placed between a hair salon and a furniture store, with a tiny window display offering an assortment of forgettable items that are of no interest to me. But I have some extra time on my hands today and decide to take a quick look.

The interior is cool and dark, and it takes a moment for my eyes to adjust. An overpowering rose scent hangs thickly in the air; nearly enough to turn me away. Instead, I continue further into the store, eyes scanning the shelves for anything interesting. Indeed, there are a great variety of items — and yet none really appeal to me.

"Can I help you?"

I look up to see an elderly woman behind a counter. She looks (1) vaguely startled, and I wonder when she last saw a customer enter her shop.

"Just browsing," I reply.

I make a full circle of the place and confirm that there is indeed nothing here that I wish to purchase. I wonder how the old woman manages to stay in business. I head towards the door, but pause when I notice (2) one interesting item. A large old book, perched on a wooden stand. There is no visible title on the well-worn leather cover, and it is held shut with a thick metal clasp*. Upon further inspection I see that a combination lock is attached to the clasp.

The numbers read: (3) 02-11-32.

I try the lock with the current combination, but it does not open. I am now even more curious to discover what lies between the book's pages. "What is this book about?" I ask the old woman, who has been staring at me quietly the whole time. "Do you know the combination?" "I do," the woman replies, but adds nothing more.

(4) I am annoyed by her response, and decide that I've had enough of this place. I turn to leave and am almost out the door, when I hear the woman say, "Try your birthday." I give her an odd look as I wander back over to the book. She's crazy, I think. And yet, I am compelled. With my index finger I swipe the numbers into place so that they now show my birth month, day, and year.

To my astonishment, the lock clicks open. I pull back the heavy cover and flip through the pages. "This can't be right," I whisper in shock as I realize the book is a biography … about me! I look up to question the woman, but she is gone and the shop suddenly (5) seems different, brighter. The shelves are now stocked with all my favorite things. I wander through the aisles again — how did I miss this before? And this? I would buy any of these items, gladly!

Gone is the overpowering smell of rose, replaced with my own favorite scent.

＊＊＊

I sit behind the counter and wait for a customer to come in and buy something, but they all walk past the window as though the place were invisible. The few that do enter seem uninterested in what I have to sell, or complain that the fragrance in the air is too strong.

Until one day, a young woman takes an interest in the book. "It won't open," she notes, chewing loudly on her gum.

"(　1　)" I say.

(注)

*clasp: 留め金

(1) 語り手はなぜ店に入ったのか、最も適切なものを次の1～4の中から一つ選び、その番号をマークしなさい。 **41**

1 何度も店の前を通っていていつか入ってみたいと思っていたから。

2 店の前を通りかかってはいたが、今日初めて店の存在に気づいたから。

3 店の小窓に飾ってある小さな品物を手に取ってみたいと思ったから。

4 店に入ってみたいと思ってはいなかったが時間を持て余していたから。

(2) 語り手が店に入ったとき最初の気持ちはどのようなものであったか、最も適切なものを次の1～4の中から一つ選び、その番号をマークしなさい。 **42**

1 店内のむっとするような薔薇の香りを不快に思った。

2 店内が薄暗く品がよく見えないので帰ろうと思った。

3 せっかく店に来たのだから何か買いたいと思った。

4 店内の品数のあまりの多さに驚き圧倒された。

(3) 店の女性が下線部(1)のような表情をしたのは何故だと語り手は思ったのか、最も適切なものを次の1～4の中から一つ選び、その番号をマークしなさい。 **43**

出典追記：Curiosity Shop, Winter Wilder on April 8, 2013 by Tania del Rio

1　語り手が店の品に関心がない様子であったから。

2　語り手が店の前を通るのを何度も見ていたから。

3　店に客が来ることはめったにないから。

4　語り手が店の雰囲気に戸惑っていたから。

(4)　語り手が下線部(2)に関心を持った理由は何であったか。最も適切なものを次の1～4の中から一つ選び、その番号をマークしなさい。　44

1　いわくありげな古い本であったため。

2　木の台が目を引くものであったため。

3　本のタイトルから内容を知りたいと思ったため。

4　店の女性の手前、何かの品に関心を示そうと思ったため。

(5)　下線部(3)の数字が表すものとして最も適切なものを次の1～4の中から一つ選び、その番号をマークしなさい。　45

1　語り手が店に入った日付と時刻

2　西暦の年月日の数字

3　店の女性が任意に選んだ番号

4　本の整理番号

(6)　語り手が店の女性の態度に関して下線部(4)のように感じた理由として、最も適切なものを次の1～4の中から一つ選び、その番号をマークしなさい。　46

1　女性が冷たい視線を彼女に向けたから。

2　女性の反応が素っ気なかったから。

3　女性が本を売る気がないから。

4　女性が本の内容を教えてくれないから。

(7)　下線部(5)の店に起こった変化として文中で<u>述べられていないもの</u>はどれか。最も適切なものを次の1～4の中から一つ選び、その番号をマークしなさい。　47

1　薄暗い店が明るくなりよい香りが漂っていた。

2　棚は語り手の好きな品であふれていた。

3　店の女性と語り手の肉体が入れ替わっていた。

4　店の女性の姿はどこにもなくなっていた。

(8)　空所（　1　）に入れるのに最も適切なものを次の1～4の中から一つ選び、その番号をマークしなさい。　48

1　Can I help you?

2　Try your birthday,

3　It's not a book…

4　You can't open it!

(9)　この文章のテーマとして最も適切なものを次の1～4の中から一つ選び、その番号をマークしなさい。　49

1　Finding something you love in the long run

2　Believing that one's soul can be born again

3　Shopping for fun and survival

4　Passing on a task to the next person

(10)　この文章のジャンルを表すものとして最も適切なものを次の1～4の中から一つ選び、その番号をマークしなさい。　50

1　adventure

2　comedy

3　essay

4　fantasy

VI 次の英文を読み、設問に答えなさい。

In 1768, the German philosopher <u>Johann Herder</u>(1) paid a visit to a French city. "I am getting to know the French language and ways of thinking. However, the better I get to know them, the stranger they seem to me."

I was reminded of Herder's words by the controversy over the translation of Amanda Gorman's poems into Dutch. Gorman is the African-American poet who gave a remarkable performance at Joe Biden's inauguration ceremony*. A Dutch publisher proposed a translation of her work. The translator chosen for the job, <u>Marieke Rijneveld</u>(2), met with Gorman's approval. Rijneveld identifies as both male and female and uses the pronouns "they," "their," and "them" instead of "he/she," "his/her," and "him/her." Last year, <u>they</u>(3) became the youngest winner of an international prize for <u>their</u>(3) debut novel *The Discomfort of Evening*. The judges observed that "Rijneveld's language makes the world look new," and it also shows "the strangeness of a child looking at the strangeness of the world."

Rijneveld is white. And that seems to make a person (　4　) as Gorman's translator for many people. "Why not choose a writer who is — just like Gorman — a spoken-word artist, young, female, and black?" asked a journalist. The controversy led to Rijneveld withdrawing from the project.

Many argue that the problem is not Rijneveld's whiteness but rather the racism of Dutch society and the marginalisation* in Holland of black writers and translators. There is certainly racism, and it is true that black translators are often ignored. But if the issue was simply about racism and marginalisation, the argument would not have been that a black poet needs a black translator but that there should be more black translators, whatever the skin colour of the writer being translated.

The Gorman controversy echoes many other problems about race and culture. All involve modern-day versions of Herder's argument. For him, a "people" was defined primarily in (　5　) terms. Today, we are more concerned with questions of racial, cultural or sexual identities.

There has long been a debate about the ethics of translation, about how to translate not just the words but the spirit of the original, too. Today's identity controversies, (　6　), are not just about issues of formal translation but also about the kinds of informal translation in which we engage every day. Every conversation requires us to "translate" other people's experiences and perspectives, to make sense of them in terms of our own experiences and perspectives. In a world divided on identity lines, both the possibility and morality of such translations have become questioned. Particular experiences or cultural forms are considered to "belong" to particular groups, and out of bounds for others. "Stay in your lane" is the fashionable phrase.

(7)Ralph Ellison's 1952 novel *Invisible Man* is one of the great explorations of the black experience. It is also far more than that. For Ellison, identity was a way of looking at the inner lives of others. One's experiences as a black man provided the raw material through which to understand the experiences of white workers or of Jewish women. And their experiences could help them to understand yours. Today, however, identity is viewed in almost the opposite way: as a means of (8)protecting oneself from others, of retreating from the possibilities of making more universal connections.

Whether or not Rijneveld would have made a good translator of Gorman's poetry I cannot judge. But the fact of being white should play no part in making that judgment. Ellison's question — (9)"Why should I restrict myself?" — applies to us all.

（注）

*inauguration ceremony: 大統領就任式

*marginalisation: 社会から疎外されること・軽んじられること、周縁化

(1) 下線部(1)について最も適切なものを次の1～4の中から一つ選び、その番号をマークしなさい。 **51**

1 ジャーナリストとしてフランスに滞在し、その国の言語と文化に精通していた。

2 ドイツ人哲学者として、祖国の行動様式についての哲学的思考を深めて追求した。

3 フランスを訪れた際に、その言語や人々の思考様式を理解しようとつとめた。

4 ドイツからフランスへ移住し、フランス人の思考方法を十分理解するにいたった。

(2) 下線部(2)について最も適切なものを次の1～4の中から一つ選び、その番号をマークしなさい。 **52**

1 Gorman's approval gave Rijneveld a chance to look at the strangeness of the world.

2 Gorman's work provides her readers with a world full of wonder.

3 Rijneveld's translation of Gorman's work into Dutch was praised by everyone.

4 Something unusual can be found in the familiar world through Rijneveld's language.

(3) 下線部(3)代名詞"they"および"their"は誰を指すか、最も適切なものを次の1～4の中から一つ選び、その番号をマークしなさい。 **53**

1 Marieke Rijneveld
2 Amanda Gorman
3 Rijneveld and Gorman together
4 the judges of the international prize

(4) 空所(4)に入れるものとして最も適切なものを次の1～4の中から一つ選び、その番号をマークしなさい。 54

1 possible
2 perfect
3 unsuitable
4 unexcited

(5) 空所(5)に入れるものとして最も適切なものを次の1～4の中から一つ選び、その番号をマークしなさい。 55

1 racial
2 linguistic
3 cultural
4 sexual

(6) 空所(6)に入れるものとして最も適切なものを次の1～4の中から一つ選び、その番号をマークしなさい。 56

1 traditionally
2 therefore
3 however
4 consequently

(7) 下線部(7)の本の内容について最も適切なものを次の1～4の中から一つ選び、その番号をマークしなさい。 57

1 黒人の経験が描かれている著作だが、ユダヤ人女性の経験を理解することにつながる。
2 黒人の経験を書き記した著作であるがゆえに、白人の経験を知ることにはならない。
3 黒人が自分自身の内面をひたすら見つめる行為が描かれている。
4 黒人のアイデンティティを自身の体験からではなく第三者の問題として提示している。

(8) 下線部(8)の意味に最も近いものを次の1～4の中から一つ選び、その番号をマークしなさ

い。 58

1　trying to build a relationship with other people

2　refusing to understand others

3　not allowing others to get close to us

4　making a difference to other people

(9)　下線部(9)の意味に最も近いものを次の1～4の中から一つ選び、その番号をマークしなさい。 59

1　All of us should restrict ourselves.

2　None of us should restrict ourselves.

3　Ellison should have restricted himself, but others should not have.

4　Ellison should not have restricted himself, but he did.

(10)　本文のタイトルとして最もふさわしいものを次の1～4の中から一つ選び、その番号をマークしなさい。 60

1　The Importance of Translation in 21st-Century Holland

2　The Difficulties of Translation from English to Dutch

3　The Ethics of Translation in 18th-Century Germany

4　The Problems of Translation in the Modern World

数学

（75分）

1　次の □ に当てはまる数字または記号を選び，マークせよ。ただし，分数はそれ以上約分できない形で答えよ。また，根号を含む形で解答する場合は，根号の中に現れる自然数が最小となる形で答えよ。

[1]　不等式 $4x^2-20x-13<0$ を満たす整数 x は [ア] 個ある。

[2]　ベクトル $\vec{c}=(43,\ 79)$ を，ベクトル $\vec{a}=(-3,\ 2)$，$\vec{b}=(2,\ 5)$ を用いて表すと [イウ] $\vec{a}+$ [エオ] $\vec{b}$ である。また，ベクトル $\vec{c}$ の大きさより大きい最小の整数は [カキ] である。

[3]　△ABCにおいて，$\mathrm{AB}=4$，$\mathrm{AC}=6$，$\angle\mathrm{A}=60^\circ$ であるとする。辺BCの中点をMとするとき，$\mathrm{AM}=\sqrt{\boxed{クケ}}$ である。

[4]　空間内の3点 A$(1,\ 3,\ 4)$，B$(-3,\ 4,\ -1)$，C$(4,\ -1,\ 3)$ を通る平面上に点 P$(2,\ 1,\ z)$ があるとき，$z=\dfrac{\boxed{コサ}}{\boxed{シス}}$ である。

[5]　$\displaystyle\int_0^2(|x-1|-x)\,dx=\boxed{セソ}$

[6]　関数 $y=\sqrt{2}\sin^3x+\sqrt{6}\cos^3x\ \left(0\leqq x\leqq\dfrac{\pi}{2}\right)$ の最大値は $\sqrt{\boxed{タ}}$ であり，最小値は $\dfrac{\sqrt{\boxed{チ}}}{\boxed{ツ}}$ である。

[7]　$i^2=-1$ とするとき，$\left(\dfrac{\sqrt{3}+i}{-1+i}\right)^9=\boxed{テトナ}+\boxed{ニヌ}\,i$ である。

2　次の ☐ に当てはまる数字または記号を選び，マークせよ。ただし，分数はそれ以上約分できない形で答えよ。また，根号を含む形で解答する場合は，根号の中に現れる自然数が最小となる形で答えよ。

[1]　地点Aにおける毎日の天気は晴れか雨のいずれかであるとする。また，地点Aにおいて，晴れの日の翌日の天気が晴れとなる確率は80％であり，雨の日の翌日の天気が雨となる確率は50％であるとする。地点Aにおける今日の天気が晴れであるとき，明後日の天気が晴れとなる確率は [アイ] ％である。

[2]　次の2つの条件を満たす三角形の個数Nを求めたい。

(a)　各辺の長さが100より小さい整数である。

(b)　3辺の長さをa，b，c $(a \leqq b \leqq c)$とするとき，a，b，cはこの順に公差が0以上の等差数列をなす。

条件(a)，(b)を満たす三角形のうち，条件(b)における公差がdであるものの個数は [ウエ] $d+$ [オカ] であるから，$N=$ [キクケコ] である。

[3]　kを実数の定数とする。座標平面上の曲線 $y=|x(x-4)|$ と直線 $y=3x+k$ がちょうど1個の共有点をもつのは $k=$ [サシス] のときであり，4個の共有点をもつのは

[セ] $< k <$ $\dfrac{[ソ]}{[タ]}$ のときである。

3　座標平面上の3曲線

$$C_1 : y=\tan x \qquad \left(0 \leqq x < \frac{\pi}{2}\right)$$

$$C_2 : y=\tan^2 x \qquad \left(0 \leqq x < \frac{\pi}{2}\right)$$

$$C_3 : y=\tan^3 x \qquad \left(0 \leqq x < \frac{\pi}{2}\right)$$

について，以下の各問に答えよ。

(1)　曲線C_1上の点$\left(\dfrac{\pi}{4},\ 1\right)$における接線の方程式を求めよ。

(2)　曲線C_1と曲線C_2の共有点のx座標を求めよ。

(3)　曲線C_1と曲線C_2で囲まれた図形の面積を求めよ。

(4)　曲線C_1と曲線C_3で囲まれた図形の面積を求めよ。

号をマークしなさい。解答番号は 39

1 北海道や奥州の開拓には多くの困難が伴うため、綿密な計画がなければ実現は難しく、国家の伸張に向けて十分な効果が得られない。
2 日本人の海外移住については、やり方を工夫しなければ途中で頓挫してしまうため、より綿密な計画をたてて推し進める必要がある。
3 人口が過密な北陸道や西海道に住む人々をどのように移住させるかが重要であるため、それを具体的に実現する方法を検討する必要がある。
4 海外移住を進める政策は優れた方向性なのかもしれないが、実現するのが難しいのであれば、そうした計画は意味をなさない。
5 豪州には短期間で行くことができるため、移住事業の実現には多くの方法があり、より良いものを慎重に判断していく必要がある。

一〇 次のア〜オについて、問題文の内容に合致するものには1を、そうでないものには2を、それぞれマークしなさい。解答番号は 40 〜 44

ア 鉱山資源の存在や、養蚕業に適していることなどを根拠として、奥羽の開拓も主張されている。 40
イ 奥羽の鉄道はまだ開設する見込みが立っていないため、できるだけはやく工事を進める必要がある。 41
ウ 北海道の土地は痩せているため、農業を中心に開拓を進めるにはあまり向いていない。 42
エ 海外進出をして現地にいる住民から搾取をすることは、近代国家としてあるまじき野蛮な行為である。 43
オ 日本から米国へは、二週間程度で移動することが可能になっている。 44

3　災害を抑えなくてはいけない土地
4　どっちつかずの状態にある土地
5　安易に開拓してはいけない土地

七　傍線部(5)「胸宇の放曠ならざるものたり」とあるが、これは具体的にどういうことか。その説明として最も適当なものを次の中から一つ選び、その番号をマークしなさい。解答番号は 37

1　かつての人々が江戸を出るだけで異国に行くような気持ちでいたように、日本人が野心を持たず、故郷を離れるのを嫌がるということ
2　かつて伊達政宗が海外進出を夢見たように、多くの日本人が本来、大きな野望を抱いてそれを実現してきたということ
3　海外に移住して成功している人が多いことが示すように、日本人が新しい土地にも柔軟に適応できるということ
4　海外の国々について教科書程度の知識しか持っていない人が多くいるように、日本人が新しいものをあまり学ばないということ
5　海外で活躍するよりも国内で成功する人が多く見られるように、日本人が小心翼々とした生活を好むということ

八　傍線部(6)「憫笑」の意味として最も適当なものを次の中から一つ選び、その番号をマークしなさい。解答番号は 38

1　自虐的に笑うこと
2　陰に隠れて笑うこと
3　他者をあわれんで笑うこと
4　虚無的な笑いを浮かべること
5　愛情のこもった笑いを示すこと

九　傍線部(7)「凡そ、事、実際に行ひ得べくんば、即ち可なり。仮令、其の事卓絶、其の謀秀逸なるも、実際に行はれ難くては、何の価値も効能もあらざるなり」とあるが、筆者はここで具体的にどのような主張をしているか。その説明として最も適当なものを次の中から一つ選び、その番

2　奥羽で交通インフラの整備が進んでいることを指摘し、北海道でも同様に事業を進めることで人口は増えていくはずだと考察している。
3　奥羽は開拓が遅れたことで山林が荒れており、いまだ多くの動物が生息しているため、開拓には困難が伴うだろうと推測している。
4　北海道と奥羽の開拓によって得られる利益は同じ程度であるとし、移住した人々への教育を重視するべきだと結論づけている。
5　北海道には広大な土地があり、開拓の余地が大きいにもかかわらず、それが進んでいないことについて問題提起を行っている。

四　傍線部(3)「人口既に稠密にしてこれを容るるに足らずなどいふは、寧ろ都人士の管見たるのみ」とあるが、その説明として最も適当なものを次の中から一つ選び、その番号をマークしなさい。解答番号は 33

1　都市の人口は過密であり、産業を発達させるための十分な土地がないという考えは、都会人がしばしば持つ思い込みにすぎない。
2　日本の人口は過密であり、より人口を増やすためには産業の発達が欠かせないという考え方は、都会人が持つ典型的な誤りである。
3　日本の人口は過密であり、これ以上人を増やすには国土の広さが十分でないという考えは、都会人が持つ視野の狭い見方にすぎない。
4　都市の人口は過密であり、これ以上人を増やすことができないという都会人の発想は、事実であるという点で重要な視座である。
5　都市に加え地方の人口も既に過密になっており、日本は十分に発展しつつあるという考えは、都会人にとって当然の認識である。

五　空欄 X ・ Y に入る語として最も適当なものを次の中からそれぞれ一つずつ選び、その番号をマークしなさい。解答番号はX 34 ・Y 35

1　気候　　2　国家万年　　3　産業　　4　兵備国防
5　土地拡張　　6　海外移住　　7　社会　　8　日本帝国

六　傍線部(4)「忽せにすべからざるの地」の意味として最も適当なものを次の中から一つ選び、その番号をマークしなさい。解答番号は 36

1　積極的に活用するべき土地
2　ないがしろにしてはいけない土地

注3　鎖鑰＝外敵の侵入を防ぐ重要な場所。
注4　蕞爾＝非常に小さいさま。
注5　跼蹐＝身を縮めて暮らすこと。

一　データ【A】【B】から読み取れる内容として最も適当なものを次の中から一つ選び、その番号をマークしなさい。解答番号は 30

1　二つのデータはそれぞれ、各地域の総人口と面積を示しており、これらから一方里あたりの平均人口を計算することができる。
2　離島などを含め、旧奥羽や北海道よりも人口密度の低い地域はない。
3　旧奥羽を含めた東山道と北海道とで面積を比較すると、北海道のほうが広い。
4　畿内には、五千二百七十五人の人が住んでいる。
5　小笠原島の総人口は、約三百人である。

二　傍線部（1）「しかのみならず」の意味として最も適当なものを次の中から一つ選び、その番号をマークしなさい。解答番号は 31

1　そのことに加えて
2　それに対して
3　そうした理由だけでなく
4　そうであるがゆえに
5　そのことから考えると

三　傍線部（2）「なんぞ其の土地の広漠にして人煙の稀疎なるや」とあるが、ここで筆者はどのように現状を捉え、論を進めているか。その説明として最も適当なものを次の中から一つ選び、その番号をマークしなさい。解答番号は 32

1　奥羽と北海道の現状を比較し、本州にある奥羽のほうが開拓は進んでいることから、それをより積極的に推し進めるべきだと主張している。

を好むの妄慮のみ。勿論、吾人国防を棄つべし軍事を顧みるを要せずとは云はず。事、本末あり、物、終始あるを言ふのみ。然り、其の植民を盛んにし其の殖産を謀るは、惟り産業上に於て急務なるのみならず、国防上に於ても急務たるを知るべし。奥羽の如きもまた然り。気候温和、土地豊饒、人煙稀疎、面積広漠、興業に適し、殖産の急なるものあるのみならず、また国防上に於ても、北門の鎖鑰に次ぎ、本邦の北端、龍蛇の頭首、ま(4)た忽せにすべからざるの地なりとす。この必要ありこの急務あり。なんぞ遠く外邦に去つて内を顧みざるの遑あらんや。

抑も外邦に去つて巨利を博せんとするは、悪しきことにあらず、拒むべきことにあらずと雖も、内に拓くべきの地なく、内に容るべきの場所なくんば、海外植民は今日の急務なれども、外を顧みるよりは、先づ内を整へざるべからざるの最大急務あるを如何せん。海外植民の事、未だ以て今日の急務とするに足らざるなり。力を海外に逞しうせんよりは、寧ろ手近く関係最も本国に親密なる奥羽並びに北海道の開拓事業を完成するこそ、今日の最必急務ならずや。且つ夫れ、人を奨むるに当り、其の奮起を要するに臨み、殊更に遠く海外に誘はんよりは、同じ日本国たり同じ一邦内たる奥羽・北海道に誘ふこそ、其の人を得るの道なるべし。

大志あるの人は、注4蕞爾たる日本国内に注5跼蹐するを厭ふべしと雖も、天下大志ある者、百中一のみ、その九十九迄は、小心翼々、(5)胸宇の放曠ならざるものたり。殊に我日本国の如き、昔、山田長政の海外に覇たるものあり、伊達政宗の羅馬征伐を想ふものありしと雖も、概言すれば、壮図を計らざるものなり、故国を離らるるを厭ふの人民なり。今こそ国内一家の如しと雖も、昔は江戸を出づるも猶山河千里の異邦に赴くの心地し、水盃して旅立したる可憐の小胆人民なり。この小胆人民を駆つて、曰く豪州に赴くべし、曰く米国に移住すべしと奨むるも、未だ以て其の甲斐あるを期すべからざるなり。米国僅かに半月にして達し、豪州近きこと隣家の如き今日なるも、一般の人気は未だ地理書を実際に経験し能はざるなり。其の愚、其の陋は(6)憫笑すべきも、社会多数の人間、国家真正の実業家は、実に斯の如き境界にあるを如何せん。

(7)凡そ、事、実際に行ひ得べくんば、即ち可なり。仮令、其の事卓絶、其の謀秀逸なるも、実際に行はれ難くては、何の価値も効能もあらざるなり。海外植民の事、またこの類にあらざるなきを得んや。

（明治二十一年十一月二十三・二十四日『東京朝日新聞』社説「未だ外に出づるの遑あらず」による）

注1　方里＝一里四方の面積。一里は、約四キロメートル。

注2　揺銭樹＝金のなる木。ここでは、次々と金銭を生み出す財源。

なく、山は拓き尽し、村は村と連なると雖も、請ふ、足を奥羽地方に枉げて仔細に観察せよ。数里曽て人煙を見ず、山林広野空しく狐狸麋鹿の棲む所と成り果て居るにあらずや。実に其の面積は四千二百四十七方里余の大なるにもかかはらず、其の人口四百四万千百五十人、一方里に付き僅かに九百五十一人に過ぎず。而して其の土地は豊沃なり、其の気候は寒熱ともに酷しからず、水産の利を得べき海もあり、鉱業の益を求むべき山もあり。蚕糸の業、最も其の興利に適し、牧畜の利、また求むべからざるにあらず。田にすべくば田にもすべし、畑にすべくば畑にもすべし。交通の便もまた敢て乏しからず、各県とも競ひて道路の改修を了へ、千山万壑また車を通ずべく、海浜河岸また舟楫の利あり。しかのみならず、鉄道もまた奥羽の山野を貫通し了らんとするものあり。遺利拾ふに任せ、収益思ひの儘なり。

内地の外にあらざる奥羽にして尚且然り。更に歩を進めて北海の大島を観よ。其の面積六千九十五方里余にして、人口二十一万五千二百九十八人、一方里の人口僅かに三十五人に過ぎず。(2)なんぞ其の土地の広漠にして人煙の稀疎なるや。而して其の拾ふべきの遺利、興すべきの事業は、彼の奥羽に比して更に莫大なるものあるなり。遺利と謂はんよりは、寧ろ未だ曽て手を着けざるの利ありと云ふべし。海に山に幾多の事業は其の発掘を待ちつつあるにあらずや。我国土は未だ以て拓け尽したりなどとは思ひも寄らず。(3)人口既に稠密にしてこれを容るるに足らずなどいふは、寧ろ都人士の管見たるのみ。内、未だ拓けず尚荒れたり。なんぞ去つて外に出づるの遑あらんや。

内、未だ修まらずして外に手足を出すは、未だ以て急務とするに足らず。蓋し、外に手足を出すもの以て内を修むる所以なるものあらんか。なれどこの間自ら先後本末あるを要す。吾人は今偏に海外植民を謀るを以て不得策なり非望なりとは云はずと雖も、顧みて内を考察すれば、更に最も急務なるものあるを信ずるなり。奥羽に北海道に土地未だ全く拓けず人口最も稀疎なり。これを拓きこれを充たすこそ、今日の急務ならずや。それとも、奥羽に北海道に、土地瘠痩、気候不良、物産の興すべきなく、利益の得べきなくんばまだしもなれど、啻に遺利なきのみならず、瘠土ならざるのみならず、実に日本帝国の宝庫なり、吾人人民の揺銭樹[注2]なり。

しかのみならず、産業上とは殊別なる国防上よりこれを言ふも、北海道の如きは最も肝要の大島嶼にして、所謂北門の鎖鑰[注3]なり。これが防御を怠り、これが発達を蔑ろにせんか。国家の不利は殊更に言ふを須たず。蓋し、偏に軍備を増し兵制を整ふるも、其の土地にして荒廃、其の居住人民にして稀疎ならんか。以て充分の防御を得たりとするに足らず、以て完全の兵備を整へたりと云ふべからざるなり。況んや今日の時務たる国家万年の大計、社会千歳の長図を謀るに当り、眼前杞憂の［ X ］の事を先にせんよりは、国家の要素たり社会の基源たる、［ Y ］の発達完備を務むること、必須の実業たれ。万々一の国際破裂を慮りて、一日一時も欠くべからざる人生肝腎の産業を後にするは、事業を顧みざるの空言のみ、事

第三問　次の文章は、明治二十一年の『東京朝日新聞』に掲載された社説の一部である。これを読んで、後の問いに答えなさい。

【A】

能（よ）く我国の実況を見よ。一方里[注1]に付き人口平均、実に左の如くならずや（明治十九年調べに依る）。

畿内	五二七五	南海道	二二七一
東海道	三三六三	西海道（琉球を除く）	二〇七四
東山道（旧奥羽を除く）	一四九六	琉球	二三七四
旧奥羽	九五一	北海道	三五
北陸道	二二八八	壱岐	四〇〇七
山陰道	一六〇二	対馬	六七九
山陽道	二五一七	小笠原島	六七

畿内・関東・中国等の、人口稠密（ちゅうみつ）なるに反し、旧奥羽の如き、北海道の如き、将（は）た小笠原島の如き、其（そ）の稀疎もまた甚だしからずや。(1)しかのみならず、是等（これら）人口の稀疎なる処（ところ）は、其の面積最も大なるものなり。

【B】

畿内	四四五・五九方里	南海道	一五九八・四七方里
東海道	二六五八・八〇方里	西海道（琉球を除く）	二六一七・五四方里
東山道（旧奥羽を除く）	二六〇二・六七方里	琉球	一五六・九一方里
旧奥羽	四二四七・二三方里	北海道	六〇九五・三六方里
北陸道	一六三四・一二方里	壱岐	八・六三方里
山陰道	一一〇九・五五方里	対馬	四四・七二方里
山陽道	一五七〇・二七方里	小笠原島	四・五〇方里

かれとこれとを対照せよ。人口稠密なる処は其の面積小にして、人口稀疎なる処は其の面積大ならずや。畿内・中国辺に於てこそ、人多く、明地（あきち）

九　空欄 Y に入る語として最も適当なものを次の中から一つ選び、その番号をマークしなさい。解答番号は 23

1　風　　2　季節　　3　光線　　4　時間帯　　5　水蒸気

一〇　傍線部(8)「これらがいわば全て図像的な〝意匠〟として意識的に駆使されている」とあるが、どういうことか。その説明として最も適当なものを次の中から一つ選び、その番号をマークしなさい。解答番号は 24

1　風景画や図表、詩、和歌などが、近代において変容しつつある読者の関心や景観意識に訴えるように配置されている。
2　日本の風景の美しさを強調するために、和歌や漢詩が引用され、山水画と西欧風の風景画が意図的に用いられている。
3　挿絵や図表などを対照させて用いることによって、日本列島の地理学的な情報が一目でわかるように工夫されている。
4　詩や和歌の引用や地理学的な情報を地域区分と関連づけて配置し、各地方の特徴の多角的な理解を可能にしている。
5　西欧風の風景画が日本の伝統的な山水画に劣らず価値を持つことを印象づけるために、英詩がふんだんに引用されている。

一一　次のア～オについて、問題文の内容に合致するものには1を、そうでないものには2を、それぞれマークしなさい。解答番号は 25 ～ 29

ア　福沢諭吉の著作は明治期を通して長く読まれたが、志賀重昂の著作もまた刊行以来多くの版を重ねた。 25
イ　志賀は『日本風景論』で、日本的伝統を残す名所と西洋的な新しい風景とを峻別し、国土開発の方向性を示した。 26
ウ　『日本風景論』がよく読まれた原因の一つに、日清戦争に勝利して日本という国の姿が見直されたことが挙げられる。 27
エ　志賀の生まれ育った地域では、明治政府に対する反発が長く残り、子供たちも戦ごっこで官軍役になることを嫌った。 28
オ　『日本風景論』の挿画は、樋畑雪湖による南画風の山水画と、海老名明四による西洋風な銅版画とが対照的に配置されている。 29

つ選び、その番号をマークしなさい。解答番号は 19

1　風景を見る自分たちが近代日本の新しい国民意識を持っていたから
2　名所としては注目されてこなかった地域を紹介した風景だったから
3　伝統的な枠にとらわれず多角的な視点で紹介された風景だったから
4　各地のなじみのある風景が徹底して西洋的な方法で描かれていたから
5　日本の風景は近代化にともなう開発のため大きな変貌を遂げていたから

六　傍線部(6)「対照的に配している」とあるが、筆者はそのことが読者に何をもたらしたと考えているか。最も適当なものを次の中から一つ選び、その番号をマークしなさい。解答番号は 20

1　安心　2　解放感　3　好奇心　4　混乱　5　達成感

七　傍線部(7)「瀟洒な」の意味として最も適当なものを次の中から一つ選び、その番号をマークしなさい。解答番号は 21

1　生き生きとした魅力があるさま
2　古風で堂々とした風格のあるさま
3　すっきりとあか抜けしているさま
4　繊細ですみずみまで整っているさま
5　装飾が多く豪華できらびやかなさま

八　空欄 X に入る語として最も適当なものを次の中から一つ選び、その番号をマークしなさい。解答番号は 22

1　いとま　2　及ば　3　難く　4　過ぎ　5　違い

3　戦争をきっかけに、近代的な国家が誕生する前の歴史に対する関心が高まり、自らが日本人であることの自負心がより強くなった。
4　戦争の勝利によって日本という近代的な共同体が意識されるようになり、国内のさまざまな対立を越えて、国民としての意識が生まれた。
5　戦争の勃発により明治維新以来続いていた内戦状態が終結し、日本は名実ともに統一国家となり、その一員としての意識が国民に生まれた。

三　傍線部(3)「東北の民草を統一する」とあるが、この中に含まれている修辞上の特徴の説明として、最も適当なものを次の中から一つ選び、その番号をマークしなさい。解答番号は **17**

1　一部のもので全体を表現する。
2　何かをよく似た別のものでたとえる。
3　文の途中に無関係な要素を挿入する。
4　意味と形式の上で対になる言葉を重ねる。
5　同じ音で異なる意味の言葉を連想させる。

四　傍線部(4)「福沢諭吉の著作」とあるが、福沢の著作についての説明として正しいものを次の中から一つ選び、その番号をマークしなさい。解答番号は **18**

1　「小説の主脳は人情なり」という名高い一節を持つ理論書『小説神髄』
2　「天は人の上に人を造らず」という名文で始まる啓蒙書『学問のすすめ』
3　金のため恋人に裏切られ、金に復讐する主人公間貫一（はざま）の物語『金色夜叉』
4　出自による社会的差別の問題を扱い自然主義の代表的作品とされる『破戒』
5　紡績工場で働く女性の過酷な労働環境を記録したルポルタージュ『女工哀史』

五　傍線部(5)「未知の「風景」」とあるが、なぜ読者は日本の景観を「未知」として捉えたのか。その説明として最も適当なものを次の中から一この本から印象づけられるのは、(8)これらがいわば全て図像的な〝意匠〟として意識的に駆使されているということであり、この本から連想されるのは、奇妙なことに、昨今のカタログ誌、都市情報誌、あるいは数年前(金)(ビ)でベストセラーになった『金魂巻』[注3]といった雑誌であり本なのである。

（加藤典洋『日本風景論』による）

注1　小夜ふかく……よび声＝（大意）夜更けの月に霞がかかり、まるで網にかかったよう。漁夫たちの声はその網を引いているのだろうか。

注2　霏々漠々……抜於萃＝（大意）満天に降る細かな雨は、名高い芸者於菟の涙と言われる。於菟はかつて大磯の遊里にあり、その容貌は抜きん出て美しかった。

注3　『金魂巻』＝渡辺和博の著書。一九八四年刊。(金)(ビ)は同書に使われた符号。

一　傍線部(1)「国木田」は「忘れえぬ人々」の著者である。この作家についての説明として正しいものを次の中から一つ選び、その番号をマークしなさい。解答番号は **15**

1　清新な自然のスケッチである「武蔵野」や、短編小説「牛肉と馬鈴薯」などで知られ、自然主義の先がけとなる作品も発表した。

2　「たけくらべ」で一躍文学界に知られ、「十三夜」「にごりえ」など女性を主人公とする名作を生むが、結核により二十代で死去した。

3　軍医としてドイツに留学、帰国後は陸軍軍医総監など歴任する一方で、小説「雁」、史伝「渋江抽斎」、翻訳「即興詩人」などを著した。

4　同人雑誌『白樺』で出発し、「大津順吉」「和解」「焚火」などの自伝的、心境小説的作品をてがけ、やがて大作「暗夜行路」を完成した。

5　短篇小説「鼻」を夏目漱石に激賞され、王朝ものやキリシタンものなど技巧的で多彩な文学世界を構築したが、やがて神経を病み自殺した。

二　傍線部(2)「この戦争が、二十数年前に「作られ」た近代的国家「日本」に帰属する「日本人」意識の定着に決定的な契機をなした」とあるが、どういうことか。その説明として最も適当なものを次の中から一つ選び、その番号をマークしなさい。解答番号は **16**

1　戦争をきっかけに薩長を中心とする明治新政府の力が強まり、大国の中国に対して友好的だった反政府勢力は発言力を失った。

2　戦争を通して、相手国となった中国を軽視する風潮が生まれ、両者を比べて日本や日本人は優れているとする見方が広まった。

なぜこの本が当時このように人々に迎えられたかについては、さまざまな説明が可能だろう。まず、初の対外戦争に勝って、日本人の自分を見る眼、自分の国を見る眼が変わってきたこと、また、江戸期と同様の「眼」で見ていたために気づかなかったが、日本の景観自身が変わってきていたこと――「郊外」が生まれ、「武蔵野」が生じようとしていたこと――、そして最後に、この『日本風景論』が、これまでと全く異なる仕方で、日本の景観を(5)未知の「風景」として人々の前にさしだすものとして現れていたこと。

いま、この本を、これが当時の人々の眼にどのように映ったか、に留意して再読すれば、ここには何より、当時の人々の前に現れようとしていた新旧二種の「探勝的風景」が、その対比を際立たせる形で並置されていることに気づく。簡単にいえば、「日本三景」的な名所的風景と、「日本アルプス」的な西洋的な風景が、挿画、文体、レイアウト、引用（漢詩、和歌、原文英詩、地図、図表、統計）、全ての点で、読者にその対照を訴え、景観意識の変容そのものを強調する形になっているからである。

まず、挿画についていえば、志賀はここで景観の挿画を日本風のものと洋風のものとに分け、しばしばこれを(6)対照的に配している。前者は、後に日本初の官製絵葉書のデザインを行う樋畑雪湖の手になり、後者は年少の海老名明四の手になる。岩波文庫版の小島烏水の解説によれば、この対照を際立たせるため、志賀は、「木版に於て日本式の板目木版と、西洋式の木口木版」とを「両用」している。集中、たとえば「小野の滝」と「田代の七ツ釜」という二種の滝の景観が挿画で見開きに対照されているが、前者は樋畑雪湖の手になる南画風の〝山水画〟であり、後者は海老名が描き、木口木版の彫り師森山天葩が彫った(7)瀟洒（しょうしゃ）な西洋風の、一見銅版画と見まがう〝風景画〟である。当時、これを見た人が、自分の眼にした経験のある渓谷の実景を思い浮かべ、それがここでは一方で、〝山水画〟として名所風に（那智の滝のように）現れ、他方で〝風景画〟として西欧風に（スコットランドの渓流のように）現れる〝錯視〟的対照を味わっただろうこと、そしてそのことに、たとえようもないあるカタルシスを感じただろうことは、想像に【X】ない。

また、用いられている文体についていえば、たとえば彼は日本の風景にいかに【Y】が重要な要因をなしているかと説いて、まず、現在ぼく達が中学校の地図帳に見るのと全く同じ「雨量分布の図（全国平均）」を掲げた後、[注1]「小夜ふかく霞の網にいる月を／ひくや湊（みなと）の海人（あま）のよび声」（正徹）という和歌をあげたかと思えば、次に[注2]「霏々漠々（ひひばくばく）満天墜。云是名妓於菟（おと）涙。於菟曾（かつて）在大磯里。玉貌華顔抜於萃（すい）」云々と続く二十行ほどの漢詩（村上仏山）を引き、さらに、何と呼ぶのか、千代紙風の日本古来の絵言葉（?）を「レトロ風」にレイアウトしたのに続けて、以後流麗な美文で行文を連ねる。最後にくるのは、左右に東山道と地域小区分（岐阜・長野・宇都宮・福島・石巻・宮古……）、上下に「北緯・海抜・月別湿度・温度」の項目を置く、いかにも「地理学」風の地名・月別湿度・温度一覧表である。レイアウトは多岐に亘（わた）る。原文の英詩の引用にも事欠かない。総じて

第二問　次の文章を読んで、後の問いに答えなさい。

一八九四年、「忘れえぬ人々」の書かれる四年前、『日本風景論』と題された一冊の本が現れる。(1)国木田の「風景の発見」をつつみ、やがてこれを隠蔽していくのは、まさか勝つと思っていなかった「清」相手の戦争に勝利し、有頂天になった日本人に、それまでとは違う日本、「近代日本」を未知のもの、「風景」としてさしだすことで大ベストセラーとなる、志賀重昂のこの本だったといってよいのである。

志賀は一八六三年、現在の愛知県に位置する岡崎藩の藩士の子として生れ、札幌農学校を卒業後、約十ヵ月の南洋航海を経験して『南洋時事』を著わし、ジャーナリストとして「国粋保存主義」を唱えて三宅雪嶺らと雑誌『日本人』を創刊の後、明治二十七年（一八九四）十月、この『日本風景論』を刊行している。日清戦争は二ヵ月前、八月一日に宣戦を布告されているが、近代日本最初の対外戦争にあたる(2)この戦争が、二十数年前に「作られ」た近代的国家「日本」に帰属する「日本人」意識の定着に決定的な契機をなしたことについてはさまざまの証言がある。たとえば『明治大正見聞史』の著者生方敏郎はこう書いている。

「憲法発布前は勿論、その後両三年位までも、私の地方民（群馬人――引用者）は明治政府に心から服従してはいなかった」。「西郷隆盛に同情し、西郷はまだどこかの山の中に生きている、と人々はしばしば語っていた。私たち子供は（……）（戦ごっこをする時――引用者）平家と官軍にされることを、大変屈辱と考えていた」。「老人連は御一新をただ薩長武士の企てた革命とのみ考えていた。もっとも老人たちは東照大権現と唱えて毎朝神棚に向い、徳川家康を拝んでいたのだ」。

つまり、「日清戦争になるまでの私の周囲は、ことごとく反明治新政府の空気に満たされていた」のが、当時とても敵わない大国と思われていた清国との戦いが優勢に進むと、事態は一変する。九月の平壌陥落は「あっけない位だったが、この時の国民の悦びは全く有頂天という言葉に相当していた」。それまで「私たち」は「支那人を悪い国民だとは思っていなかったし、まして支那に対する憎悪というものを少しも我々の心の中に抱いていなかった」。また「その時まで、私たちが見た物聞いた物で、支那に敵意を持つか軽んじたものは、ただの一つもなく、支那は東洋の一大帝国と見られていた」。しかし勝ちに乗じて「ますます勇む心と敵を軽蔑する心が、誰の胸にも湧いて」くる。生方は、「いまだ薩長氏の新政府にまつろわなかった(3)東北の民草を統一するには、この戦争ほど好機会はなく、またこの位効果の挙ったものはなかろう」、そう記すのである。

『日本風景論』は、この平壌陥落に続く日本軍の優勢に沸く社会のただなかに上梓され、二ヵ月後には改訂再版となる。刊行後約半年の間に現れた書評は八十五種。この本は、結局十年後の増訂版まで十五版を重ね、(4)福沢諭吉の著作に次ぐ明治期有数のロングセラーとなるのである。

ら示される具体例はこの問いかけを否定している。

3　第43・42ページのＡＩやロボットが社会に与える影響を記す複数の段落は、「起承転結」の「転」に当たる部分で、論旨とはあまり関係ない説明を加えて文章に変化を与えようとしている。

4　「ロボットやＡＩは、結局のところ、敵なのか、味方なのか？」から始まる、終わりの七つの段落が、この文章の結論に当たる部分で、筆者の希望を含んだ最終的な考えが記されている。

5　最後の段落は、冒頭の段落の問いかけに応えており、最初に述べたＡＩやロボットの特徴に再び言及して終わることで論の話題や筆者の主張が理解しやすい文章になるよう工夫がなされている。

七　次のア〜オについて、問題文の内容に合致するものには1を、そうでないものには2を、それぞれマークしなさい。解答番号は 10 〜 14

ア　ＡＩやロボット技術の発展はすさまじく、生命や人間の側を操作する科学技術の発展も、かつての限界を越えてきている。 10

イ　テレビやラジオなどの機械へ向かってコメンテーターが新商品の情報を発信するという働きかけは、現在の先端技術の特徴である。 11

ウ　現在では、ＡＩやロボットは、人間が果たすべき役割を担い、私たち人間の代わりとなることもある。 12

エ　古来日本では人と人工物との距離が近かったが、現代的な道具の場合も距離が近いかどうかの判断には注意が必要だ。 13

オ　科学技術には害悪もあるが、それを上回る利益を得られるから技術は定着し、技術をうまく扱いながら人類は豊かな社会を実現してきた。 14

1 常識を打ち破り新たな考えを広めること　2 大声でしかりつけること
3 誤りを正すこと　4 当たり前のことを偉そうに言い立てること
5 物事を見抜いてはっきり言うこと

五 傍線部(6)「このアンビバレンス」の説明として最も適当なものを次の中から一つ選び、その番号をマークしなさい。解答番号は 8

1 新しい技術によって生産性が上がり豊かになる恩恵を被る人がいても、一方で技術を使いこなせず貧しくなる人もいるように、格差が大きくなるという不均衡が必ずあること
2 新しい技術の良い面を褒めて持ち上げ心の底から感嘆する気持ちと、悪い影響をいやがったり避けたりしてひどく憎む気持ちと、全く対立する感情が常に同時に存在すること
3 新しい技術により不可能が可能になることをたたえる一方で、その利点を認めつつも効果はごく僅かなものかもしれないという疑問も感じ、技術に対する判断ができなくなること
4 新しい技術には便利で優れているというイメージがあるが、別の見方をすれば安易になって管理されやすいというイメージもつきまとっていて、全体的印象が定まらないこと
5 新しい技術のおかげで困難を解決できるようにはなるが、技術の産物によって物や人間が破壊されたり滅ぼされたりする場合もあるので、絶えず注意が必要だということ

六 問題文の文章の構成や段落の関係についての説明として最も適当なものを次の中から一つ選び、その番号をマークしなさい。解答番号は 9

1 最初の二つの段落で提示した問題の答えを、第三段落で示すというように、問いかけの直後の段落で筆者の考えを記すという展開を繰り返しながら、説得力のある論述を進めている。
2 第五段落までがこの文章の序論に当たる部分で、その末尾は「暴走してきたのではなかろうか」という問いかけになっているが、次の段落か

1　決勝進出できればホンモウだ。
2　自由ホンポウな生活をしている。
3　諸国をルロウする。
4　従業員をイロウする。
5　友人をグロウするのは許せない。

二　傍線部(2)「遠い昔のことのように思える」とあるが、このような表現がもたらす効果の説明として最も適当なものを次の中から一つ選び、その番号をマークしなさい。解答番号は **5**

1　時間は大きく隔たるのになぜか共通点を感じさせる表現を用いて、ほんの数十年前のことでも現在とは異なる点を強調する効果
2　時間の長さを誇張するような表現を用いて、最近の技術革新が人間に与える影響の大きさを読者に確実に伝えようとする効果
3　過去の出来事として確認する表現を用いて、過ぎ去った時間を戻すことができないという後悔を読者に自然と感じさせる効果
4　過去を理想化するような表現を用いて、人間の限界をわきまえながら神への畏敬の念を持っていた時代を懐かしく思わせる効果
5　過去との隔たりを意識するような表現を用いて、ここ数十年の技術革新とそれに伴う意識の変化の速さを読者に印象付ける効果

三　傍線部(3)「技術には負の側面が常に付きまとう」とあるが、筆者はどのようなことを「農耕」技術における「負の側面」として挙げているか、その説明として最も適当なものを次の中から一つ選び、その番号をマークしなさい。解答番号は **6**

1　農耕による生産力の向上が富の不均衡を生み、経済的な格差が生まれたこと
2　農耕によって人々が同じ場所で生活するようになり、強大な統治権力が生まれたこと
3　農耕による経済格差が争いを生み、新たな武器の発明が死者を増やしたこと
4　農耕による定住化で感染症の被害規模が拡大し、人口を減少させたこと
5　農耕により人工的な耕作地が生まれ、開拓という自然破壊が進んだこと

四　傍線部(5)「喝破」の文脈に沿った意味として最も適当なものを次の中から一つ選び、その番号をマークしなさい。解答番号は **7**

手なずけ、飼い慣らし、豊かな社会を実現してきた。ＡＩやロボットとて例外ではない。いや、例外にしてはいけないのだ。

（佐倉統「科学技術は暴走しているのか？」による）

一　傍線部(1)(4)(7)(8)のカタカナを漢字にする場合、それに使用する漢字を含むものを、次の中からそれぞれ一つずつ選び、その番号をマークしなさい。解答番号は 1 ～ 4

(1)　オオザッパ　1

1　別の問題がハセイしそうだ。
2　事態のハアクに努める。
3　全国大会のレンパを達成した。
4　社会にハモンを投げかける。
5　監督が選手にハッパをかける。

(4)　ヘンザイ　2

1　事故現場のシュウヘンを調査する。
2　学生時代の読書ヘンレキを語る。
3　戦時中のヘンコウした教育。
4　すべてのザイサンを失う。
5　飲みやすいジョウザイの薬にかえる。

(7)　ゲンゼン　3

1　この運用方法ではガンポンが保証されない。
2　待遇改善にシュガンを置くことにした。
3　仏堂の中はソウゴンな雰囲気だった。
4　昨日の件に関してタゴンは無用です。
5　悪事を働いたというケンギがかかる。

(8)　ホンロウ　4

てつもない破壊力を持ち、災厄をぼくたちにもたらすものとしても描かれてきたし、ぼくたちのさまざまな問題や悩みを解決してくれるドラえもんのようなものとしても描かれてきた。フランケンシュタインという名前が、他ならぬ、このような人体再生技術をもたらした発明者と結びついていることが象徴的だ。

ロボットやAIは、結局のところ、敵なのか、味方なのか？　どちらでもある、という答しかありえないのだが、そこに多少なりとも選択の余地がぼくたちに残されているのであれば、やはりそれは味方であり、友であってほしい。

古来日本では、人工物と人の境界をあまり重視せず、ロボットなどの技術に対しても西洋社会より友好的だとされてきた。その背景にはアニミズム的心性があると指摘する人類学者もいる。人形供養や針供養など、長く身近にあった道具の寿命が尽きたとき、ただそれらを捨てるのではなく、命あるもののように弔う。カメラのようなもっと現代的な道具についても、それは同じだ。外観も機能ももっと人間に近いロボットとなれば、共感の度合いはもっと高くなる。

フィクションの世界で描かれるロボットの姿も、日本では鉄腕アトムやドラえもんやガンダムなど、友好的であったり人間の完全な道具であるものが多い。さらに新しい《攻殻機動隊》では、人間と機械が一体となった姿が描かれる。それに対しアメリカやヨーロッパでは、すでに名前の出た『フランケンシュタイン』を始めとして、ロボットの語源となったカレル・チャペックの戯曲『ロボット（R・U・R）』、映画の《ターミネーター》、《2001年宇宙の旅》など、人類に危害を加える敵としてのロボットやAIが主流ではないか。

もちろん、東洋／西洋という二分法はあまりにも単純化しすぎており、取り扱いには注意が必要だ。より実証的なデータも集めなければならない。しかし、技術と社会の関係は双方向的であり、社会の背景には文化システムが(7)ゲンゼンと横たわっていることも事実だ。新しい技術と社会の関係を考える際に、やはり文化システムのあり方を考えることは不可欠である。

だとすれば、人と人工物の距離が近いという日本の文化や社会の特性は、AIやロボット技術との共存を目指す際に、ひとつの拠り所となるのではないだろうか。

日本が長年培ってきたノウハウとその背後にある機械観を抽出することは、AIやロボットとの共生が必須の時代における新しい社会的価値を形成する上で、きっと役に立つはずだ。

暴走を繰り返す科学技術は今まで何度も私たちを(8)ホンロウし、大きな災厄をもたらしてきた。しかしそれでも、人類はどうにかこうにかそれらをや通信技術あたりから見られる特徴だ。

第三に、人体の内部に技術が入り込んでいることだ。今までの技術はたとえば望遠鏡や顕微鏡のように、人体の外部にあって付加的に人間の能力を拡張していたが、現在のマイクロマシーンや人工臓器などは人体の内部に深く入り込んで、一体化している。

第四に、ＡＩやロボットは人の代わりとなっていろいろな仕事をしてくれる、エージェントとしての機能を持っている。単に人に使われる道具ではなく、自律して動く仲間なのである。

これらの点――自律化、環境化、内部化、代理性――は、従来の技術にほとんど見られなかったか、見られたとしてもごくわずかでしかなかった特徴だ。言いかえると、もともと人と共生体を形成していた人工物は、ここにきていよいよ人体との一体化の度合いが高くなってきたということである。

これが将来どのような帰結をもたらすのかは、現在のところはよくわからない。もちろん良い面も多数あるはずだが、人間の認知能力などに悪い影響を与える可能性も否定できない。新しい技術の導入は、少しずつ様子を見ながら進めていくしかないだろう。

人間の、新しい技術に対するイメージは、常にアンビバレントだった。中世ヨーロッパでゼンマイ仕掛けの時計が出現したら、これは生命の仕組みを具現化したものだと持ち上げる人たちの一方で、教会の塔に据え付けた時計の時報が聞こえる範囲が「都市」として定められることで、それまでの自由を失う人たちも出てきた。それらの人々にとっては時計のイメージは自由の喪失であり、管理の象徴である。

あるいは、一九世紀にアメリカで消しゴム付き鉛筆が発明されると、便利なので急速に普及したが、その一方で子どもたちが字を書く際に後でも消せるからと安直になるとの批判も起こった。イギリスの小学校では消しゴム付き鉛筆の使用が長い間禁止されていたほどである。

新しい技術への賞賛と嫌悪の入り混じったまなざし――これを、ＳＦ作家のアイザック・アシモフは「フランケンシュタイン・コンプレックス」と名付けた。一九世紀ゴシックロマンの傑作、メアリー・シェリーの『フランケンシュタイン』に登場するモンスターは、その製作者や家族や友人たちの命を次つぎに奪っていく。人は、みずからが生み出した技術によって滅ぼされるという恐れを、常にいだいているのではないか――人々の抱く技術イメージを、アシモフは(5)喝破した。

(6)このアンビバレンスは新しい技術が出現するたびに再生産されてきた。しかし、昨今の自律的技術や生命操作技術に関しては、おそらく先に挙げた四つの新しい特性ゆえに、ことにその度合いが強いように思う。ロボットやＡＩは、たとえば『鉄腕アトム』に登場するプルートゥのように、とたとえば農耕。その起源は茫漠としているが、現在のところ最古の農耕の証拠は今から二万三〇〇〇年前のイスラエルあたりにさかのぼるとされている。今から一万年ほど前になると、西アジアや中国でも農耕が行われるようになってくる。

この農耕、食料を安定して生産することができるので、あちこち移住する必要がなくなり、人々の栄養状態もよくなって人口が増え、生産力が上がれば富の余剰が社会に蓄積されて強大な統治権力を生み出す母体となったとされている。

だが、農耕開始期からしばらくの間、人口はむしろ減少したことが知られている。人々が同じところに密集して、しかも長期間その状態で生活するようになったため、感染症による被害の規模が大きくなったのだ。

人類に害悪をもたらした技術は農耕に限らない。さまざまな武器は戦争での死者を増やした。運搬や移動のための技術も、移動中の事故で怪我や死亡が生じる。生産のための鋤や鍬も水車ですら、事故はつきものだ。もちろん、これらのデメリットを上回るメリットをもたらしてくれるからこれらの技術は定着したのである。だがその一方で、(3)技術には負の側面が常に付きまとう。

技術が非人間的なのは、今に始まったことではない。ＡＩやロボットなどの先端技術が人類社会に与える影響の少なくとも一部は、今までの技術革新の影響を歴史的に振り返れば見当がつくのである。失業者は出るだろう。仕事の中身も変わるだろう。一方で社会全体の生産性は上がるだろう。その恩恵を被ってさらに豊かになる人々もいる一方で、新しい技術を使いこなせずに貧しくなる人もいるので、経済格差は大きくなるはずだ。だが、その格差が支配層と奴隷のような被支配層とに分かれて固定するまでになることは、まずないだろう。

もちろん、だからといって、ＡＩやロボットなどの先端技術が社会に与える影響のすべてが過去の技術革新から類推できるわけではない。これらの技術が今までとは決定的に異なる点もいくつかあるからだ。

まず第一に、従来の技術は人間の能力を増強する方向で開発されてきたが、現在の先端技術は新たな判断や情報を提供することで、人間が機械に従うような方向性の働きかけをする。このような、機械から人へという方向に情報を発信する機能は、テレビやラジオなどのメディア技術に始まるものである。たとえば、テレビでコメンテーターの解説を聞いて新商品の購入を決めたりするように、メディア技術から発信される情報は、発信者の意図や目的に沿う行動を視聴者にうながすことが多い。

第二に、従来の技術は人間ひとりひとり、あるいはせいぜい数人から数十人ぐらいの能力を増強したり運搬したりするものだったのが、現在の先端技術、とくに情報関係の技術はぼくたちを取り巻く環境となって、あらゆるところに(4)ヘンザイしている。このような外部環境化も、メディア技術

国語

（七五分）

第一問　次の文章を読んで、後の問いに答えなさい。

人工知能（ＡＩ）やロボット技術がものすごい勢いで発展している。囲碁の世界チャンピオンを破ったと思ったら、あっという間に人の能力を置き去りにして、囲碁ＡＩプログラムどうしで腕を磨き、今まで人が見たこともないような展開や作戦を発見し、「囲碁」というゲームの世界を作りかえてしまった。

同じようなことが、書類の作成や簿記や経営判断などでも起こるのか？　だとすると、ほとんどの人間は失業者になってしまうのか？

そうなる、と予想する人もいる。ＡＩが全人類を合わせた知能を上回る技術的特異点（シンギュラリティ）までもうすぐだと言ったアメリカの未来学者レイ・カーツワイル。あるいは、人類は技術とデータを独占できる富裕支配層と、それらを管理する能力や経済力を持たない被支配層とに二分され、後者は奴隷のような地位になるという未来を予想するイスラエルの歴史家ユヴァル・ノア・ハラリ。彼らの描く未来像は、限りなく暗い。

ＡＩ／ロボットだけではなく、ゲノム編集技術や脳と機械の接続（ブレイン・マシン・インタフェイス：ＢＭＩ）など、生命や人間の側を操作する技術の発展もとどまるところを知らない。ほんの数十年前までは、遺伝子を(1)オオザッパに組み換えることすら「神の領域の冒瀆（ぼうとく）」と批判されていたのが、(2)遠い昔のことのように思える。

これらの状況を目の当たりにすると、科学技術はとどまるところを知らず暴走していると言いたくもなる。ある意味では、もちろんそうだ。しかし、ちょっと待っていただきたい。科学技術が暴走するのは、昨日今日の話ではない。はるか大昔から、ひょっとすると何万年、何十万年も前から、ぼくたちの技術はずーっと暴走してきたのではなかろうか。

解答編

英語

I **解答** ①─1　②─3　③─1　④─4　⑤─3　⑥─3
⑦─2　⑧─1　⑨─3　⑩─2　⑪─1　⑫─3
⑬─4　⑭─1　⑮─1

◆全　訳◆

≪知られていないサメの側面≫

ぞっとするような曲が流れる。人が海で泳いでいると，突然三角形の形をしたものが背後に浮かび上がる。曲の音がより大きくなり，さらに恐ろしそうになる。だが，画面上の泳いでいる人は自身の危険に気づかない。三角形の形をしたものはますます近づき，波の下に沈む。その後すぐ，その人はもがき出し，悲鳴を上げて静かな海の中に消える。

これが，映画やドキュメンタリー，ビデオゲーム等の一般向けのメディアの描写に基づいてほとんどの人が抱いているサメのイメージである。サメは巨大な歯を持ち，死人のようなぞっとする眼をした，強靭な体の深海の恐ろしい殺し屋として一般的に見られている。しかし，それは完全に正しくはなく，実際かなり偏っている。現実には，サメの襲撃より，危害を与えないように見える牛によって殺される可能性のほうが約5倍も高い。実のところ，健康的な海，ひいては健康な地球を保つうえでサメはきわめて重要な一部となっている。

サメは捕食動物で，他の魚を食糧として捕える。そうすることによって，サメは魚の数を制御し多様性を促進させ，それが魚類全体のバランスを保つのに役立っている。サメがいなければ，他の種が支配的になり，海洋環境が変わってしまう可能性がある。さらに，ARCサンゴ礁中核研究所の2020年の研究によってわかったように，多くのサメはマグロ，メカジキといった他の大きな魚とともに大気中の二酸化炭素の量を減らす役割を果たしている。それらの魚が死ぬと，体内に二酸化炭素を閉じ込め，たくわえたまま海底に沈む。

いくつかの種類のサメは，研究者が「頂点捕食動物」と呼ぶ，自然食物連鎖系の頂点に立つ狩猟生物である。しかし，そうしたサメの生存を脅かすことができる非常に危険な動物が一匹いる。それはもちろん人間である。我々は毎年，推定1億匹のサメを殺している。それらの半分以上はヒレのために捕獲される。ヒレは中国やベトナムなどの国で伝統的にスープに使われ，人気の料理になっている。残りは，肉のためや娯楽として捕獲されるか，単に大きな魚獲網にはまってしまうケースもある。

これが起こると，サメだけでなく海洋生物全体に大きな破壊的影響が及ぶ。バランスが崩れてしまうのだ。サメは完全に大きくなるまでの成長が遅いうえに，一般的に稚魚の数が少ないため，過度に捕獲されると元の数に回復できないことがよくあり，多くの種が絶滅に近い状態になっている。その上，体を切り開かれると，前述の体内にたまった二酸化炭素が放出し，さらなる環境被害を引き起こす。

近年，サメの生存が脅かされていることから生じる問題だけでなく，このすばらしい生物が地球全体のために担っている重要な役割が次第に注目されてきている。ようやく我々の貪欲から生じた問題を減らすための法律が，遅すぎではあるが，施行されてきている。しかし，すでに及ぼした被害から回復を図る可能性が本当にあるのなら，我々はさらに多くのことをする必要がある。

◀解　説▶

①第1段第1文（Scary music plays.）で「ぞっとするような曲が流れる」と述べている。空所の文（The music gets …）が「曲の音がより大きくなり」で始まり，空所の前に比較級の more があることから，空所には scary と同意の1の frightening が入って「より怖そうに（なる）」という意味になると推測される。

②第1段第2文（Someone is …）から，海で泳いでいる人に何かが背後から襲いかかろうとしている状況と推測できる。空所の前の the person on screen は同段第2文の Someone を指し，空所の前の their は the person on screen の所有格である。the person は単数形だが，性別を特定するのを避けて their が用いられたもの。よって，空所には3の danger が入り，「しかし，画面上の泳いでいる人は自身の危険に気づかな

い」という意味になるとわかる。

③第1段第4文（The shape gets …）で「三角形のものは次第に近づき，波の下に沈む」と述べ，同段第5文（Moments later, …）の空所の後で「悲鳴を上げて静かな海の中に消える」と述べていることから，空所には1の struggle「もがく」が入ると考えられる。

④空所の前の部分で「サメは深海の恐ろしい殺し屋と見られている」と述べた後，前置詞の with があり，「大きな歯，ぞっとする死人の眼」と続いていることから，bodies までがサメの体の特徴を表すと推測できる。よって，空所に入る語は bodies を修飾する形容詞であり，4の powerful が入って，「強靭な体」という意味になるとわかる。

⑤第1段でサメが海水浴者を襲うシーンを述べており，第2段第2文に They are often seen as terrifying killers of the deep「サメは深海の恐ろしい殺し屋と見られている」とある。空所の文の初めに you are about five times more likely to be killed「人が殺される可能性は5倍ほど高い」とあることから，空所には3の attack「襲撃」が入る。

⑥空所の文の前半（When they do so, … of fish populations）で「サメが魚を食べることにより，特定の魚の数が増えるのを防ぎ，多様な魚が生息できる」と述べており，空所の後の第3段第3文（With no sharks, …）で「サメがいなければ，他の種類の魚が増えすぎて海洋生態系が変化する」と述べている。よって，空所には3の maintain が入り，「そのことがバランスを保つのに役立っている」という意味になる。

⑦第3段第1～3文（Sharks are … the marine environment.）でサメが海洋生態系のバランスを保つのに貢献していることを述べている。In で始まる第4文の空所の後で「研究の結果，サメやマグロ，メカジキなどの大きな魚は大気中の二酸化炭素の量を減らすのに役立っていることがわかった」とサメの利点を述べているので，空所には2の addition が入り，In addition「さらに」という表現を成すとわかる。

⑧空所の前の副詞節 When such fish die はその前文から「サメ，マグロ，メカジキなどの大きな魚が死ぬと」という意味になる。空所の後に to the bottom of the ocean「海底に」とあるので，空所には「沈む」という意味の1の sink が入る。

⑨空所の後の“apex predators”の後に言い換えを表す or があることか

ら，apex predators は hunters who … food chain「自然界の食物連鎖の頂点に立っている狩猟生物」に対して研究者が使う呼称と推測される。よって，3 の call「呼ぶ」が入る。

⑩空所の後の 2 文（This is, … every year.）で「もちろんそれは人間で，捕獲量は年間 1 億匹と見積もられている」と述べていることから，空所には 2 の survival が入り，空所の文は「しかし，サメの生存を脅かし得る非常に危険な動物が一匹いる」という意味になる。

⑪空所の前の関係代名詞 which は fins「サメのヒレ」を指し，空所の後で「中国やベトナムなどの国で伝統的にスープに使われ，人気の料理になっている」と述べていることから，空所には 1 の traditionally「伝統的に」が入ると考えられる。

⑫空所の前の副詞節 When this happens の this はサメが大量に捕獲され，生存が危うくなることを指す。空所の後に並列の接続詞 and があり，「それら（サメ）だけでなく，すべての海洋生物に破壊的な影響」と続いていることから，空所の語は devastating「破壊的な」とともに影響の程度を強める形容詞とわかり，3 の huge「甚大な」が適切。

⑬第 5 段第 3 文（Because sharks …）で「サメは稚魚の数が少ないうえに成長が遅いので乱獲からの回復が難しく，絶滅に瀕している種類も多い」と述べている。同段第 4 文が In addition「その上」で始まっていることから，別の悪い影響が述べられるとわかる。空所の前で「捕獲されたサメの体が解体されると体内に蓄積していた二酸化炭素が放出する」と述べ，空所の後に further environmental damage「さらなる環境的被害」があることから，空所には 4 の causing「～を引き起こす」が入る。

⑭最終段第 1 文（In recent years, …）の前半で「近年，すばらしい生物であるサメが地球全体のために担っている重要な役割が次第に注目されてきている」と述べている。空所を含む後半は *A* as well as *B*「*B* だけでなく *A* も」の構文になっていて，as well as the issues that arise「生じる問題だけでなく」と続いていることから，when 以下の副詞節は「サメの存在が脅かされているときに」という意味になると推測される。よって，空所には 1 の threat「脅威」が入る。be under threat「脅威にさらされている」

⑮空所を含む文は long-overdue から空所までが主語を成す。that are

helping to reduce the problemsが lawsにかかり，we have caused…から空所までが the problemsにかかる文構造。we have caused「我々が引き起こした」の後に through our「我々の〜によって」と続いているので，空所には人間にサメの乱獲を引き起こさせるものが入るとわかり，1の greed「貪欲」が正解。

II 解答　16－3　17－5　18－6　19－1　20－2

◆全　訳◆

≪オーストラリアへの移住者ジェームズ=カルダーの話≫

19世紀半ば，オーストラリアは英国の多くの労働階層にとって果てしない可能性のある魅力的な地に思えたに違いない。金の発見と新たな挑戦の話は，イングランドやスコットランド，ウェールズの低賃金の仕事であえいでいる者たちにとって，そこへ行けば厳しい生活から逃れられるということに他ならなかった。オーストラリアへ渡るということは厳しい状況での長旅を意味したが，可能性に賭けてみようという者たちは，厳しさや危険性に立ち向かうことをいとわなかった。そのような勇敢な者たちの一人がエディンバラ出身のパン職人のジェームズ=カルダーだった。1852年，彼は妻のマーガレットと4カ月の海洋の旅に出た。

ほとんどの移住者はビクトリア州のバララットの金鉱で大金を得たいと思ったが，ジェームズとマーガレットは隣のサウスオーストラリア州のアデレードに向かうことに決めた。到着するとすぐに二人はパン屋の開業に取りかかった。多くの人が金を求めて町を離れていたので，最初は繁盛しなかったが，人々が徐々に戻るにつれて，町は賑やかになり出した。すると，ジェームズ=カルダーのパン屋も大きな収益を上げるようになり始めた。

ビクトリア女王の息子であるエディンバラ公爵アルフレッド王子の訪問の後，商売は一層繁盛した。1867年の王子との幸運な出会いにより，ジェームズ=カルダーは「エディンバラ公爵のビスケット職人」と名乗って宣伝する許可を得た。この宣伝文句はジェームズが事業で大成功する力となった。オーストラリアへ行く賭けは確実に実を結んだ。

1877年にジェームズは妻の身内のジョン=バルフォアを事業のパートナ

ーにし，店の看板にバルフォアの名前が付け加えられた。その後の数十年間，ジェームズ=カルダーの死，財政破綻，度重なる事業買収等の多くの浮き沈みを見た。これらの苦難や他の困難にもかかわらず，会社はアデレードで喫茶店とパン屋を営み，何とか存続した。20 世紀の間は，会社は成長とともに変化をし続けた。

会社は今日まで続き，地元の文化の一部になっている。サウスオーストラリアで最もよく知られた街の食べ物の一つが「パイフローター」で，それは豆のスープに浮かべられたミートパイとケチャップからなり，深皿で出される。これは多くの人の頭の中でバルフォアパイカートと絶えず結びついており，そのカートは腹をすかしたオーストラリアのフットボール好きな人たちや深夜の客たちに何十年間もその変わった食べ物を提供してきた。アデレード出身の人にバルフォアバニラスライスやフロッグケーキ，カスタードタルトを食べたことがあるかと聞けば，多分あると言うだろう。でも，おそらくこれらの食べ物が大好きな人たちの多くは，ジェームズ=カルダーと妻のマーガレットの話は知らないだろう。自分たちと身内のためによりよい生活を築きたいという二人の夢は，生地から遠く離れた地で実現したのである。

◀解　説▶

16. 空所の前の第 1 段第 1・2 文（In the mid-19th … Scotland and Wales.）で「19 世紀の中頃，金の発見と新たなことへの挑戦で沸くオーストラリアは，英国の低賃金労働者にとって生活苦から逃れる可能性を秘めた地だった」と述べている。3 が「オーストラリアへ行くことは厳しい条件での長旅だったが，可能性に賭ける者たちはそれにひるまなかった」という内容で，意味的につながるとともに，空所の後の文の One such brave「そうした勇敢な者たちの一人」ともつながることから，3 が正解。

17. 第 2 段第 1・2 文（While most travellers … establishing a bakery.）で「移住者のほとんどがビクトリア州のバララットの金鉱を目指したが，ジェームズとマーガレットはサウスオーストラリア州のアデレードへ行き，パン屋を開いた」と述べている。5 が「多くの人たちが金を求めて町を離れていたために最初は売れ行きがよくなかったが，人々が戻ってくると，町は活気を取り戻した」という内容で，文の出だしが第 2 段第 2 文と意味的につながる。また，空所の後の文の最初の When it did so は 5 の as

they gradually returned, the city began to flourish を指していると考えられる。よって，5が正解。

18. 空所の前の第3段第2文（Following a successful …）で「1867年のアルフレッド王子との幸運な出会いにより，ジェームズ=カルダーは『エディンバラ公爵のビスケット職人』を名乗ることを許された」と述べている。6が「この宣伝文句はジェームズが大繁盛する助けとなった」という内容で，This claim が “Biscuit-Maker to the Duke of Edinburgh” を指すと考えられる。よって，6が正解。

19. 空所の前の第4段第2文（The next few decades …）で「次の数十年間，ジェームズ=カルダーの死，財政破綻，度重なる事業買収といった多く浮き沈みを見た」と述べている。1が「これらを含むいくつかの困難にもかかわらず，会社はアデレードで喫茶店とパン屋を営み，何とか存続し続けた」という内容で，these and other challenges は第2文で述べている苦境を指すと考えられる。よって，1が正解。

20. 最終段第2・3文（One of the most … customers for decades.）で「サウスオーストラリアの最もよく知られた街の食べ物の一つが『パイフローター』で，…それは腹をすかせたフットボール好きな人たちや深夜の客にその変わった食べ物を提供するバルフォアパイカートを多くの人に連想させる」と述べている。2が「アデレードの出身者にバルフォアバニラスライスやフロッグケーキ，カスタードタルトを食べたことがあるかと聞けば，多分あるという答えが返ってくるだろう」という内容で意味的につながる。よって，2が正解。

III　解答

(1)― 4　(2)― 1　(3)― 6　(4)― 3　(5)― 2
(6)― 2　(7)― 6　(8)― 5　(9)― 3　(10)― 4

◀解　説▶

Section One

(1)Aの発言が「とっても可愛い！」と愛着を示している。これに対して考えられるBの発言は4の「本当？　ペットのネズミを嫌う人が多いんだけど」が最も適切。ネズミを可愛いと思う気持ちの意外さを表したもの。

(2)Aの発言は「これ，君の携帯電話かい？」と驚きを述べたもの。よって，Bには1の「あのね，古いかもしれないが，まだちゃんと動くんだよ」が最も適切。

⑶Aの発言が「とっても疲れているようね」と相手を気遣う内容なので，Bには疲れている原因を述べた文が入ると考えられ，6の「赤ちゃんの世話で一晩中起きていたの」が入る。

⑷Aの発言が「社内では禁煙になっているんだよ！」と相手を注意していることから，Bには弁解を述べる文が入ると推測される。3の「少なくとも窓を開けたよ」が言い訳として最も適切。

⑸Aの発言が「テレビの音を小さくしてくれないかい？」と相手に頼んでいることから，Bの発言は依頼の理由を尋ねる内容になると推測され，2の「どうしたの？　眠いのかい？」が入ると考えられる。

Section Two

⑹Bの発言が「それではオンライン会議は実際，難しいに違いないね」であることから，通信機器が不十分，不適切だと推測できる。よって，Aには2の「この古いコンピュータはしょっちゅうトラブルが起こるんだ」が入ると考えられる。

⑺Bの発言が「正直言って，彼は物を買いすぎるんだよ」となっていることから，ある男が困っている状態にあると推測される。よって，Aには6の「彼は部屋が狭すぎるとこぼしていたよ」が最も適切と考えられる。

⑻Bの発言が「これらの古いビデオゲームは人が思うより難しいんだよ」という内容で，相手がビデオゲームをやって難渋している状況と推測される。よって，Aには5の「これって，こんなに難しかったっけ」が適切。

⑼Bの発言が「好きなことをしてもよい頃かもね」という内容なので，Aには誰かがずっと緊張した状態でいるのを気遣う内容の文が入ると推測される。よって，3の「あなたの妹，もっとリラックスしてもいいんじゃないの？」が最も適切と考えられる。なお，1に the hobby store「模型工作専門店」があるため，迷ってしまうが，この文は Should we go で始まっており，「一緒に行ったほうがよいかどうか」に重点がおかれ，返答は Yes / No が求められる。一方，3は Don't you think で始まっており，返答は Yes / No に限らず，I think で始まることも可能で，Bの返答の Maybe が I think に相当すると考えられる。

⑽Bの発言が「才能だけでなく，運も必要なんだと思うよ」となっている。4に that band，famous という語があり，Bの発言の they は that band

を指すと推測され，famous「有名（な）」になるには talent「才能」に加えて luck「運」も必要だと，意味的につながることから，「あのバンド，もっと売れてもいいのに，そうじゃないのはどうして？」という意味の 4 が入る。

Ⅳ　解答

(1)—3　(2)—3　(3)—4　(4)—1　(5)—4　(6)—1
(7)—2　(8)—1，4，7

◆全　訳◆

≪カフェインの摂取について≫

著作権の都合上，省略。

著作権の都合上，省略。

◀解　説▶

⑴「本文が語っている主たる対象は誰か」

第1段第1・2文（If you rely … improve concentration.）で「もしあなたがはっきり目を覚まして活動を続けるために，カフェインに頼っているなら，それはあなたに限ったことではなく，何百万人もの人たちがしっかり目を覚まし，集中力を高めるために毎日カフェインに依存している」と述べていることと，最終段（The bottom line の見出し）で「ほとんどの成人の場合，カフェインの摂取は日々の生活の一部になっているが，それは通常，健康的に問題ないであろう。ただし，カフェインの副作用の可能性を頭に入れておき，必要な場合には進んで摂取を抑えるべきだ」と述べていることから，カフェインを含む飲料を飲んでいる多くの人たちが対象とわかる。よって，3の「カフェインを摂取する人」が正解。

⑵「本文によると，次のどの文が正しいか」

第2段第1・2文（Up to 400 …“energy shot” drinks.）で「ほとんどの健康な成人にとって，1日にカフェインの摂取量が400ミリグラムまでなら安全と考えられており，それはおおよそコーヒー4杯，缶コーラ10個，活力増強ドリンク2個分のカフェイン量に相当する」と述べている。よって，「活力増強ドリンク1個は，コーヒー2杯とほぼ同量のカフェインを含んでいる」という内容の3が正解。

⑶「本文によると，もしあなたが妊娠していれば，…すべきだ」

第4段第3文（Women who are …）で「妊娠中や妊娠予定の女性および赤ちゃんに母乳を与えている女性は，カフェイン摂取量を1日200ミリグラム未満に抑えるべきかどうか医師に相談すべきだ」と述べている。よって，4の「カフェインの摂取について医師に相談する」が正解。

⑷「（　1　）を埋めよ」

空所を含む文（How you react …）は，空所の前までが「カフェインの作用の仕方は一つには…によって決まる」という内容になっている。空所の後の文（People who don't …）が「カフェイン飲料を習慣的に飲まない人たちは，カフェインの作用に対してより敏感な傾向がある」と述べているので，1の「どのくらいの量のカフェイン飲料を飲むのに慣れているか」が正解。

(5)「(　2　) を埋めよ」

第8段最終2文（(　3　), you may … time you sleep.）で「昼間目を覚ましているのがつらいからカフェイン飲料を飲むと，そのカフェインによって夜眠れなくなる」と述べている。このことから，空所の文は「カフェイン飲料は（夜だけでなく），午後に飲んでも（夜の）睡眠を妨げる」という意味になると推測でき，4の even が入る。

(6)「(　3　) を埋めよ」

空所の前の文（Using caffeine to …）で「睡眠不足を紛らわすためにカフェインを使うのはよくない循環を招く」と述べている。空所を含む文とその後の文（(　3　), you may … time you sleep.）が「昼間目を覚ましているのがつらいのでカフェイン飲料を飲むかもしれないが，そうするとカフェインのために夜眠れなくなる」という内容で，空所の前の an unwelcome cycle を具体的に説明している。よって，1の For example「たとえば」が入る。

(7)「The bottom line の説明としてどれが最も適切か」

第1段で「多くの人がカフェイン飲料を毎日飲んでいるが，カフェインの摂取はどのくらいまでが適量なのか」と問題提起をし，第2段以降でカフェインの有害性と注意すべき点について述べている。The bottom line の見出しの最終段が「ほとんどの成人がカフェインを日常的に摂取しているが，一般的に健康面で問題はないだろう。ただし，カフェインには副作用の危険性があることを認識し，必要な場合にはすぐ摂取を抑えるべきだ」という内容で，文章の結びになっている。よって，2の Conclusion「結論」が正解。

(8)「本文の内容に合う文を3つ選べ」

1.「液体や粉末状のカフェインは一般的なコーヒーより有害性がずっと高いので，その状態で摂取すると死亡する危険性がある」

第3段で「粉末や液体のカフェインは有害なレベルのカフェイン摂取とな

る危険性…ティースプーン1杯分の粉末カフェインはコーヒー約28杯分のカフェイン量に相当し，健康面で重大な問題を引き起こし死に至る危険性がある」と述べており，一致する。

2.「10代の若者は，健康で薬を服用していなければ，コーヒーを飲む習慣について心配する必要はない」

第4段第1・2文（Although caffeine use … and other drugs.）で「カフェインの摂取は子どもには危険で，思春期の若者はカフェインの取りすぎに注意する必要がある」と述べており，一致しない。

3.「頭痛，イライラ感，物忘れ，筋肉の痙攣などの症状があれば，カフェイン過剰摂取による副作用の可能性がある」

If you drink more … の見出しの第6段で「1日に4杯より多くのコーヒー（またはそれに相当するカフェイン飲料）を飲んでいて，頭痛，不眠症，神経質，イライラ感，頻尿，排尿制御不能，高心拍，筋肉の痙攣などの副作用があれば，コーヒーを飲む量を減らしたほうがよい」と述べられているが，forgetfulness「物忘れ」は副作用として挙げられていないので，一致しない。

4.「1日にコーヒーを6杯飲んでいて，心臓の鼓動が速ければ，コーヒーを飲む量を減らすのはよい考えかもしれない」

If you drink more … の見出しの第6段で「1日にコーヒーを4杯より多く飲んでいて，心臓の鼓動が速いといった副作用があれば，コーヒーの量を減らすとよい」と述べており，一致する。

5.「ぼんやりしないで目を覚ましているために多くの人がコーヒーを飲むのは，それが長い目で見て効果があり，助けになるからだ」

第8段最終2文（(　3　), you may … time you sleep.）で「昼間目を覚ましているのがつらいからカフェイン飲料を飲むと，そのカフェインのために夜眠れなくなり，睡眠時間が短くなる」と述べており，一致しない。

6.「薬を服用したり，ハーブのサプリメントを飲んだりしている場合には，医師がコーヒーを飲むのを禁じるだろう」

第9段（Some medications and … affect your medications.）で「薬やハーブのサプリメントはカフェインと反応を起こす場合があるので，カフェインが服用物と反応を起こすかどうか医師や薬剤師に相談すべきだ」と述べており，一致しない。

7．「多くの場合，健康な人はコーヒーを飲む習慣やカフェインの摂取を変える必要性はない」
最終段第1・2文（If you're like … a health problem.）で「ほとんどの成人にとって，カフェインの摂取は日々の習慣になっていて，たいていは健康的に問題ないだろう」と述べており，一致する。

V　解答

(1)―4　(2)―1　(3)―3　(4)―1　(5)―2　(6)―2
(7)―3　(8)―2　(9)―4　(10)―4

◆全　訳◆

≪不思議な店≫

それは私がこれまでに数えきれないくらい何度もその前を通ったに違いないが，今までほとんど気づかず，入ってみようと思わなかった店だ。それは質素で小さな特色のない茶色のレンガ造りの建物で，美容院と家具店に挟まれて建っており，小さなショーウインドーがついていて，私にはまったく興味がない，印象に残らない品物があれこれ展示されている。でも，今日はいくらか時間を持て余しているので，ちょっと入って中を見てみることにした。

中は涼しくて暗く，目が慣れるのに少し時間がかかる。つんと鼻を突く強いバラの香りが漂っていて，思わず出てしまいたくなる。でも，何か面白いものはないかと棚に目をやりながら，さらに店の奥へ進む。実にさまざまな品物があるが，私にはまったく興味のないものばかりだ。

「何かお捜し？」

見上げると，年老いた女性がカウンターの後ろにいる。少し驚いた表情で，彼女が前回店に客が入ってくるのを見たのはいつなんだろうかと思ってしまう。

「ちょっと見ているだけなんです」と私は答える。

店内を一周して，買いたいものは本当にここには何もないと改めて思う。この老婦人は一体どうやって店を維持しているのだろうかと不思議に思う。ドアのほうへ向かうと，一つの面白いものに気づいて立ち止まる。大きな古い本が木製のスタンドの上に載っている。擦り切れた革の表紙には表題は見えず，本は厚い金属製の留め金で閉じられている。さらによく見ると，留め金に番号鍵がついている。

数字は 02-11-32 となっている。

その番号で鍵を開けてみようとしたが，開かない。中にどんなことが書かれているのかますます知りたくなる。「この本は何についてのものですか」と老婦人に尋ねる。老婦人はそれまでずっと黙ってじっと私を見つめていた。「鍵の番号をご存じなんですか」と尋ねる。「知っているわ」と婦人は答える。でも，それだけで他に何も言わない。

私はその返事にいら立ち，もうここはたくさんだ，出ようと決める。体の向きを変え，ドアから出ようとすると，婦人が「あなたの誕生日の数字を入れてごらん」と言うのが聞こえる。婦人にけげんな眼差しを向けながら，本のところへ戻る。この人，気が狂っているわ，と思う。でも，やってみずにはいられない。人差し指で数字を入れて，私の誕生日の月，日，年を表すようにする。

驚いたことに，鍵はカチッと音を立てて開く。私は分厚い表紙を開いて，ページをぱらぱらめくる。その本が伝記，しかも私についての伝記とわかり，衝撃のあまり「こんなこと，ありえない」とつぶやく。婦人に尋ねてみようと顔を上げると，婦人の姿はなく，店は突然それまでと違って見え，明るくなる。今，棚にあるのは私の好きなものばかりだ。通路をもう一度歩いてみる――さっき，どうしてこれを見落としたんだろう？　そしてこれも？　買いたくてたまらないものばっかり！

鼻を突くバラの強い香りは消え，私の好きなにおいに代わっている。

＊　＊　＊

私はカウンターの後ろに座って，客が入ってきて何かを買うのを待つが，皆店が見えないかのように窓の前を通り過ぎる。入ってくるわずかばかりの人も私が売るものに興味がなさそうだったり，店内に漂う香りが強すぎるとこぼしたりする。

するとある日，若い女性があの本に興味を示す。「開かないわ」とガムを音を立ててかみながら言う。

「あなたの誕生日の数字を入れてごらんなさい」と私は言う。

◀解　説▶

(1)第１段第１・２文（It's a shop … interest to me.）で「見落としてしまうような特色のない店で，窓からのぞいて見ると興味がないものばかりだから，これまでずっと中に入らず通り過ぎていた」と述べた後，同段第３

文（But I have …）で「今日は時間を持て余しているので，ちょっと入ってみることにした」と述べている。よって，4が正解。

(2)店内の様子や入ったときの気持ちは第2段に述べられている。同段第1文（The interior is …）から，店内は薄暗く，目が慣れるのに少し時間がかかったことがわかる。同段第2文（An overpowering …）から，店内はバラの香りが強すぎて，店を出たい気持ちになったことがわかる。同段第4文（Indeed, there are …）から，店内にはさまざまな品物があるが，興味のないものばかりであることがわかる。よって，1が正解。

(3) startled は「びっくりした」という意味の形容詞で，下線部は「(その老婦人は）少し驚いた表情だった」という意味になる。下線部の後の and 以下で「私の前に客が店に入ってくるのを見たのはいつだったのだろうかと思った」と述べており，3が正解。

(4) item は「品物」という意味で，下線部を含む but 以下の部分は「しかし，面白そうなものに気づき，立ち止まる」という意味になる。下線部の後は「大きな古い本が木製のスタンドの上に載せてあり，擦り切れた革の表紙には表題は見えず，厚い金属製の留め金で閉じられていて，留め金には番号鍵がついていた」という内容である。よって，1が正解と考えられる。

(5)下線部の数字の後の第8段第1文（I try the lock …）で「今の番号で開けてみようとしたが開かなかった」と述べ，同段第5文（“Do you know …）で「あなたは番号を知っているのですか」と尋ねると，“I do”「知っているわ」と答えただけだったと述べている。次の第9段第2文（I turn to …）と同段第6文（With my index …）で「店を出ようとすると，婦人が『あなたの誕生日の番号を入れてごらん』と言うので，人差し指で誕生日の月，日，年を入れた」と述べている。よって，2が正解。

(6)下線部の前の第8段から，古い本に対する興味がさらに強くなった語り手が“Do you know the combination?”と尋ねると，婦人はただ“I do”と答えただけだったことがわかる。よって，2が正解。

(7)下線部を含む第10段は，語り手が鍵の番号を自分の誕生日の月，日，年に合わせると鍵が開き，本を開けてみると，中身が自分の伝記なのに驚いたという内容になっている。同段第4文（I look up to …）の「婦人に尋ねようと思って顔を上げると」に続く but 以下で「婦人の姿は見えず，店の様子が突然変わって明るくなった」と述べ，続く第5文（The shelves are …）で「棚には好きなものばかりある」と述べている。また，次の第11段で「強すぎるバラの香りに代わって私の好きなにおいが漂っている」と述べている。よって，3の内容は述べられておらず，3が正解。

(8)第8段第1文（I try the lock …）と第9段第2文（I turn to …）から，語り手が最初に見たときのままの番号で鍵を開けようとしたが開かず，店を出ようとすると，老婦人が自分の誕生日の番号を入れてごらんと言ったことがわかる。第12段第1文（I sit behind …）で「私はカウンターの後ろに座り，客が何かを買いに店に入ってくるのを待つ」と述べており，語り手が老婦人の立場になっていることがわかる。よって，第13段で "It won't open,"「鍵が開かない」と言った若い女性に対して，老婦人が語り手に "Try your birthday." と言ったのと同じことを言うと推測され，2が正解。

(9)語り手が古い本の番号鍵の番号を，店の老婦人に言われたとおりに自分の生年月日に合わせると鍵が開き，本の中には自分の伝記が書かれているのに驚いて顔を上げる。すると老婦人の姿はなく，店内は自分の好きな状態に変わっている。そして語り手が老婦人に取って代わり，カウンターの後ろに座って客を待ち，入ってきた若い女性に老婦人と同じように応対するという展開になっている。このことから語り手は，この店で不思議な本を売るという仕事を老婦人から受け継いだことがわかる。そして最終段で自らがかけられた言葉と同じ "Try your birthday." と新たな女性客に言っていることから，この仕事はまた別の人物に引き継がれることも想像できる。よって，4の「次の人に任務を引き継ぐ」が正解。

(10)語り手が古い本を開けると，そこに書かれているのは自分の伝記であること，それに驚いて，老婦人に尋ねようとすると婦人が消えており，店内が一変していること，そして，語り手が老婦人の立場になって若い女性に同じように応対することから，この話は空想と考えられる。よって，4の fantasy が正解。

VI 解答

(1)— 3　(2)— 4　(3)— 1　(4)— 3　(5)— 2　(6)— 3
(7)— 1　(8)— 3　(9)— 2　(10)— 4

◆全　訳◆

≪今日の翻訳における問題≫

1768年にドイツ人の哲学者ヨハン=ヘルダーはフランスのある都市を訪れた。「フランス語とフランス人の考え方が段々わかるようになってきました。でも，わかればわかるほど，それらはますますなじみの薄いものに思えるのです」と彼は語った。

アマンダ=ゴーマンの詩をオランダ語に翻訳することを巡る論争で，私はヘルダーのこの言葉を思い出した。ゴーマンはジョー=バイデン大統領の就任式で見事な詩の朗読を行ったアフリカ系アメリカ人の詩人である。オランダの出版社が彼女の作品の翻訳を申し出た。その仕事の翻訳家に選ばれたマリーケ=ライネフェルトはゴーマンの合意を得た。ライネフェルトは自身を男性と女性の両方であると自認し，代名詞は “he / she”，“his / her”，“him / her” ではなく，“they”，“their”，“them” を使う。昨年，ライネフェルトはデビュー作の小説『夜の不快』で国際的な賞の最も若い受賞者となった。審査員は「ライネフェルトの言葉は世界を新しく見えさせる」とともに，「世界の不思議を見ている子どもの不思議」を見せていると評した。

ライネフェルトは白人である。そして，そのことがゴーマンの翻訳者としてふさわしくないと多くの人々に思わせるようだ。「どうしてゴーマンと同じように，話し言葉を使う，若い女性の黒人作家を選ばないのか」とあるジャーナリストが投げかけた。その論争によってライネフェルトは，ついに翻訳の計画から身を引くことになった。

問題は，ライネフェルトが白人であるということよりも，オランダの社会の人種差別，およびオランダで黒人の作家や翻訳家が疎外されていることなのだと多くの人が主張する。確かに人種差別はあるし，黒人の翻訳家がしばしばないがしろにされるのも事実だ。しかし，問題が単に人種差別と疎外に関するものなら，黒人の詩人には黒人の翻訳家が必要ということではなく，翻訳される作品の作者の肌の色と無関係に，黒人の翻訳家がもっと多くいるべきだという主張になっていただろう。

ゴーマンの論争は，人種と文化についての多くの他の問題を反映している。そのすべてにヘルダーの主張の現代版が関わっている。ヘルダーにとっては，「民族，住民」は主として言語学的な言葉で定義された。今日，我々はそれより，人種や文化，性別のアイデンティティーの問題に関心をもっている。

言葉だけでなく，原本の精神をいかに訳すかという翻訳の倫理についても，長く議論が行われてきた。しかしながら，今日のアイデンティティーの論争は正式な翻訳の問題についてだけでなく，我々が毎日携わるくだけた翻訳の類にも関与している。すべての会話は我々に他の人たちの経験やものの見方を「翻訳する」ことを求める。つまり，それらを我々自身の経験やものの見方を通して理解させる。アイデンティティーの境界線で分けられている世界では，そうした翻訳の実現性と道徳性の両方が疑問視されている。特定の経験や文化的形態は特定の集団に「帰属」し，他の集団は立ち入り禁止と考えられている。キャッチフレーズは「自分の走行車線から外れるな」だ。

ラルフ=エリソンの1952年の小説『見えない人間』は，黒人の体験を見事に探求した作品の一つである。その小説はしかし，それに留まらない。エリソンにとって，アイデンティティーは他の人たちの内なる生き方を見る手段だった。黒人男性としての体験は，白人労働者やユダヤ人女性の体験を理解するための生の資料を提供した。そして彼らの体験は，彼らがあなたたちを理解する手助けとなった。しかしながら，今日，アイデンティティーはほとんどその正反対，すなわち，自分自身を他の人たちから防御し，より広範なつながりを結ぶ可能性から身を引くための手段として捉えられている。

ライネフェルトが果たしてゴーマンの詩集のよい翻訳者になったかどうか，私には判断できない。しかし，白人であるということがその判断をするのにいかなる影響も及ぼすべきではない。「なぜ自分自身を制限しなければならないのか？」というエリソンの疑問は我々すべてに当てはまる。

◀解　説▶

(1)第1段第1文（In 1768, …）で「ドイツ人の哲学者ヨハン=ヘルダーはフランスのある都市を訪れた」と述べ，第2文（“I am getting …）で「フランス語とフランス人の考え方がわかるようになってきました」と述べていることから，3が正解。

(2)第 2 段最終文（The judges observed …）で「『ライネフェルトの言葉は世界を新しく見えさせる』とともに，『世界の不思議を見ている子どもの不思議』を見せている」と述べている。よって，「ライネフェルトの言葉を通して見慣れた世界の中に見慣れないものを見つけることができる」という内容の 4 が最も適切と考えられる。

(3)第 2 段第 5 文（Rijneveld identifies …）で「ライネフェルトは自身を男性と女性の両方であると自認し … "they"，"their"，"them" を使う」と述べている。よって，下線部の代名詞はライネフェルトを指し，1 が正解。

(4)第 3 段第 1 文（Rijneveld is white.）で「ライネフェルトは白人である」と述べ，同段第 3 文（"Why not choose …）で「なぜゴーマンと同じように話し言葉を使う，若い女性の黒人の作家を選ばないのか」と問題提起があったことを述べた後，同段最終文（The controversy led …）で「その論争からついにライネフェルトは翻訳の計画から身を引くこととなった」と述べている。よって，空所には 3 の unsuitable が入り，その文は「そして，そのことはゴーマンの翻訳者としてライネフェルトはふさわしくないと多くの人に思わせるようだ」という意味になる。

(5)第 5 段第 1・2 文（The Gorman controversy … of Herder's argument.）で「ゴーマンの論争は，人種と文化についての多くの他の問題を反映している。そのすべてにヘルダーの主張の現代版が関わっている」と述べている。第 1 段第 2・3 文（"I am getting … seem to me."）から，ヘルダーはドイツ語とフランス語の言語の違いを通して両国民の考え方の違い等，両国民の identity「個性，独自性」を捉えていることがわかる。それに対して，第 5 段最終文（Today, we are …）で「今日，我々はそれよりも，人種や文化，性別のアイデンティティーの問題に関心をもっている」となっていることから，空所には 2 の linguistic が入り，空所を含む文は「ヘルダーにとっては，『民族，住民』は主として言語学的な言葉で定義された」という意味になる。

(6)第 6 段第 1 文（There has long …）で「言葉だけでなく，原本の精神をいかにして訳すかという翻訳の倫理についても長く議論が行われてきた」と述べている。同段第 2 文（Today's identity …）の空所を除いた部分は「今日のアイデンティティーの論争は単に正式な翻訳の問題についてだけでなく，我々が毎日携わるくだけた翻訳の類に関するものでもある」

という内容になっている。このことから，翻訳における従来の議論と今日の議論の間に違いが生じていることがわかる。よって，〈逆接〉を表す3のhowever「しかしながら」が適切。

(7)下線部の文で「ラルフ=エリソンの小説『見えない人間』は黒人の体験の見事な探求の一つである」と述べ，その後の第7段第2～4文（It is also … of Jewish woman.）は「その小説はさらに，黒人の体験を通して白人労働者やユダヤ人女性等の他の人たちの体験を見る材料を提供した」という内容になっている。よって，1が正解。

(8)第7段第3～5文（For Ellison, … to understand yours.）の趣旨は，自分の体験を通して他の人たちの体験を理解することができる。つまり，自分のアイデンティティーは他の人のアイデンティティーを理解する手段となり得る，ということである。同段最終文（Today, however, …）の最初で「しかしながら，今日，アイデンティティーはほとんどその正反対に見られている」と述べ，下線部の後にof retreating from the possibilities of making more universal connections「より広範な結びつきを築く可能性から身を引く」とある。下線部の前にもofがあり，ともにas a meansにつながることから，retreating以下の部分と関連した内容と推測される。retreating以下は自分自身が他の人たちを理解しようとしないという姿勢で，下線部のprotecting oneself from othersは「自分自身を他の人たちから守る」→他の人たちを自分に近づけて，自分を理解させることを拒む姿勢を表すと考えられる。よって，3の「他の人たちを近づけない」が正解。

(9)第7段から，エリソンは黒人としての体験を通して白人労働者やユダヤ人女性の体験を理解しようとしたこと，つまり，黒人としてのアイデンティティーを媒介として他の人たちのアイデンティティーを知ろうとしたことがわかる。それは第7段の最後に述べられている自分のアイデンティティーと他の人のアイデンティティーの間に距離をおき，制限する姿勢とは異なる。下線部は反疑問になっていて，I should not restrict myself「自分自身を縛るべきではない」という意味である。よって，下線部の文は「自分を縛るべきではないというエリソンの姿勢を我々は皆もつべきである」という意味になり，「我々は皆自分を縛るべきではない」という内容の2が正解。

⑽筆者は翻訳家のマリーケ=ライネフェルトが人種，文化，性別等の違いから若い黒人女性アマンダ=ゴーマンの詩を翻訳する仕事から降りることになったことを挙げ，アイデンティティーに関する今日の翻訳の問題について述べている。よって，「現代世界における翻訳の問題」という内容の4が正解。

数学

1 解答

［1］ア．6　［2］イウ．−3　エオ．17　カキ．90
［3］クケ．19　［4］コサ．35　シス．13
［5］セソ．−1　［6］タ．6　チ．6　ツ．2
［7］テトナ．−16　ニヌ．16

◀解　説▶

≪小問7問≫

［1］　方程式 $4x^2-20x-13=0$ を解くと，$x=\dfrac{5\pm\sqrt{38}}{2}$ である。

したがって，不等式 $4x^2-20x-13<0$ の解は $\dfrac{5-\sqrt{38}}{2}<x<\dfrac{5+\sqrt{38}}{2}$ である。

ここで，$6^2<38<7^2$ より，$6<\sqrt{38}<7$ であるから，求める整数 x は 0，1，2，3，4，5 の 6 個ある。 →ア

［2］　$\vec{a}$ と $\vec{b}$ はどちらも $\vec{0}$ でなく，また平行でないから，実数 s，t を用いて，$\vec{c}=s\vec{a}+t\vec{b}$ と表すことができる。

これを成分表示すると $(43,\ 79)=s(-3,\ 2)+t(2,\ 5)$ であるから

$$\begin{cases}43=-3s+2t\\79=2s+5t\end{cases}$$

これを解くと，$s=-3$，$t=17$ である。

よって　　$\vec{c}=-3\vec{a}+17\vec{b}$　→イ～オ

$$|\vec{c}|=\sqrt{43^2+79^2}=\sqrt{8090}$$

であり，$89^2=7921$，$90^2=8100$ であるから，$|\vec{c}|$ より大きい最小の整数は，90 である。 →カキ

［3］　△ABC で余弦定理を用いると，$BC^2=4^2+6^2-2\cdot4\cdot6\cdot\cos60^\circ$ より，$BC^2=28$ である。$BC>0$ より $BC=2\sqrt{7}$ であるから，$BM=\sqrt{7}$ となる。

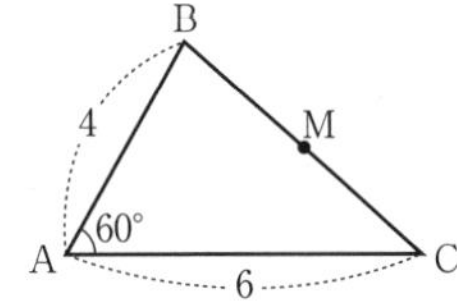

また，△ABC で余弦定理を用いると

$$\cos\angle\mathrm{ABC}=\frac{4^2+(2\sqrt{7})^2-6^2}{2\cdot4\cdot2\sqrt{7}}$$
$$=\frac{8}{2\cdot4\cdot2\sqrt{7}}=\frac{1}{2\sqrt{7}}$$

であるから，△ABMで余弦定理を用いると

$$\mathrm{AM}^2=4^2+(\sqrt{7})^2-2\cdot4\cdot\sqrt{7}\cdot\cos\angle\mathrm{ABM}$$
$$=16+7-8\sqrt{7}\cdot\frac{1}{2\sqrt{7}}=19$$

AM>0より　　$\mathrm{AM}=\sqrt{19}$　→クケ

別解1　B，MからACへ下ろした垂線の足をそれぞれH，Iとすると，∠A＝60°より AH＝2，$\mathrm{BH}=2\sqrt{3}$ であり，AC＝6より HC＝4である。また，BH∥MI と BM＝MC より，HI＝IC＝2である。

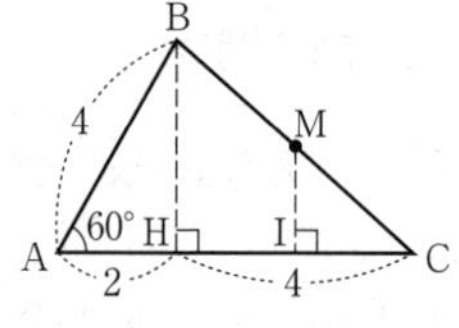

よって，△BHCと△MICは相似比2：1の相似形であるから，$\mathrm{MI}=\sqrt{3}$ であり，三平方の定理から　　$\mathrm{AM}=\sqrt{(\sqrt{3})^2+4^2}=\sqrt{19}$

別解2　△ABCで余弦定理を用いると，BC>0より $\mathrm{BC}=2\sqrt{7}$ である。
△ABCに中線定理を用いると

$$\mathrm{AB}^2+\mathrm{AC}^2=2(\mathrm{AM}^2+\mathrm{BM}^2)$$
$$16+36=2(\mathrm{AM}^2+7)$$
$$52=2\mathrm{AM}^2+14 \qquad \mathrm{AM}^2=19$$

AM>0より　　$\mathrm{AM}=\sqrt{19}$

［4］ $\overrightarrow{\mathrm{AB}}=(-4,\ 1,\ -5)$，$\overrightarrow{\mathrm{AC}}=(3,\ -4,\ -1)$ より，$\overrightarrow{\mathrm{AB}}$ と $\overrightarrow{\mathrm{AC}}$ は平行でないから，$\overrightarrow{\mathrm{AP}}$ は実数 s，t を用いて $\overrightarrow{\mathrm{AP}}=s\overrightarrow{\mathrm{AB}}+t\overrightarrow{\mathrm{AC}}$ と表せる。
$\overrightarrow{\mathrm{AP}}=(1,\ -2,\ z-4)$ であるから

$$(1,\ -2,\ z-4)=s(-4,\ 1,\ -5)+t(3,\ -4,\ -1)$$
$$=(-4s+3t,\ s-4t,\ -5s-t)$$

より

$$\begin{cases}1=-4s+3t\\ -2=s-4t\\ z-4=-5s-t\end{cases}$$

が成立する。第1式，第2式から，$s=\dfrac{2}{13}$，$t=\dfrac{7}{13}$ なので

$$z=\frac{35}{13}\quad \rightarrow \text{コ〜ス}$$

［5］ $|x-1|-x=\begin{cases}-(x-1)-x & (x<1)\\ x-1-x & (x\geqq 1)\end{cases}$

$=\begin{cases}-2x+1 & (x<1)\\ -1 & (x\geqq 1)\end{cases}$

であるから

$$\int_0^2(|x-1|-x)\,dx=\int_0^1(-2x+1)\,dx+\int_1^2(-1)\,dx$$
$$=\Big[-x^2+x\Big]_0^1+\Big[-x\Big]_1^2$$
$$=(-1+1)-0+(-2)-(-1)$$
$$=-1\quad \rightarrow \text{セソ}$$

［6］ $y=\sqrt{2}\sin^3x+\sqrt{6}\cos^3x$ を x で微分すると

$$y'=3\sqrt{2}\sin^2x\cdot\cos x-3\sqrt{6}\sin x\cos^2x$$
$$=3\sqrt{2}\sin x\cos x(\sin x-\sqrt{3}\cos x)$$
$$=6\sqrt{2}\sin x\cos x\sin\left(x-\frac{\pi}{3}\right)$$

$0\leqq x\leqq\dfrac{\pi}{2}$ より，$y'=0$ となる x は $x=0$，$\dfrac{\pi}{3}$，$\dfrac{\pi}{2}$ であるので，増減表は右のようになる。

x	0	$\cdots$	$\dfrac{\pi}{3}$	$\cdots$	$\dfrac{\pi}{2}$
y'	0	$-$	0	$+$	0
y	$\sqrt{6}$	↘	$\dfrac{\sqrt{6}}{2}$	↗	$\sqrt{2}$

よって，求める最大値は $x=0$ のとき

$$\sqrt{6}\quad \rightarrow \text{タ}$$

最小値は $x=\dfrac{\pi}{3}$ のとき　$\dfrac{\sqrt{6}}{2}$　→チツ

［7］ $\sqrt{3}+i=2\left(\dfrac{\sqrt{3}}{2}+\dfrac{1}{2}i\right)=2\left(\cos\dfrac{\pi}{6}+i\sin\dfrac{\pi}{6}\right)$ であり，

$-1+i=\sqrt{2}\left(-\dfrac{1}{\sqrt{2}}+\dfrac{1}{\sqrt{2}}i\right)=\sqrt{2}\left(\cos\dfrac{3}{4}\pi+i\sin\dfrac{3}{4}\pi\right)$ であるから

$$\frac{\sqrt{3}+i}{-1+i}=\frac{2}{\sqrt{2}}\left\{\cos\left(\frac{\pi}{6}-\frac{3}{4}\pi\right)+i\sin\left(\frac{\pi}{6}-\frac{3}{4}\pi\right)\right\}$$
$$=\sqrt{2}\left\{\cos\left(-\frac{7}{12}\pi\right)+i\sin\left(-\frac{7}{12}\pi\right)\right\}$$

である。ド・モアブルの定理を用いて

$$\left(\frac{\sqrt{3}+i}{-1+i}\right)^9=(\sqrt{2})^9\left\{\cos\left(-\frac{7}{12}\cdot 9\pi\right)+i\sin\left(-\frac{7}{12}\cdot 9\pi\right)\right\}$$
$$=16\sqrt{2}\left\{\cos\left(-\frac{21}{4}\pi\right)+i\sin\left(-\frac{21}{4}\pi\right)\right\}$$
$$=16\sqrt{2}\left\{\cos\left(\frac{3}{4}\pi-3\cdot 2\pi\right)+i\sin\left(\frac{3}{4}\pi-3\cdot 2\pi\right)\right\}$$
$$=16\sqrt{2}\left(\cos\frac{3}{4}\pi+i\sin\frac{3}{4}\pi\right)$$
$$=16\sqrt{2}\left(-\frac{1}{\sqrt{2}}+\frac{1}{\sqrt{2}}i\right)$$
$$=-16+16i \quad \rightarrow テ〜ヌ$$

2 解答

［1］アイ．74

［2］ウエ．−3　オカ．99　キクケコ．1683

［3］サシス．−12　セ．0　ソ．1　タ．4

◀解　説▶

≪小問3問≫

［1］　天気は晴れか雨のいずれかであるから，晴れでないときの天気は雨である。よって，晴れの日の翌日の天気が雨となる確率は 20％であり，雨の日の翌日の天気が晴れとなる確率は 50％である。

地点Aにおける今日の天気が晴れであるとき，翌日の天気により場合分けをして，明後日の天気が晴れとなる確率を求める。

(i)　翌日の天気が晴れであるとき

翌日の天気が晴れである確率は 80％であり，翌日の天気が晴れという条件のもとで明後日の天気が晴れである確率は 80％なので，明後日の天気が晴れである確率は　$\frac{4}{5}\cdot\frac{4}{5}=\frac{16}{25}$

(ii)　翌日の天気が雨であるとき

翌日の天気が雨である確率は20％であり，翌日の天気が雨という条件のもとで明後日の天気が晴れである確率は50％なので，明後日の天気が晴れである確率は　$\frac{1}{5}\cdot\frac{1}{2}=\frac{1}{10}$

(i)，(ii)の事象は排反であるから，明後日の天気が晴れである確率は

$$\frac{16}{25}+\frac{1}{10}=\frac{64}{100}+\frac{10}{100}=\frac{74}{100}\text{ より}\qquad 74\%\quad \to\text{アイ}$$

［2］　整数 a，b，c は公差 d の等差数列であるから，$b=a+d$，$c=a+2d$ が成立する。$d\geqq 0$ であるから，a，b，c を長さとする3つの辺はすべての辺の長さが等しいか，または c が最も長い辺である。

a，b，c を3辺の長さとする三角形が正三角形でないとき，このような辺の長さをもつ三角形が存在する条件は，最も長い辺が c であることから $a+b>c$　……① である。

①に $b=a+d$，$c=a+2d$ を代入して，$a+a+d>a+2d$ より $a>d$　……② である。

$c<100$，つまり $a+2d<100$ と②をどちらも満たす a の個数を d で表すと，$d<a<100-2d$ である。

ここで a，d は整数なので，$d+1\leqq a\leqq 99-2d$ となるから，問題の条件(a)，(b)を満たす整数 a の個数は

$$(99-2d)-(d+1)+1=-3d+99\quad\to\text{ウ〜カ}$$

また，このような整数 a が存在するような d の範囲は $d+1\leqq 99-2d \Longleftrightarrow d\leqq\frac{98}{3}$ であるから，$0\leqq d\leqq 32$ となる。よって

$$N=\sum_{d=0}^{32}(-3d+99)=-3\cdot\frac{1}{2}\cdot 33\cdot 32+33\cdot 99$$

$$=1683\quad\to\text{キ〜コ}$$

［3］　$y=3x+k$ が $y=|x(x-4)|$ とちょうど1個の共有点をもつ k の値について，$y=3x+k$ が $(4,\ 0)$ を通るときを考える。

$y=x(x-4)$ の $x=4$ における接線について，$y'=2x-4$ より $x=4$ における微分係数は4であるから，右図のように $y=3x+k$ が $(4,\ 0)$

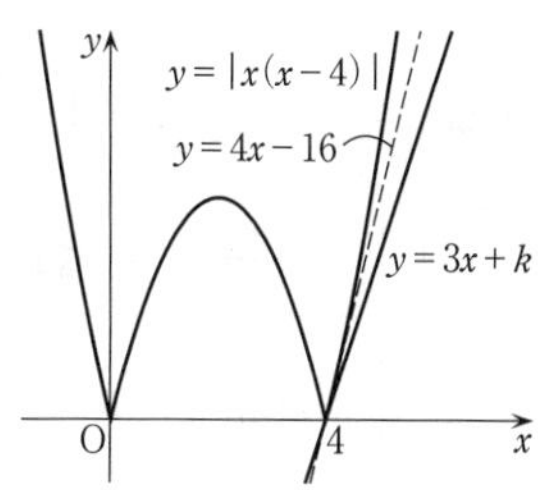

を通るとき，つまり$k=-12$のとき，$4<x$の範囲では$y=3x+k$と$y=|x(x-4)|$は交わらない。

よって，$y=|x(x-4)|$と$y=3x+k$がちょうど1個の共有点をもつようなkは　　$k=-12$　→サ～ス

$y=3x+k$が$y=|x(x-4)|$と4個の共有点をもつkの値について，$y=3x+k$が$y=|x(x-4)|$と$0\leqq x\leqq 4$で接するときを考える。

$y=-x(x-4)$ の微分係数が3となるのは，$y'=-2x+4$より$x=\dfrac{1}{2}$のときであるから，右図のように$y=3x+k$が$y=|x(x-4)|$と$0\leqq x\leqq 4$で接するときの接点の座標は$\left(\dfrac{1}{2},\ \dfrac{7}{4}\right)$である。

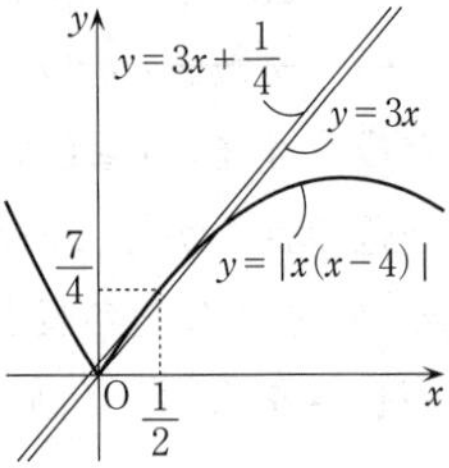

$y=3x+k$が$\left(\dfrac{1}{2},\ \dfrac{7}{4}\right)$を通るのは，$\dfrac{7}{4}=\dfrac{3}{2}+k$より$k=\dfrac{1}{4}$のときである。また，$y=3x+k$が$(0,\ 0)$を通るのは$k=0$のときである。

よって，$y=|x(x-4)|$と$y=3x+k$が4個の共有点をもつのは$0<k<\dfrac{1}{4}$のときである。　→セ～タ

3　**解答**　(1)　$y=\tan x$をxで微分すると，$y'=\dfrac{1}{\cos^2 x}$であるから，$y=\tan x$の$x=\dfrac{\pi}{4}$における微分係数は2である。

よって，求める接線の方程式は

$$y=2\left(x-\frac{\pi}{4}\right)+1$$

すなわち　　$y=2x+1-\dfrac{\pi}{2}$　……(答)

(2)　$$\begin{cases} y=\tan x & \left(0\leqq x<\dfrac{\pi}{2}\right) \\ y=\tan^2 x & \left(0\leqq x<\dfrac{\pi}{2}\right) \end{cases}$$

より，y を消去して

$$\tan x=\tan^2 x$$

$$\tan x(\tan x-1)=0$$

$$\tan x=0,\ 1$$

これを $0\leqq x<\dfrac{\pi}{2}$ の範囲で解くと

$\tan x=0$ より　　$x=0$

$\tan x=1$ より　　$x=\dfrac{\pi}{4}$

よって，求める x 座標は　　$x=0,\ \dfrac{\pi}{4}$　……(答)

(3)　右図より，$0\leqq x\leqq\dfrac{\pi}{4}$ において $0\leqq\tan x\leqq 1$ より，つねに $\tan^2 x\leqq\tan x$ であるから，求める面積を S_1 とおくと

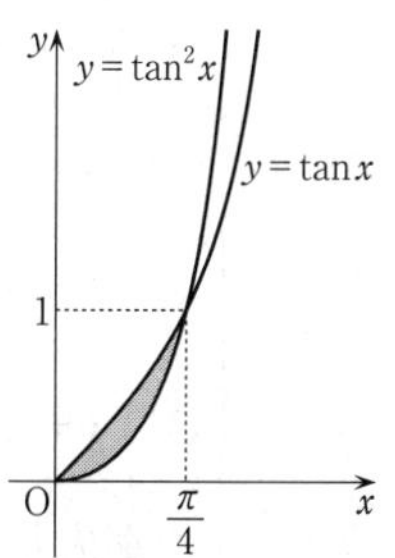

$$S_1=\int_0^{\frac{\pi}{4}}(\tan x-\tan^2 x)\,dx$$

である。ここで

$$\begin{aligned}\int_0^{\frac{\pi}{4}}\tan x\,dx&=\int_0^{\frac{\pi}{4}}\frac{\sin x}{\cos x}dx\\&=\int_0^{\frac{\pi}{4}}-\frac{(\cos x)'}{\cos x}dx\\&=\Big[-\log(\cos x)\Big]_0^{\frac{\pi}{4}}\\&=-\left(\log\frac{1}{\sqrt{2}}-\log 1\right)\\&=-\log\frac{1}{\sqrt{2}}\\&=\frac{1}{2}\log 2\end{aligned}$$

であることと

$$\int_0^{\frac{\pi}{4}}\tan^2 x\,dx=\int_0^{\frac{\pi}{4}}\left(\frac{1}{\cos^2 x}-1\right)dx$$

$$= \int_0^{\frac{\pi}{4}} \{(\tan x)' - 1\} dx$$

$$= \Big[\tan x - x\Big]_0^{\frac{\pi}{4}}$$

$$= \left(1 - \frac{\pi}{4}\right) - (0 - 0)$$

$$= 1 - \frac{\pi}{4}$$

であることから

$$S_1 = \frac{1}{2}\log 2 - \left(1 - \frac{\pi}{4}\right)$$

$$= \frac{\pi}{4} - 1 + \frac{1}{2}\log 2 \quad \cdots\cdots (答)$$

(4)　C_1 と C_3 の共有点について

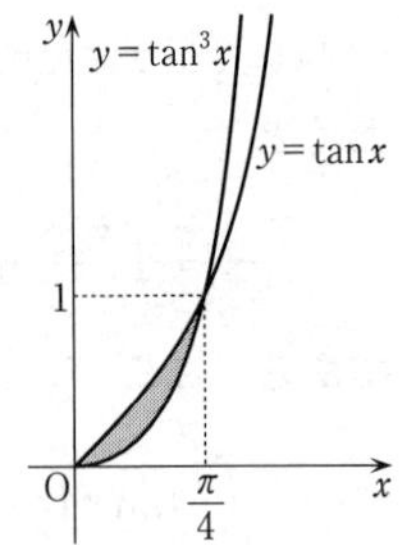

$$\begin{cases} C_1 : y = \tan x & \left(0 \leqq x < \dfrac{\pi}{2}\right) \\ C_3 : y = \tan^3 x & \left(0 \leqq x < \dfrac{\pi}{2}\right) \end{cases}$$

より，y を消去して

$$\tan x = \tan^3 x$$

$$\tan x (\tan^2 x - 1) = 0$$

$$\tan x (\tan x - 1)(\tan x + 1) = 0$$

$$\tan x = 0, \ 1, \ -1$$

これを $0 \leqq x < \frac{\pi}{2}$ の範囲で解くと，C_1 と C_3 の共有点の x 座標は

$$x = 0, \ \frac{\pi}{4}$$

右上図より，$0 \leqq x \leqq \frac{\pi}{4}$ において $0 \leqq \tan x \leqq 1$ より，つねに $\tan^3 x \leqq \tan x$ であるから，求める面積を S_2 とおくと

$$S_2 = \int_0^{\frac{\pi}{4}} (\tan x - \tan^3 x)\, dx$$

である。ここで

$$\int_0^{\frac{\pi}{4}}(\tan x-\tan^3 x)\,dx=\int_0^{\frac{\pi}{4}}(\tan x-\tan^2 x\cdot\tan x)\,dx$$
$$=\int_0^{\frac{\pi}{4}}\left\{\tan x-\left(\frac{1}{\cos^2 x}-1\right)\cdot\tan x\right\}dx$$
$$=\int_0^{\frac{\pi}{4}}\{2\tan x-(\tan x)'\cdot\tan x\}\,dx$$

であり，(3)から $\int_0^{\frac{\pi}{4}}2\tan x dx=2\cdot\frac{1}{2}\log 2=\log 2$ であることと

$$\int_0^{\frac{\pi}{4}}(\tan x)'\tan x dx=\left[\frac{1}{2}\tan^2 x\right]_0^{\frac{\pi}{4}}$$
$$=\frac{1}{2}(1-0)$$
$$=\frac{1}{2}$$

であることから　　$S_2=\log 2-\frac{1}{2}$　……(答)

◀解　説▶

≪２本の曲線で囲まれた図形の面積≫

(1)　一般に，曲線 $y=f(x)$ 上の点 $(t,\ f(t))$ における接線の方程式は $y=f'(t)(x-t)+f(t)$ である。

(2)　２曲線 $y=\tan x$，$y=\tan^2 x$ の共有点を求める問題であるが，定義域の端点である $(0,\ 0)$ を忘れないように注意したい。

(3)　積分を用いて面積を求めるときには，交点を求めたりグラフを描いたりするなどして，位置関係を把握することが必要である。$\tan^2 x$ を積分するときには，$1+\tan^2 x=\frac{1}{\cos^2 x}$ を用いることを覚えておくとよい。

(4)　基本的に(2)，(3)と同様に考えていけばよい。$\tan^3 x$ を積分するときにも，$\tan^2 x$ を積分するときと同様に $1+\tan^2 x=\frac{1}{\cos^2 x}$ を用いることも重要である。

ウ、第六段落の「瘠土ならざる」という記述に反する。

エ、筆者は海外進出そのものを全面的に否定していないし、「搾取」が「野蛮な行為」であるという内容は本文にない。

オ、末尾から四行目にある「米国僅かに半月にして達し」という記述に合致している。

見」の解釈が誤っている。5は「地方の人口も既に過密」とする点も誤り。2と3に絞られるが、「容るるに足らず」は〝収容しきれない〟の意なので、「広さが十分でない」とする3が正解。

五　前後の言葉から、XよりもYのほうが「必須」であることをまず押さえる。空欄の二行前に「蓋し、偏に軍備を増し兵制を整ふるも、其の土地にして荒廃、其の居住人民にして稀疎ならんか。以て充分の防御を得たりとするに足らず」とあるように、筆者は、軍備そのものよりも、その土地に殖産を図り、人口を増やす策を取るべきだとしていることから考える。

六　「忽せにする」は、〝物事をいい加減にし、粗略に扱う〟という意味。

七　傍線部前に「大志ある者」はごく少数だとあり、他は皆「胸宇」（＝心中）は「放曠」（＝心のおもむくまま振る舞うこと）ができない者がほとんどである、と書かれている。「具体的に」とあるから、その内容を傍線部直後の内容から読み取る。「故国を離らるるを厭ふの人民なり」と合致する1が正解。2は「多くの日本人…実現してきた」が不適。3は「新しい土地にも柔軟に適応できる」、4は「新しいものをあまり学ばない」が傍線部の趣旨をとらえていない。5は本文にはない内容である。

八　「憫」は「あわれみ」と読む。「憐憫（れんびん）」（＝あわれみ）という語を知っていれば類推できるだろう。

九　傍線部は、実際に実行できるならば「可」であり、着想・アイディアが優れていても実行不可能なものは意味がないということを主張している。その内容は、前者は奥羽・北海道開拓であり、後者は海外植民である。1は筆者の主張と反対の内容。2の「海外移住」は、現状筆者は推進していないので「推し進める必要がある」が不可。3は本文にない内容。5では、より良い豪州移住の方法を検討することになるが、筆者は海外移住を推奨していないので、誤りとなる。

一〇　ア、第三段落の奥羽地方を考察した内容に合致している。
イ、第三段落の「鉄道もまた奥羽の山野を貫通し了らんとするものあり」という記述に反している。

五　X―4　Y―3
六　2
七　1
八　3
九　4
一〇　ア―1　イ―2　ウ―2　エ―2　オ―1

▲解　説▼

一　1、【A】の数値は一里四方あたりの人口密度であり、「総人口」ではない。2、【A】より、小笠原島・対馬は旧奥羽より人口密度が低い。3、【B】より、旧奥羽と東山道（旧奥羽を除く）の面積を合算すると、北海道より広い。4、1で解説したとおり、【A】の数値は人口密度であり実数ではない。5、小笠原島の一里四方あたりの人口密度六七に面積四・五〇方里を乗じると、総人口が三〇一・五人と求まる。

二　「しか」は〝そう、そのように〟の意の副詞。「しかのみならず」を逐語的に現代語に改めると、〝それだけに限ったことではなく〟という意味になり、前の内容にさらに内容を付け加える場合に用いる。これと同じ意味になるのは1。

三　傍線部は〝どうしてそこ（＝北海道）は土地が広いのに人口過疎で人の営みがまれなのか〟の意で、それを受けて二段落後で「これを拓きこれを充たすこそ、今日の急務ならずや」という主張がなされる。よって5が正解。1～4は北海道の広さに触れていない。また、1は奥羽開拓をより推進すべきだという点も誤り。3の、動物の生息と開拓が困難であることには因果関係はない。4の「利益は同じ程度である」は、傍線部の次の行の「奥羽に比して更に莫大なるものあるなり」と齟齬がある。

四　直前の一文とのつながりから、この一段落は日本全体についての筆者の見方を示したものであると押さえる。そうすると1と4は除外できる。次に、「管見」は管から天をのぞくように見方や考え方が狭いことを言い、4と5は「管り、さらに空欄の五行後には「月別湿度・温度一覧表」が最後にくると紹介されている。以上に共通する要素は5の「水蒸気」である。

一〇「意匠」は〝デザイン〟の意で、「これら」は末尾の二段落に記述されている挿画、図、詩歌、地理学的なデータを指す。「これら」がモザイクのように組み合わされて、「昨今のカタログ誌、都市情報誌」的な書物として、当時の人々の関心を引き、日本の風景や景観への思いを掻き立てたということ。よって1が正解。2は図表やデータへの言及がない。3は「地理学的な情報」を伝えることだけが目的ではない。4は風景画に関する記述がなく、5は「風景画」の価値を「印象づけるため」が誤り。

一一　ア、第五段落の記述に合致する。

イ、志賀は「景観意識の変容そのものを強調」(第七段落)しようとしたのであり、「国土開発の方向性」は無関係。

ウ、第六段落の記述に合致する。

エ、「明治政府に対する反発」以下は生方敏郎の著書にある証言であり、生方と志賀の出身地は異なるので誤り。

オ、第八段落の「海老名が描き、木口木版の彫り師森山天葩が彫った瀟洒な西洋風の、一見銅版画と見まがう〝風景画〟」という記述と齟齬がある。

三

出典　社説「未だ外に出づるの遑あらず」(『東京朝日新聞』一八八八年一一月二三日・二四日)

解答

一　5

二　1

三　5

四　3

◀解　説▶

一　2は樋口一葉、3は森鷗外、4は志賀直哉、5は芥川龍之介の説明。

二　日清戦争の勝利がもたらした「『日本人』意識の定着」とは、「東北の民草を統一する」効果（第四段落）を発揮し、「自分の国を見る眼が変わってきたこと」（第六段落）を指すので、4が正解。1は「大国の中国に対して友好的だった反政府勢力」が誤り。2は内容的には本文を踏まえているが、『日本人』意識の定着」の説明としては不適切。3は「近代的な国家が誕生する前の歴史に対する関心が高まり」が本文にはない内容。5は「内戦状態が終結し」が誤り。

三　「民草」は、人民が増える様子を草が繁殖して増えることにたとえた語で、〝人民〟の意味を表す。よって2が正解。1は、草は人の「一部」ではない。3は「無関係な要素」ではない。4は「対」になっているものはない。5の「音」の工夫も見られない。

四　1は坪内逍遥、3は尾崎紅葉、4は島崎藤村、5は細井和喜蔵の著作。

五　傍線部の直後に「として人々の前にさしだす」とあるように、『日本風景論』という本の見せ方によって「未知」に見えたということに注意する。よって1と5は不可。2は「注目されてこなかった地域」が誤り。4の「徹底して西洋的な方法で描かれ」も誤り。3の「多角的な視点」は、書物のあり方を的確に説明しており、これが正解。

六　この段落の末尾の「カタルシス」という表現に着目する。「カタルシス」とは〝浄化〟の意味で、抑圧されていたものを外部に放出する作用であるので、2の「解放感」が正解。「〝錯視〟的対照」ともあるので4の「混乱」が紛らわしいが、この本がロングセラーになっていることから、読者にプラスの意味でとらえられたと考えたい。

八　ここの文意は、〝想像できる〟となると読み取れる。「想像に難くない」は慣用表現で、〝想像することは易しい〟の意。

九　空欄以下に掲げられる事物を拾っていくと、「雨量分布の図」「霞の網」「霏々漠々」とすべて、雨に関わるものであイ、「機械へ向かって」が誤り。第十二段落によると、発信は「視聴者」に向けられている。

ウ、ＡＩやロボット技術の新しい特徴を述べた説明のうち、「第四に」とある段落に合致する。

エ、前半は、終わりから六段落目の内容に合致するが、「現代的な道具についても、それは同じだ」とあるので後半が不適。

オ、最終段落の内容と合致する。

二

出典 加藤典洋『日本風景論』〈武蔵野の消滅〉（講談社文芸文庫）

解答

一　1

二　4

三　2

四　2

五　3

六　2

七　3

八　3

九　5

一〇　1

一一　ア－1　イ－2　ウ－1　エ－2　オ－2

従って、むしろ進歩的側面で語られている内容である。3の「武器」も技術革新の負の側面として本文に記述があるが、「農耕に限らない」として述べているので、農耕と結びつけている点が不適。5は一般的によく論じられる内容ではあるが、本文に直接的な言及はない。

四　「喝破」は〝大声で叱りつける〟というのが原義だが、転じて〝物事の本質を見抜く〟という意味で用いられる。設問に「文脈に沿った意味」とある。ここではアイザック・アシモフが「フランケンシュタイン」のモンスター性に「人は、みずからが生み出した技術によって滅ぼされるという恐れ…ではないか」という本質的な問題点を感じ取ったことを述べている。よって、5が正解。

五　「アンビバレンス」は相反する内容や感情が併存する状況を言う。「この」は直前の段落の「フランケンシュタイン・コンプレックス」の内容を指す。段落の冒頭に「新しい技術への賞賛と嫌悪の入り混じったまなざし」とあるように、技術に対する賛嘆と嫌悪という二面性のことであり、2が適切。この二面性は、「ゼンマイ仕掛けの時計」や「消しゴム付き鉛筆」の例を通しても説明されている。

六　1、第三段落は、最初の二つの段落で示された問題に対する「筆者の考え」ではなく、明るい未来を予想しない説の紹介であるので、不適。
2、第六段落以降の具体例は、技術の「暴走」をむしろ裏付ける内容になっているので、不適。
3、「論旨とはあまり関係ない」が誤り。AIやロボットがもたらす影響は、論旨と結びついて、従来になかった特徴について指摘している内容である。
4、この文章の結論を正しくとらえており、これが正解。
5、たしかに「最初に述べたAIやロボット」に言及しているが、「冒頭の段落の問いかけ（＝『ほとんどの人間は失業者になってしまうのか？』）に応えて」いるというわけではない。

七　ア、第一段落、第四段落の記述に合致する。

国語

一

出典　佐倉統「科学技術は暴走しているのか?」(『世界思想』四七号　二〇二〇年春　世界思想社)

解答

一　(1)―2　(4)―2　(7)―3　(8)―5

二　5

三　4

四　5

五　2

六　4

七　ア―1　イ―2　ウ―1　エ―2　オ―1

◀解　説▶

二　前段落のレイ・カーツワイルやユヴァル・ノア・ハラリの予想する未来像と、傍線部直前の「遺伝子を大雑把に組み換えること」とを比較して、前者の方が飛躍的に大きな技術的・社会的な問題を示唆しているということを述べたものので、5が適切。筆者は後者のことを「ほんの数十年前まで」のことと述べているので、1の「時間は大きく隔たる」や2の「時間の長さを誇張」は誤り。3の「後悔」や4の「懐かしく思わせる」という内容は本文にはない。

三　農耕の「負の側面」に関する記述があるのは、傍線部の一つ前の段落であり、その内容を踏まえると4が正解。1の「経済的な格差」は、本文では先端技術の進歩から生じた影響に関することがらなので不適。2は、生産力の向上に

/////////////////// · memo · ///////////////////

2021年度

問題と解答

■2教科型全学部統一入試（E方式）・2教科型グローバル教育プログラム統一入試（G方式）・5科目型国公立併願アシスト入試（P方式）

問題編

▶試験科目・配点

方式	学部・学科		教科	科目	配点
E方式	経済	経済数理	外国語	コミュニケーション英語Ⅰ・Ⅱ・Ⅲ，英語表現Ⅰ・Ⅱ	300点
			数学	数学Ⅰ・Ⅱ・Ⅲ・A・B（数列・ベクトル）	200点
		現代経済	外国語	コミュニケーション英語Ⅰ・Ⅱ・Ⅲ，英語表現Ⅰ・Ⅱ	300点
			国語	国語総合（近代以降の文章），現代文B	200点
	経営		外国語	コミュニケーション英語Ⅰ・Ⅱ・Ⅲ，英語表現Ⅰ・Ⅱ	400点
			国語	国語総合（近代以降の文章），現代文B	200点
	法		外国語	コミュニケーション英語Ⅰ・Ⅱ・Ⅲ，英語表現Ⅰ・Ⅱ	300点
			国語	国語総合（近代以降の文章），現代文B	200点
	文	英語英米文，国際文化，現代社会	外国語	コミュニケーション英語Ⅰ・Ⅱ・Ⅲ，英語表現Ⅰ・Ⅱ	300点
			国語	国語総合（近代以降の文章），現代文B	200点
		日本文	外国語	コミュニケーション英語Ⅰ・Ⅱ・Ⅲ，英語表現Ⅰ・Ⅱ	200点
			国語	国語総合（近代以降の文章），現代文B	300点
	理工		外国語	コミュニケーション英語Ⅰ・Ⅱ・Ⅲ，英語表現Ⅰ・Ⅱ	300点
			数学	数学Ⅰ・Ⅱ・Ⅲ・A・B（数列，ベクトル）	300点

<table>
<tr><td rowspan="4">G方式</td><td colspan="2" rowspan="4">経済（現代経済）・経営・法・文（英語英米文・国際文化）</td><td>外国語</td><td>コミュニケーション英語Ⅰ・Ⅱ・Ⅲ，英語表現Ⅰ・Ⅱ</td><td>400点</td></tr>
<tr><td>国　語</td><td>国語総合（近代以降の文章），現代文B</td><td>200点</td></tr>
<tr><td colspan="2">活動報告書</td><td>50点</td></tr>
<tr><td colspan="2">英語外部検定試験</td><td>50点</td></tr>
<tr><td rowspan="3">P方式</td><td colspan="2">経済・経営・法</td><td>外国語</td><td>コミュニケーション英語Ⅰ・Ⅱ・Ⅲ，英語表現Ⅰ・Ⅱ</td><td>200点</td></tr>
<tr><td rowspan="2">文</td><td>英語英米文，国際文化，現代社会</td><td>外国語</td><td>コミュニケーション英語Ⅰ・Ⅱ・Ⅲ，英語表現Ⅰ・Ⅱ</td><td>200点</td></tr>
<tr><td>日本文</td><td>国　語</td><td>国語総合（近代以降の文章），現代文B</td><td>200点</td></tr>
</table>

▶備　考

- 数学Aの出題範囲は，全分野とする。
- G方式の英語外部検定試験は，スコアを50点満点に換算する。
- P方式は共通テスト5科目と独自試験の総合点で合否を判定。

英語

(90分)

I 次の英文の空所①～⑮に入れるのに最もふさわしい語句をそれぞれ1～4の中から一つ選び、その番号をマークしなさい。

In 1974, a young man came back to the United States from his travels around India where he had been (①) inspiration. Two years after his return, along with his (②) friend, Steve Wozniak, he founded one of the most successful companies in the world. The young man's name was Steve Jobs and the company they created was Apple. Today, Apple employs over 130,000 people worldwide and is (③) around two trillion dollars.

The Apple logo is one of the most recognizable there is, but how did the company decide (④) their name and that iconic image? There are a few theories about this which include the following.

Everyone knows the story of Isaac Newton (⑤) the theory of gravity when an apple fell on his head as he sat under a tree. Newton was a true genius and the Apple company wanted to associate itself with this idea of discovery. Another popular theory concerns a famous story from the Bible. In the Bible creation story, Adam and Eve picked a (⑥) fruit from the tree of knowledge. That fruit is widely believed to have been an apple and Jobs and Wozniak thought that computers could (⑦) all the knowledge in the world.

A question often asked is this: Why does the apple in the logo have a bite taken out of it? There are (⑧) possible answers to this, one is poetic and a little sad, while the others are (⑨) more practical. The first concerns the English scientist, Alan Turing. This brilliant man is (⑩) to be the father of modern computing. It is in no (⑪) part thanks to him that World War Two ended in 1945 and not two or three years (⑫), for it was he who broke the German *Enigma* code. However, Turing was an unhappy man and in 1954 he killed himself. He did this by taking a bite out of an apple into which he had put poison. Some say that he chose this (⑬) because one of his favourite stories was *Snow White*.

Another possibility is to do with appearance. When Rob Janoff, the creator of the Apple logo, studied the design, he was (⑭) if he was looking at an apple or a cherry. By taking a bite out of the image, it becomes clear to anyone that the shape is that of an apple.

The final theory has to do with sound. Computer memory is broken up into bytes. The pronunciation of the two words, 'bite' and 'byte' is exactly the same and (⑮) this is why the company chose the image. Whatever the truth may be, one thing is for sure: The Apple logo will remain one of the most easily identifiable for many years to come.

	1	2	3	4	
①	1 searching	2 looking	3 seeking	4 learning	1
②	1 close	2 nearest	3 right	4 neighbour	2
③	1 valued	2 now	3 worth	4 priced	3
④	1 to	2 on	3 with	4 for	4
⑤	1 discovered	2 was discovered	3 discover	4 discovering	5
⑥	1 particular	2 worldly	3 unique	4 wise	6
⑦	1 own	2 protect	3 store	4 understand	7
⑧	1 two	2 three	3 four	4 five	8
⑨	1 even	2 greatly	3 far	4 such	9
⑩	1 considered	2 agreed	3 intended	4 accepted	10
⑪	1 large	2 small	3 tiny	4 big	11
⑫	1 later	2 sooner	3 longer	4 earlier	12
⑬	1 approach	2 technique	3 form	4 method	13
⑭	1 skeptical	2 hesitant	3 unsure	4 suspicious	14
⑮	1 of course	2 because	3 likely	4 perhaps	15

II 次の英文を読み、空所 16 ～ 20 に入れるのに最もふさわしい文章を1～6の中からそれぞれ一つ選び、その番号をマークしなさい。ただし、不要なものが一つある。また、同じ番号は一度しか使えないものとする。

One spring morning in April, 2017, John Loveday arrived at the grounds of Caversham Park in Oxfordshire, England. It was a very special day because experts in antiques from a popular TV programme were going to be there. 16 . The experts examine the items, tell their owners what they can about the history and try to put a price on their property.

Mr Loveday made his way to the tent where he found the TV programme's specialist in rare and valuable books. He waited his turn and eventually met with Matthew Haley. He handed him a tiny manuscript, no bigger than a matchbox, and asked, "*I wonder what you can tell me about this and perhaps how much I might get for it.*" Matthew Haley took the delicate little notebook from its owner and carefully flicked through its pages. 17 . "*My goodness*!" he exclaimed. "*Where on earth did you get this*?" Mr Loveday explained that he found it while he was going through his late mother's belongings and that the tiny book appeared to have been in his family for several generations.

The book contained pages and pages of handwritten notes on some of William Shakespeare's plays. But what made it so special and of immeasurable value is that it dates back to the 17th century when the great man was still alive and writing. The notebook included commentaries, quotes and even stage directions relating to Shakespeare's plays. 18 . Certainly, it is clear from the contents that whoever made these notes was doing so in real time, actually watching 17th-century performances of these now world-famous plays. And while there is quite a lot of academic work on Shakespeare dating back to the 18th century, there is almost nothing from the 17th. It is for this reason that the tiny notebook will be of great importance to contemporary scholars of his work.

Mr Haley then came to the question that was on everyone's mind, for quite a sizeable crowd had gathered around John Loveday and his extraordinary little book. 19 . After giving it careful consideration, he placed a value of no less than thirty thousand pounds (about four million yen) on the tiny matchbox-sized notebook. Mr Loveday could not believe his luck. 20 . In addition to this, scholars of England's greatest writer can now examine it in order to gain deeper insight into some of the most wonderful plays ever written.

1 He proposed that since its scholarly value was beyond enormous, then its monetary value would be equally great

2 Each week, they travel to different parts of the country to meet with ordinary members of the public who bring along possessions they believe may be of value

3 Shortly afterwards, he sold it to a museum where it is now on display for all the world to see

4 His eyes soon widened with joy and surprise for he could not believe what he was holding

5 Very little is known about Shakespeare's world and this is why scholars from all over are expected to visit England and inspect this incredibly rare find

6 Mr Haley speculated that given it also contains entries in Latin, the notebook may have been the property of a student analysing the playwright's work

Ⅲ 次の Section One および Section Two で、AとBの対話を成立させるために最もふさわしい表現をそれぞれ下の１～６の中から一つ選び、その番号をマークしなさい。ただし、不要なものが一つある。また、同じ番号は一度しか使えないものとする。

Section One

(1) A: You've worked wonders, Tim. The garden is looking lovely.

B: [21]

(2) A: So many meetings and we're no closer to deciding!

B: [22]

(3) A: That class was awful. I was bored out of my mind.

B: [23]

(4) A: Thanks, but I couldn't eat another thing.

B: [24]

(5) A: Don't you think it's about time we left?

B: [25]

1 He's new to this. Give him a chance.

2 They'll make their minds up soon enough.

3 I really don't mind. It's up to you.

4 Just wait until it's finished.

5 The key is to respond to the audience.

6 Well, let me know if you change your mind.

Section Two

(6) A: [26]

B: You poor thing. Let me help you with that.

(7) A: [27]

B: We're not going there again.

(8) A: [28]

B: What about the school trip?

(9) A: [29]

B: I'm not sure. I'll go and check.

(10) A: [30]

B: You're in luck. Someone's just cancelled.

1 Our flight isn't boarding yet, is it?

2 These feet are killing me!

3 Looks like rain this weekend.

4 If you like, I can check again for you.

5 My stomach really hurts. I need to see her now, please.

6 That was a waste of an evening, wasn't it?

IV Read the passage and answer the questions.

One of the most interesting Americans of the 19th century was a man called Russell Conwell. Born in 1843, he attended the Wilbraham Wesleyan Academy and then later went on to Yale University. With the outbreak of the American Civil War*, he joined the Union Army* and rose to the rank of captain. Conwell spent fifteen years as a lawyer until becoming a clergyman. It was while he was serving for church when <u>an incident</u>(1) occurred that was to change his life, and indeed the lives of so many, forever.

One day, a young man came to him and told him he wanted a college education but couldn't afford it. Dr Conwell decided, at that moment, what the new purpose of his life was to be. He decided that he would establish a university for poor and disadvantaged, but deserving students. Dr Conwell did have <u>a challenge</u>(2), however; he would need a great deal of money to build the university. But for him — and anyone with real purpose in life — nothing could stand in the way of his goal. He drew inspiration from <u>a story</u>(3) he had heard some years earlier — a true story — with a timeless message.

The story is about a farmer who lived in Africa and through a visitor became tremendously excited about looking for diamonds. These precious stones had already been discovered in abundance on the African continent and he became so excited about the idea of millions of dollars worth of diamonds that he sold his farm and set off in search of his fortune. He wandered all over the continent as the years slipped by, constantly searching for diamonds; wealth which he never found. Eventually, having lost everything and completely penniless, he threw himself into a river and drowned.

Meanwhile, the new owner of his farm picked up an unusual looking rock about the size of an egg and displayed it in his home as a sort of curiosity. <u>A man stopped by and upon viewing the rock was beyond himself with surprise and disbelief</u>(4). He told the new owner of the farm that the strange looking rock was the biggest diamond he had ever seen. The new owner of the farm remarked, "My whole farm is covered with lots of these things."

In time, the farm became the Kimberly Diamond Mine, the richest the world has ever known. The original farmer was literally standing on acres of diamonds until he sold his farm. He had left to seek his fortune when <u>all the while</u>(5) his fortune was all around him.

Dr Conwell learned from the story of the farmer and continued to teach its message: each of us is right in the middle of <u>our own "Acre of Diamonds"</u>(6), if only we would realize it and develop the ground we are standing on before rushing off in search of <u>greener pastures</u>(7). It means that opportunity does not just come along, but it is there all the time. We just have to see it.

Dr Conwell travelled all across the United States telling this story many times and attracted enormous audiences. Charging a small admission fee for his public appearances, he told the story long enough to raise the money to start his college for poor, but deserving students. Over time, he raised nearly six million dollars which in today's money is approximately 3,000,000,000 yen.

Today, the university Dr Conwell founded continues to prosper. Temple University, based in Philadelphia, has some 40,000 students and ten campuses, including one in Tokyo and another in Rome.

(注)

*the American Civil War: アメリカ南北戦争

*the Union Army: 南北戦争時の北軍

(1) What was <u>an incident</u>(1)? 　**31**

1 When the American Civil War broke out, he joined the Union Army.

2 He met a young man who didn't have enough money to go to university.

3 He fully understood what the new purpose of his life was.

4 He started raising money for the education for the poor.

(2) What was <u>a challenge</u>(2) for him? 　**32**

1 He needed financial resources.

2 He didn't know anyone who would help him.

3 Few would understand his real purpose in life.

4 He didn't remember the details of an old story.

(3) Which is true about <u>a story</u>(3)? 　**33**

1 Dr Conwell wrote an original story to encourage young students.

2 The young man modified a story he heard long time ago.

3 Dr Conwell used an old story to raise money.

4 The young man asked Dr Conwell to spread the story.

(4) What happened to the original owner of the farm? 34

1 He sold his farm and became a millionaire thanks to the rapid growth of the Kimberly Mine.

2 He ended up losing all his fortune and committed suicide.

3 Being told that his farm was full of diamonds, he started collecting them.

4 He told the story of his farm to Dr Conwell and they gave lectures to audiences.

(5) What does A man stopped by and upon viewing the rock was beyond himself with surprise and disbelief (4) imply? 35

1 The man was expecting to find a much smaller diamond on the farm.

2 The man went to see the strange-looking rock out of curiosity.

3 The new owner did not know his farm had a lot of diamonds until the visitor pointed it out to him.

4 The new owner put the rock as a display because he knew it was of great value.

(6) What did the new owner of the farm feel when the man told him the rock was the biggest diamond he had seen? 36

1 overwhelmed with surprise and joy

2 extremely shocked and doubtful

3 terribly sorry and disappointed

4 not mentioned

(7) Choose the best paraphrase for all the while (5). 37

1 all his money being spent in vain

2 throughout the time he had owned the farm

3 during his travels in hopes of a better life

4 doing his best for the future

(8) Choose the best paraphrase for our own "Acre of Diamonds" (6). 38

1　funds to start a new business

2　hidden talents and overlooked chances

3　diamonds in rock before being polished

4　secret of becoming wealthy

(9)　Choose the best paraphrase for greener pastures.(7)　**39**

1　going on a journey all over the world

2　bigger diamonds

3　other people's more beautiful gardens

4　something better

(10)　How did Dr Conwell raise money to establish a university?　**40**

1　He invited wealthy people to his lectures to ask for donations.

2　He was lucky enough to get funds from the Kimberly Diamond Mine.

3　He charged a small entrance fee for numerous lectures which spread his message.

4　He bought a farm, which turned out to produce an abundance of large diamonds.

V　次の英文を読み、設問に答えなさい。

The Plastic Tide is rising, swamping the ocean and everything and everybody that uses it. The Plastic Tide is growing by 8 million tons a year. If nothing is done, (1) it is estimated that this figure will rise to 80 million tons a year by 2025. It consists of all sizes of plastics, with larger pieces taking at least 400 years to break down into fragments known as microplastics. These and other tiny pieces of plastic accumulate, forming an oceanic soup that recent estimates put at 15 to 50 trillion pieces.

(　2　)

The impact of this artificial tide is widespread. Increasing numbers of marine animals die each year through starvation due to eating plastic that stays in their stomach making them feel full. This has terrible effects on all sorts of sealife, including birds. A paper published by the National Academy of Sciences estimates that 90% of seabirds carry around 10% of their body weight in plastics — a similar proportion to airline hand luggage allowance for humans. (3) This figure is expected to increase to 99% by 2050. In addition to this, many marine animals also die because of being trapped by marine garbage such as discarded ropes and nets.

Also, deep in the Mariana Trench* — 7 miles below the ocean surface — tiny shrimp-like creatures were found to have very high levels of plastic and industrial pollutants. (4) These levels are only usually seen in marine life in some of China's most polluted rivers.

The extent of the plastics pollution is clear and shocking — reaching the wildest and most remote areas of our planet — areas we haven't fully explored yet. These supposedly unpolluted frontiers of our globe are being destroyed before we have even seen them, and without full knowledge of the extent of our pollution, we have very limited ability to act.

Is plastic toxic to marine life?

Yes, perhaps critically so. Plastics act as a sponge, soaking up other harmful chemicals and other kinds of pollution in the ocean. As they break down, they release these into the environment as well as the additives* such as chemical dye, which can be highly deadly. Whilst this has been known for some time, scientists have been unable to measure the impact on marine life until recently. Studies are now confirming (5) prior concerns; a study recently demonstrated that fish larvae* exposed to microplastics not only were prevented from growing properly and did change feeding patterns but, shockingly, altered their behavioural responses to predators*!

Are we eating our own plastic waste?

(6), yes. It is estimated that average consumers of seafood take in around 11,000 pieces of microplastics per year. There is increasing concern that this could damage human bodies — although this is still being studied and debated.

(7)

Despite these growing concerns, whilst we can estimate how much plastic is already in our ocean, we can't say for certain where it goes. This presents a huge problem to scientists, as it is a major missing piece of understanding about how plastic impacts both the oceans and our lives. So far we can (8) say with certainty where 1% ends up — on the ocean surface. The remaining 99% is unaccounted for — we are unsure how much ends up on our sea floor, in the water, in sea creatures or on our beaches.

出典追記：The Problem, The Plastic Tide

（注）

*the Mariana Trench: マリアナ海溝、北西太平洋に位置する世界最深の海底

*additive: 添加物

*fish larvae: 孵化直後の魚

*predator: 捕食動物

(1)　下線部(1)の意味に最も近いものを次の１～４の中から一つ選び、その番号をマークしなさい。　41

1　2025年までに海中を漂うプラスティックごみの量は8,000万トンになる。

2　2025年にはプラスティックごみの排出量が年間80万トンになる。

3　2025年までプラスティックごみの年間排出量が、毎年8,000万トンずつ増える。

4　2025年までに一年間に排出されるプラスティックごみの量は現在の10倍になる。

(2)　小見出し(　2　)に最もふさわしいものを次の１～４の中から一つ選び、その番号をマークしなさい。　42

1　Impacts on seabirds

2　Impacts on marine life

3　Impacts on plastic pollution

4　Impacts on the deep sea

(3)　下線部(3)が指すものとして最もふさわしいものを次の１～４の中から一つ選び、その番号をマークしなさい。　43

1　the airline hand luggage allowance for humans

2　the amount of plastics in the bodies of seabirds

3　the number of papers provided by the National Academy of Sciences

4　the proportion of seabirds carrying plastics worth 10% of their body weight

(4)　著者はなぜ下線部(4)を書く必要があると思ったのか。最もふさわしいものを次の１～４の中から一つ選び、その番号をマークしなさい。　44

1　海と川はつながっているために、海の汚染状況を読者が理解するにはまずは河川の汚染状況を知らせる必要があると思った。

2　最も汚染のひどい領域がマリアナ海溝と中国の河川であることを読者に知らせる必要があると思った。

3　中国の河川の汚染レベルが高いことを前提に、深海にまで及ぶ汚染の深刻さを読者に伝

える必要があると思った。

4 中国の河川のプラスティック汚染は世界の中でも最も深刻であることを読者に伝える必要があると思った。

(5) 下線部(5)が指すものとして最もふさわしいものを次の1～4の中から一つ選び、その番号をマークしなさい。 45

1 プラスティックが海洋生物にとって有害であること

2 プラスティックから化学染料などが海に溶け出すこと

3 プラスティックがスポンジのように有害物質を吸収すること

4 プラスティックが有害物質を海に放出するのは、細かく砕けるときであること

(6) 空所(6)に入れるのに最もふさわしい語を次の1～4の中から一つ選び、その番号をマークしなさい。 46

1 Usually

2 First

3 Rather

4 Again

(7) 小見出し(7)に最もふさわしいものを次の1～4の中から一つ選び、その番号をマークしなさい。 47

1 The missing 99%

2 Scientific solutions

3 Plastics in our ocean

4 Assessing pollution

(8) 空所(8)に入れるのに最もふさわしい語を次の1～4の中から一つ選び、その番号をマークしなさい。 48

1 only

2 never

3 barely

4 perhaps

(9) 本文中で述べられていることと同じ趣旨の文を次の1～6の中から二つ選び、その番号をマークしなさい。 49 50

1　プラスティックを食べて満腹感が感じられることにより、結果的に餓死する海洋生物が増加している。

2　食べたプラスティックに含まれている有害物質が原因で死亡する海鳥の数が年々増加している。

3　ほとんど人が足を踏み入れていない辺境の地においても、プラスティック汚染は進んでいる。

4　プラスティックによる海洋汚染は、中国のような人口が多い場所の海や河川に顕著である。

5　孵化したばかりの魚はプラスティック汚染の影響を受けていないが、成魚になる頃には何らかの影響が見受けられる。

6　食用の魚介類を介してプラスティックを摂取することによる人体への害の実態は、研究で明らかになった。

Ⅵ　次の英文を読み、設問に答えなさい。

I'm struck by the amazing variety of ways in which cars have ruined our lives. We must abandon this disastrous experiment, recognise that this 19th-century technology is doing more harm than good, and plan our way out of it. Let's set a target to cut the use of cars by 90% over the next decade.

The car is still useful and makes a good servant, but it has become our (　1　). It spoils everything it touches. It now presents us with a series of emergencies that demand emergency responses. One of these emergencies, familiar to every hospital, is air pollution, which kills three times as many people worldwide as AIDS, tuberculosis* and malaria combined. Burning fossil fuels, according to recent research, is now "the world's most significant threat to children's health."

In other sectors, greenhouse gas emissions have fallen sharply, but transport emissions in the UK have declined by only 2% since 1990. The government's target is an 80% cut by 2050, though even this, the science now tells us, is (2) hopelessly inadequate. Transport, mostly because of our obsession with the car, is now the major factor driving us towards climate breakdown, in this and many other nations.

The number of people killed on the roads was falling steadily in the UK until 2010, at which point the decline suddenly ended. Why? Because, while fewer drivers and passengers are dying, the number of pedestrians killed has risen by 11%. In the USA, it's even worse: a 51% rise in the annual death rate of pedestrians since 2009. There seem to be two reasons: drivers distracted by their mobile phones, and a switch from ordinary cars to the sports-utility vehicle (SUV). As SUVs are higher and heavier, they are more likely to kill the people they hit. Driving an SUV in an urban area is (3) an antisocial act.

A switch to electric cars addresses only some of these issues. Already, beautiful places are being wrecked by an electric vehicle resource rush. Lithium* mining, for example, is now poisoning rivers from Tibet to Bolivia. And even electric cars still require a vast expenditure of energy and space; they still need tyres, whose manufacture and disposal is a massive environmental headache.

We are told that cars are about freedom of choice, but every aspect of this assault on our lives is assisted by state planning and subsidy*. Roads are built to accommodate estimated traffic, which then grows to fill the new capacity. Streets are modelled to maximise the flow of cars. Pedestrians and cyclists are squeezed into narrow and often dangerous spaces — the (4) afterthoughts of urban design.

Transport should be planned, but with entirely different aims: (5) to maximise its social benefits, while minimising harm. This means an overall switch towards electric mass transit, safe and separate bike lanes, and broad pavements*, accompanied by a steady closure of the conditions that allow cars to run wild through our lives. In some places, and for some purposes, using cars is unavoidable, but for the great majority of journeys they can easily be substituted. We could almost eliminate them from our cities.

In this age of multiple emergencies, we should remember that technologies exist to serve us, not to dominate us. It is time to drive the car out of our lives.

(注)
*tuberculosis: 結核
*lithium: リチウム
*subsidy: 補助金
*pavement: 歩道

(1) 空所(1)に入れるのに最も適切な語を次の1～4の中から一つ選び、その番号をマークしなさい。 51

1 employer
2 partner
3 parent

4　master

(2)　政府が掲げる達成目標が、下線部(2)である理由として最も適切なものを次の1～4の中から一つ選び、その番号をマークしなさい。　52

1　温室効果ガスの排出量を削減する国際的協定の実施ルールに触れていないから。

2　温室効果ガスの排出量の削減の目標値をもっと上げねばならないから。

3　温室効果ガスがもたらす広範な環境問題に関する改善策を提示していないから。

4　車の排気ガスの排出量を大幅に減らすための技術開発に取り組んでいないから。

(3)　イギリスとアメリカでの車に関連する事故について記されているものを次の1～4の中から一つ選び、その番号をマークしなさい。　53

1　イギリスとアメリカともに運転者と歩行者の死者数は減少している。

2　歩行者の死者数はアメリカの方が多いが、死者の年間増加率はイギリスの方が高い。

3　それぞれ増加率は異なるがイギリスとアメリカともに歩行者の死者数が増加している。

4　車を運転する人の数はイギリスでは減少しているが、アメリカでは増えている。

(4)　下線部(3)の意味に最も近いものを次の1～4の中から一つ選び、その番号をマークしなさい。　54

1　a dangerous act

2　an eccentric act

3　an illegal act

4　a rude act

(5)　本文で述べられている電気自動車になっても解決されない問題を次の1～4の中から一つ選び、その番号をマークしなさい。　55

1　発展途上国での貧困層の増加

2　発展途上国での労働力不足

3　タイヤの廃棄に関する問題

4　タイヤ工場の建設費用

(6)　下線部(4)の内容に最も近いものを次の1～4の中から一つ選び、その番号をマークしなさい。　56

1　都市計画の予算内に収まらないもの

2　都市計画で検討されていなかったもの

3　都市計画で実現が困難とされたもの

4　都市計画の欠点を補うもの

(7)　下線部(5)の具体的な内容として最も適切なものを次の１～４の中から一つ選び、その番号をマークしなさい。 57

1　車による交通事故が起こる可能性を最小限にするため道路の横幅を広げる。

2　車よりも歩行者とサイクリストの通行と保護を優先する交通規則を徹底させる。

3　交通事故の補償プランを増やし、歩行者とサイクリストが受ける損害を最小にする。

4　電動の公共交通機関を移動手段とし、歩行者とサイクリストに安全な道路建設をする。

(8)　車が引き起こす問題として本文で<u>述べられていないもの</u>を次の１～４の中から一つ選び、その番号をマークしなさい。 58

1　環境破壊

2　現代人の運動不足

3　石油への依存

4　子供の健康被害

(9)　車に対する筆者の考え方として最も適切なものを次の１～４の中から一つ選び、その番号をマークしなさい。 59

1　環境にやさしい電気自動車に全面的に移行しなくてはならない。

2　車を直ちに全面的に暮らしから排除せねばならない。

3　車をこれから10年以内にほぼ無くしていかなくてはならない。

4　法律を制定して車の使用を制限しなくてはならない。

(10)　本文からうかがえる筆者の感情に最も近いものを次の１～４の中から一つ選び、その番号をマークしなさい。 60

1　angry and frustrated

2　hopeful and optimistic

3　lost and confused

4　sad and depressed

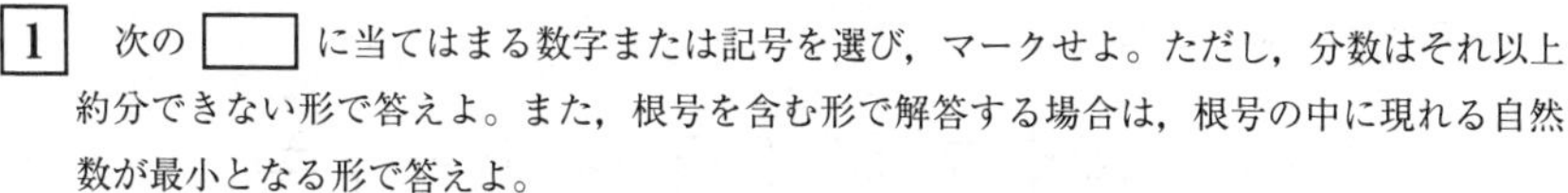

数学

（75分）

1 次の $\boxed{}$ に当てはまる数字または記号を選び，マークせよ。ただし，分数はそれ以上約分できない形で答えよ。また，根号を含む形で解答する場合は，根号の中に現れる自然数が最小となる形で答えよ。

［1］ $\dfrac{2}{(x+2)(4x^2+7x+2)}=\dfrac{a}{x+2}+\dfrac{bx+c}{4x^2+7x+2}$ が x についての恒等式となるとき，

$a=\dfrac{\boxed{ア}}{\boxed{イ}}$，$b=\boxed{ウエ}$，$c=\dfrac{\boxed{オ}}{\boxed{カ}}$ である。

［2］ $U=\{x\,|\,x$ は100以下の正の整数$\}$ を全体集合とする。U の部分集合

$$A=\{x\,|\,x \text{ は3の倍数}\},\ B=\{x\,|\,x \text{ は4の倍数}\}$$

について，集合 $\overline{A}\cap B$ の要素の個数は $\boxed{キク}$ である。

［3］ $(x^2+x+1)^7$ の展開式における x^5 の係数は $\boxed{ケコサ}$ である。

［4］ $16^{\log_2 3}=\boxed{シス}$ である。

［5］ 曲線 $y=x^3-3x^2$ と x 軸で囲まれた図形の面積は $\dfrac{\boxed{セソ}}{\boxed{タ}}$ である。

［6］ $0\leqq x\leqq\dfrac{\pi}{2}$ において，関数

$$y=2\sin^2 x+3\sin x\cos x+5\cos^2 x$$

の最小値は $\boxed{チ}$ であり，最大値は $\dfrac{\boxed{ツ}+\boxed{テ}\sqrt{\boxed{ト}}}{\boxed{ナ}}$ である。

［7］ 複素数 z が $|z-2-i|=1$ を満たすとき，$|z|$ の最大値は $\boxed{ニ}+\sqrt{\boxed{ヌ}}$ である。ただし，$i^2=-1$ とする。

2　次の $\boxed{}$ に当てはまる数字または記号を選び，マークせよ。ただし，分数はそれ以上約分できない形で答えよ。また，根号を含む形で解答する場合は，根号の中に現れる自然数が最小となる形で答えよ。

〔1〕　点Oを中心とする半径1の円に内接する△ABCについて，

$$5\overrightarrow{OA}+4\overrightarrow{OB}+3\overrightarrow{OC}=\vec{0}$$

であるとする。このとき，

$$\overrightarrow{OA}\cdot\overrightarrow{OB}=-\frac{\boxed{ア}}{\boxed{イ}},\ \overrightarrow{OB}\cdot\overrightarrow{OC}=\boxed{ウ},\ \overrightarrow{OC}\cdot\overrightarrow{OA}=-\frac{\boxed{エ}}{\boxed{オ}}$$

であり，△ABCの面積は $\dfrac{\boxed{カ}}{\boxed{キ}}$ である。

〔2〕　実数 a，b に対して，x の整式

$$f(x)=x^4-ax^3+(2a+b-10)x^2+(a+2b-1)x+b$$

を考える。いま，$f(x)$ が x^2-4x-2 で割り切れるように a，b を定めると，$a=\boxed{ク}$，$b=\boxed{ケ}$ である。また，a，b を有理数とするとき，

$$f(2+\sqrt{6})=4+\sqrt{6}$$

となるような a，b を求めると，$a=\boxed{コサ}$，$b=\dfrac{\boxed{シス}}{\boxed{セ}}$ である。

3 関数

$$f(x) = \log x \quad (x > 0)$$

に対して，曲線 $C: y = f(x)$ 上の点 $\mathrm{P}\,(t,\ f(t))$ における接線 ℓ を考える。このとき，次の各問に答えよ。

(1) 直線 ℓ の方程式を t を用いて表せ。

(2) 直線 ℓ と x 軸，y 軸によって座標平面の $x \geqq 0$ の部分に三角形が作られるための t の条件を求めよ。

(3) t が(2)の条件を満たすとき，直線 ℓ と x 軸，y 軸によって作られる三角形の面積 S を t を用いて表し，その最大値を求めよ。

(4) t が(2)の条件を満たし，かつ $t > 1$ とする。このとき，直線 ℓ と x 軸，および曲線 C で囲まれた図形の面積 T が S と等しくなるような t の値を求めよ。

オ　職人めいた男は肩先を突いて押し戻されても無言だったが、車掌のやり方を腹に据えかねていて、その裏をかいて電車に乗り込むしたたかな行動によって一矢報いた。 46

カ　老若男女、社会的地位も様々な乗客が、皆ひとしく車掌の白い手に呪縛されていたが、唱歌をうたう童児のかわいい声で我に還るという結びは寓意性に富んでいる。 47

九　最後の場面で「童部」が歌うのは鉄道唱歌の替え歌の「東京地理教育電車唱歌」である。次の中から東京が主要な舞台になっている作品を一つ選び、さらにその作品の作者を選んで、それぞれの番号をマークしなさい。解答番号は 48 ・ 49

作品 48
1　破戒（明治39）　2　三四郎（明治41）　3　高瀬舟（大正5）　4　檸檬（大正14）　5　黒い雨（昭和40）

作者 49
1　三島由紀夫　2　島崎藤村　3　川端康成　4　芥川龍之介　5　夏目漱石

1　乳の香まだ失せぬ　　2　薹の立ちたる　　3　公認せられたる
4　品卑しき　　5　遑しげなる

七　傍線部(6)「車中所々に笑ふ声起りぬれど」とあるが、なぜ笑う声が起こったのか。次の中からその理由の説明として最も適当なものを一つ選び、その番号をマークしなさい。解答番号は 41

1　運転手が乗り込んできた乗客を後に押しながら、習慣で「前の方にお詰めを」と言ったのを小僧が嘲ったから
2　いつもの決まり文句で、その時の乗客の動きに合わない指示をした車掌の杓子定規を小僧が皮肉ったから
3　車掌は「前の方にお詰めを」と言ったのに、小僧が「後の方へ」と聞き間違えて驚きの声をあげたから
4　乗客が殺到したため、身動きできなくなった小僧がさらに詰めるよう促されて思わず呪いの声を発したから
5　後方へ詰めている時に、車掌には「前の方に」、小僧には「後の方へ」と言われた戸惑いをごまかそうとしたから

八　次のア〜カの中で問題文の内容や表現の特徴に合致するものには1を、そうでないものには2を、それぞれマークしなさい。解答番号は 42 〜 47

ア　客観に徹した淡々とした語り口で刻々と変化する出来事が述べられていて、登場人物の一人ひとりを目の当たりにしているようなリアルな印象をもたらしている。 42
イ　夕方の停車場での通勤客と車掌のあいだに起きた些細な事件を、起承転結を備えた魅力ある活劇に仕立てて、都市労働者たる庶民の生態を彷彿させている。 43
ウ　人物の体格や衣服や言動の描写は街頭スケッチの写実的作風によっているが、夕日の斜光と組み合わせた車掌の白い掌にはそれを超えた象徴的な暗示がある。 44
エ　車掌は若造だが職掌に極めて忠実な男で、乗客に権能を及ぼしうる自分の立場を十分に意識し、その役になりきって他人の思惑も権威もまったく気にしていない。 45

ウ　臺の立ちたる女生徒　31

エ　肥え太りたる老媼　32

オ　十五ばかりの小僧　33

カ　麦酒の広告に画ける如き腹したる男　34

キ　砲兵の下士官　35

ク　遑しげなる下女　36

三　傍線部(2)「しどけなく」の意味として最も適当なものを次の中から一つ選び、その番号をマークしなさい。解答番号は 37

1　格好よく　2　だらしなく　3　しっかり

4　不器用に　5　ほどきにくそうに

四　傍線部(3)「従容として」の意味として最も適当なものを次の中から一つ選び、その番号をマークしなさい。解答番号は 38

1　慌てることなく　2　しずしずと　3　勇敢に

4　威厳をもって　5　すばやく

五　傍線部(4)「権宜には合はずとも」の意味として最も適当なものを次の中から一つ選び、その番号をマークしなさい。解答番号は 39

1　見当はずれにしても　2　権力に見合わなくても　3　礼儀に外れていても

4　融通に欠けるにしても　5　自分勝手であるにしても

六　傍線部(5)「世馴れたる」と反対の意味で、問題文中に対照をなして使われている表現は何か。最も適当なものを次の中から一つ選び、その番号をマークしなさい。解答番号は 40

近き日比谷に集まれる

電車の道は十文字。」

車はこのかはゆき声を載せて、馬場先門の方へと走りぬ。

（森鷗外「有楽門」による）

注1　ぺろん　＝電車の昇降口の踏み段。

注2　金鵄勲章　＝特に武功を認められた軍人に与えられた勲章。

注3　勅諭の五箇条　＝明治天皇が下した軍人勅諭にあった、特に心得るべき事を要約した五か条。

一　傍線部（1）「午頃まで晴たりし空、やうやく雲に蔽はれて、傾きかかる冬の日は、近き際に纔に残れる空気の浅葱色を、最早久しくはえ保つまじう思はる」とあるが、どういう情景を語っているのか。その説明として最も適当なものを次の中から一つ選び、その番号をマークしなさい。解答番号は 28

1　冬の日らしいどんよりとした曇り空の一日がそのまま暮れかけて、陽光もほとんど感じられない。

2　晴れたり曇ったりの一日だったが、午後日が傾きだした頃には一雨きそうな薄暗さになった。

3　昼頃まで空は晴れていたが、だんだん雲が広がりだして、青空は太陽のあたりのみ残されている。

4　午前中は晴れの良い天気だったが、午後は雲が湧きだし太陽は雲に隠れて見えなくなった。

5　午後になってだんだんと曇りだし、夕方が近づくにつれて陽光もしだいにぼんやり薄れてきた。

二　次のうち電車に乗っていた客には1を、停車場で電車を待っていた客には2を、それぞれマークしなさい。解答番号は 29 ～ 36

ア　四十代の職人めきたる男　29

イ　脩長き少年　30

袱包持てる老嫗やうやう降るれば、こたびは麦酒の広告に画ける如き腹したる男、後の口に立ち留まりて、にはかに乗替切符を求めたり。乗らんとする客は、心に皆車掌の杓子定規を憤れり。押し戻されし職人はさらなり、そが背後なる砲兵の下士官の、髯おどろおどろしく、胸に黄白の光猶鮮かなる金鵄勲章[注2]懸けたるは、その怒を押へて立てるさま、余所目にも著かりけり。想ふに此壮漢は肚の中にて、勅諭[注3]の五箇条の一つなる、軍人は礼儀を正しうすべしといふ句を繰り返して念じ居るにやあらん。されど、されど奈何せん、透明なる纖き長き車掌の指は、縦令(4)権宜には合はずとも、現に公認せられたる法規の保護の下に、己が権能を行ふものなるを。

忽ち職人は叫べり。

「誰が乗るものかい。」

叫び畢りて、車の側に沿ひて、前の方へと馳せ去る如くなりしが、この(5)世馴れたる男、いかでか小忿の為めに利害を忘るることあるべき。車をば、折しも軌道の修覆すとて、花崗岩引き起したるあたりに掛けて留めたるが故に、今まで人の昇降なかりし前の口の、運転手の左手より、職人は突と鎖を脱して乗りぬ。これを見て、前より車掌の白き掌を睨みて、魔睡に陥りたるやうなりし客の過半は、忽ち夢の覚めたる如く、皆彼職人の後につきて乗りぬ。遅れたるは力を極めて先なるを圧せり。扁に押し潰されんとしたる運転手は、何思ひけん、己も力をかして、乗客の背を押しつ。甲高なる声は、習慣によりて発せられたり。

「少々づつ前の方にお詰を願ひます。」

猶車中にて押し合ふ間より、小僧の声は響きぬ。

「少々づつ後の方へお詰を願ひますか。聞いてあきれらあ。」

(6)車中所々に笑ふ声起りぬれど、かかる品卑しき戯言に借すべき耳は持たじといひたげなる車掌は、例の微笑みつつ右手さし伸べて、満員の赤き札を下し、鈴索を引き動かしつ。

「お跡の車に願ひます。動きますよ。」

腹大いなる人も乗替切符を得て、降るる人は兎に角に降りしならめど、後の口より乗りし客は殆ど無かりき。彼職人の跡より乗りし客の中に、逞しげなる下女の、小さき日章旗持てる四歳ばかりの童部を背負へるありけり。此童部前よりの混雑の状を、演劇見る如く面白がりて見やり、円くみひらきたる黒き目を輝かし居たるが、車の動き始むると共に、声たかく唱歌をうたひ出しつ。

「玉の宮居は丸の内。

第三問　次の文章を読んで、後の問いに答えなさい。

「日比谷公園有楽門。お乗替はありませんか。」

三田より来れる電車は駐まりたり。所は日比谷公園近く、時は大祭日の夕なれば此停車場にも、あらゆる階級、あらゆる年齢の男女二十人あまり、押し合ひて立てり。(1)午頃まで晴たりし空、やうやく雲に蔽はれて、傾きかかる冬の日は、近き際に纔に残れる空気の浅葱色を、最早久しくはえ保つまじう思はる。停車場に待てる群衆は、先を争ひて車にせまりぬ。

「お乗の方は少々お待を願ひます。」

真先に足をぺろん[注1]に掛けしは、四十代の職人めきたる男にて、丈高く肉緊り目鋭きが、腰のあたりに赤き印ほの見ゆる印半纏の上にかさねし、唐桟の羽織の肩尖を押されて、たじろき降りぬ。車掌は乳の香まだ失せぬ小男にて、色白く髯のあと蒼く、着たるは決まりの小倉服に、地糸あらはなる、あやしき毛織の外套なれど、自然色の靴新しく、しやつ靴下なども、垢つき汚れずして、長き髪をうなじのあたりに揃へて切りたり。かうざまなるを、世には高襟刈と云ふとか。今職人らしき男の肩尖を押し戻しつる左手を長く差し伸べて、掌を開き、芝居めきたる姿勢を取りて立てる車掌は、車を争ふ二十人あまりの客を隻手もて押さへて、額狭く眉根蹙まり、常に嘲る如き微笑を湛へたる面に、己が権能の十分に発揮せられたるに満足せる色を呈せり。斜に射下す夕日の光は、車掌が開きたる掌に中りて、展べたる纖き長き指の透明なるかを疑はしむ。車より降りんとする客も十人ばかりはあるべし。

彼職人らしき男の押し戻されしとき、いちはやく跳り降りたるは某の学校の制服着て、黒き毛繻子の袱に包める書物を脇挟みたる、脩長き少年なり。これは前の停車場を過ぎし頃より、後の口に出で居たるなるべし。次は葡萄茶袴に銘仙の綿入羽織着て、古びし駝鳥糸の襟巻したる、薹の立ちたる女生徒なりしが、これも席を譲る人なければ、後の口近く、吊革につかまり居たるならん。その次なる肥え太りたる老媼の、己が腰のまはりよりも大なるべき袱包をかかへたるは、あなもどかし、百忙の中にその袱の結目の弛みたるを締め直さんとあせりたり。此時押し戻されし職人の傍なりし、十五ばかりの小僧の古びたる布子に小倉の角帯の捩れたるを(2)しどけなく結びて、左手に判取帳持てるが、職人の腋の下を潜りて再び突貫を試みしに、車掌は(3)従容として、右の脚を差し伸べ、この小き反抗者を支へ留めて、昇降口の秩序を維持せり。日光を浴みたる白き掌は依然として開かれ居て、甲高き声は再び響きわたりぬ。

「お乗の方は少々お待を願ひます。」

から

5　言葉を発する時、事物は意味を帯びて立ち現れる。分節化された世界が開かれるためには、国家や民族の枠を超えた交流がなされる必要があるから

九　傍線部(7)「近代的な翻訳観」とあるが、その説明として最も適当なものを次の中から一つ選び、その番号をマークしなさい。解答番号は **26**

1　言語を創造するのは国家であり、各個人はそれを道具として使用することしかできないという見方
2　国家や民族の精神は何よりも言語に現われ、それは翻訳を通して他国にも広がってゆくという見方
3　近代に成立した統一国家において、国民は同一の言語を話し、共通の精神性を持っているという見方
4　言語は国家や民族ごとに独自の体系を持ち、言葉を置き換えても十分な相互理解はできないという見方
5　言語は道具でありつつ民族精神を現すものであり、言葉を置き換えれば民族精神も伝えられるという見方

一〇　傍線部(8)「両者は表裏一体の関係にある」とあるが、なぜそう言えるのか。その説明として最も適当なものを次の中から一つ選び、その番号をマークしなさい。解答番号は **27**

1　いずれの把握も、それぞれ言葉によって被造物の間に照応し合う回路を開こうとするものだから
2　どちらの言語観も、ある国家や民族が統一された一つの言語を話すという考え方に基づいているから
3　言語を伝達の道具とする見方と民族の本質を現すとする見方とは、対極的で二者択一が不可避だから
4　地上の言語の初めには翻訳があり、道具としての言葉も民族精神も翻訳とともに生まれるものだから
5　高次の言語はいずれも他のあらゆる言語の翻訳と見なすことができ、道具性こそが本質的特徴だから

五　傍線部(4)「被造物」に最も近い意味を持つ問題文中の言葉を次の中から一つ選び、その番号をマークしなさい。解答番号は 22

1 人間　2 道具　3 森羅万象　4 万物照応　5 民族精神

六　傍線部(5)「伝達可能性そのものを伝える」とあるが、ほぼ同じ内容を示している一節（波線部）として、最も適当なものを次の中から一つ選び、その番号をマークしなさい。解答番号は 23

1 それによって言葉が自動的に連鎖する
2 言語に参与していない出来事や物は存在しない
3 詩的なものであればあるほど翻訳は不可能である
4 「われわれ」の言語は「われわれ」にしか解らない
5 媒体として、不断に創造されている

七　空欄 Y に入る言葉として、最も適当なものを次の中から一つ選び、その番号をマークしなさい。解答番号は 24

1 会話　2 行動　3 受信　4 照応　5 能動

八　傍線部(6)「発語とはそれ自体として翻訳なのだ」とあるが、なぜそう言えるのか。その説明として最も適当なものを次の中から一つ選び、その番号をマークしなさい。解答番号は 25

1 個別の言葉は国家や民族によって異なるが、言語を使うこと自体はすべての人間に共通する。相互理解への回路はそこから生まれるから
2 私たちが万物を言語化する時、万物もまた私たちを言語化している。そのような言語的相互作用によって、私たちは共同体を作っているから
3 言語主体は、異なった言語の語り手に向けて言葉を発する。その時、主体はそもそも翻訳とは何かという問いを突きつけられることになるから
4 万物は自らの存在を伝えようとしている。言葉を発するとは、自分とは異質なそれらのものの発する言語と自らの言語とを共鳴させることだ

2　人間存在と言語の関わりを、会話をするための必要性と、世界を認識するための必要性という二つの面から説明している。
3　言語理解としてやや問題のある答えを先に挙げ、それを補うようにより正しい答えを挙げることで、読者の判断を誘導している。
4　言語とは何かという問いに対して、会話の道具とする答えと人間の生存の条件とする答えを挙げ、読者に二者択一を迫っている。
5　人間関係に中心をおいた説明と、言語の道具性に焦点を当てた説明とを重ね、二つの説明が表裏一体の関係にあることを示している。

三　傍線部(3)「戦慄を覚えながら」とあるが、なぜ戦慄するのか。その説明として最も適当なものを次の中から一つ選び、その番号をマークしなさい。解答番号は 20

1　伝達の手段となった言語が、人間の精神性を伴わず増殖してゆくことに対する怖れから
2　言語能力を深めることで、一般的な人々の感覚に共感できなくなることに対する警戒から
3　言語能力の向上が攻撃のための宣伝をも充実させ、戦争を招き寄せることに対する恐怖から
4　言語技術を身につけた人間が自由に言葉を使いこなし、世界を切り開くことに対する興奮から
5　社会的規範が重視されることで、他の言語を母語とする人間が無視されることに対する怯えから

四　空欄 X には、あるまとまった文章が入る。前後の文脈から推定されるその内容の概略として、最も適当なものを次の中から一つ選び、その番号をマークしなさい。解答番号は 21

1　聖書を吟味すれば、人間の言葉は神の言葉の翻訳に過ぎず、創造的な要素は何一つ存在しないことが明らかである。
2　ハンナ・アーレントは、つねに他の人間とともに生きている人間のありようを、ベンヤミンとの交友の中で論じている。
3　平和な時であっても戦争のさなかでも、人間は言葉という有効な道具を使うことで十分なコミュニケーションがとれる。
4　翻訳とは、異なる国家や民族に属する二人の人間が出会い、互いの言語体系の差異を埋めようとするところに本質がある。
5　人間がある物事に遭遇した時、それに対して名前を付けるのは、名前を付けることでその物事の存在を認めているのである。

こうして翻訳をつうじて複数の言語が共鳴し始め、それとともに言葉に満ちた世界が立ち現われるとき、それぞれの言語は、ベンヤミンが翻訳に関して語る「変容の連続」を歩んでいる。発語そのものが、固有名としての名を呼ぶことであり続けるなか、言語は、他の被造物と生き生きと応え合う「万物照応」の媒体として、不断に創造されているのである。

（柿木伸之『ヴァルター・ベンヤミン――闇を歩く批評』による）

注1　アーレント＝ハンナ・アーレント（一九〇六～一九七五）。ドイツ生まれのアメリカの政治哲学者。

注2　デリダ＝ジャック・デリダ（一九三〇～二〇〇四）。アルジェリア生まれのフランスの哲学者。

一　傍線部(2)(9)のカタカナを漢字にする場合、それに使用する漢字を含むものを、次の中からそれぞれ一つずつ選び、その番号をマークしなさい。解答番号は 17 ・ 18

(2)　クウソ　17

1　戦争を避け山村にソカイする。　2　健康のためソショクを心がける。　3　人工呼吸でなんとかソセイした。

4　緊急事態に対応するソチをとる。　5　迷惑行為に耐えられずソショウを起こす。

(9)　カキョウ　18

1　夏休みのカダイ図書を読む。　2　喜んで募金にキョウリョクする。　3　生涯ジュウジカを負って生きる。

4　コウキョウの福祉の仕事に就く。　5　その男は凶悪な犯罪にカタンした。

二　傍線部(1)「あるいは」とあるが、この言葉はどのような働きをしているか。その説明として最も適当なものを次の中から一つ選び、その番号をマークしなさい。解答番号は 19

1　言語をめぐる著名人の一般的な見解を述べ、ついで筆者の読みを提示することで、後者の主張の独自性を目立たせている。

物にすぎない。そして、「国語」としての日本語の歴史も物語るように、国民国家の形成過程は、統一的な体系としての国民言語の整備とその訓育をつねに伴っていた。

こうした近代的な言語観の下では、言語は硬直し、「国民」という同類ないし同胞の仲間内に閉ざされてしまう。言語を規則的な記号の運用による意思疎通の手段と道具主義的に捉えるのであれ、反対に「民族精神」の精髄と本質主義的に捉えるのであれ――(8)もとより両者は表裏一体の関係にあるが――、「われわれ」の言語は「われわれ」にしか解らないと想定されてしまうのだ。

言葉を発すること自体が翻訳だというベンヤミンの洞察は、そのような言語の分断を、言語の内側から乗り越える視座を示すものである。言語は、自分とは根本的に異質な、「人間」ですらない存在とのあいだで、それに呼応するなかに絶えず生じている。

翻訳以前に言語はない。そして、翻訳が言語の存在そのものであるとき、言語は、立場を共有することのない、さらには共有するものを持たない者のあいだでつねに生成の相にある。しかも、このとき言葉を発するとは、一つの言語を創造することであると同時に、それぞれの異質さを特異なものとして、つまりその名において肯定することである。

このことはけっして複雑な事態ではない。すでに言語の本質を「名」に見るベンヤミンの議論に関連して述べたように、遭遇したこの人が、あるいはこの物事がそこに存在することを受け止め、これに応えるところに言語の源があり、そのとき、複数の言語が新たに響き始めているというだけのことである。このことを洞察するベンヤミンは、彼の同時代人で、ブーバーとともに聖書の翻訳に取り組んだフランツ・ローゼンツヴァイクが、異なった「舌と舌のあいだを(9)カキョウする」のが翻訳だと述べているのにも呼応していよう。

このような翻訳が言語にとって根源的であるとき、後にデリダ[注2]も語るように、一つの言語は他の被造物が到来する媒体である。その言語には、他の言語も谺(こだま)している。このように、翻訳とともに一つの言語のうちに照応の回路が開かれることを念頭に、ベンヤミンは、「より高次の言語はいずれも(神の言葉を除いて)、他のあらゆる言語の翻訳と見なすことができる」と述べているのだろう。

言語とは翻訳である。地上で言葉が発せられる出来事は、それ自体が翻訳の活動なのだ。それとともに一つひとつの言語が創造される。そのように初めに翻訳があることが証し立てているのは、言葉が根源的に、異なった言語の語り手へ向けて語りかけられることにほかならない。

異なった言語とのあいだに応え合う回路を、舌と舌のあいだの橋を求めるところからこそ、言語が生じる。そして、この回路が翻訳によって開かれるとき、もう一つの言語が、言葉として響き始めるのだ。

語がそうだったように、(4)被造物の存在を、究極的には神の前で証し立てることでもある。しかもこの証言は、それぞれの被造物がその言語で姿を現わすのに応えている。それによって言葉は、被造物のあいだに応え合う回路を開こうともしている。その意味で言語は、何かを伝える前に、(5)「伝達可能性そのものを伝える」とベンヤミンは述べている。

このような発語の営為を、言語の本質としての名が貫いている。つまり、言葉を発するとは、突き詰めるなら、神の創造物の一つひとつをその名で呼ぶことなのだ。それとともに、被造物は地上にその言語を、人間の言葉を媒体として響かせ始める。それゆえ人間の「名づける言葉」は、ベンヤミンによれば、あらゆる被造物がその言語においてみずからの存在を伝えていることも証言しているのである。

「生命を吹き込まれた自然においてであれ、生命を吹き込まれていない自然においてであれ、何らかの仕方で言語に参与していない出来事や物は存在しない」。地上の世界は、ベンヤミンが「言語一般」と呼ぶ、人や事物がそれぞれ自己自身の存在を伝える言語に満ちている。ただし、未だ声を持たないこれらの言語は、それに呼応する言葉を見いだすときに初めて響き始める。人間の言語は、このような森羅万象の照応の媒体をなす言葉として語り出されるのであり、そのとき個々の言葉において、他の被造物の言語を受け止めることと、それに語りかけることが一つになっている。

こうして受動と　Y　の一体性において、ボードレールが語った「万物照応(コレスポンデンス)」の媒体として言語が生じる出来事を、ベンヤミンは「翻訳」と呼んでいる。(6)発語とはそれ自体として翻訳なのだ。だからこそ、彼は「言語一般および人間の言語について」のなかで、「翻訳の概念を、言語理論の最深の層において基礎づけることが不可欠」だと述べているのである。

地上の言語の初めには翻訳がある。翻訳とともに、それぞれの言語が言葉になる。とはいえ、このように言語そのものを創造する翻訳の概念を理解するためには、(7)近代的な翻訳観から自由になっておく必要がある。

翻訳は今日でも一般に、「外国語」を解さない者のための補助手段と見なされている。そのような者が「外国語」の著作物などを、自分たちの言語で理解できるようにするために、翻訳が必要だというわけである。逆にその「外国語」が解(わか)るのであれば、この「原語」の「ニュアンス」を味わうためにも、補助手段を介さないほうがよいし、その「ニュアンス」は、詩的なものであればあるほど翻訳は不可能であるとも考えられていよう。

ただし、このように翻訳を、必要悪ですらあるような補助手段とする見方は、ある統一された言語に、同様に体系をなす「外国語」が対立することを、最初から想定している。しかしながら、そもそもこのような想定自体、ある民族ないし国民が一つの言語を話すという近代的な言語観の派生

第二問　次の文章を読んで、後の問いに答えなさい。

言語とは何か。例えば人間は、アーレント[注1]が人間存在の基本的な条件として述べているように、つねに他の人々とともに生きているが、その際に言葉を交わすことは欠かせない。(1)あるいは、それぞれの事物が意味を帯びて立ち現われてきて、分節化された世界が開かれることは、人間という脆弱な生き物の生存の条件をなしているはずだが、ここにも言語が介在している。そう考えると言語は、この世界で人々のあいだに生きること自体を構成していることになろう。

では、そのような言語の本質はどこにあるのだろう。たしかに、言語とは「コミュニケーション・ツール」だと割り切ることは容易(たやす)い。ただしこの見方は、ある言語が一定の時点で、情報伝達ないし意思疎通の道具として機能している面だけを切り取ることにもとづいている。しかも、このとき言語は、言葉を発する息遣いからも、その行為に内在する言語の生成の動きからも切り離されてしまっている。そのような抽象によって捉えられた言語は、結局のところ、もはや何も語らないのではないだろうか。

ベンヤミンが「言語一般および人間の言語について」のなかで、言語を「伝達の手段」としてのみ見る道具主義的な言語観を「ブルジョワ的言語観」と呼び、その「根拠薄弱さと内容(2)クウソさ」を批判するときに念頭にあったのは、このような疑問であろう。

もちろん、文法などを学習して伝達の手段を使いこなせるようになることは、言語習得の重要な一側面にはちがいない。しかし、言語との関わりをその次元に還元してしまうことは、言葉を発する働きを空洞化させ、この働き自体を、言語が伝達の手段として機能する規則に、ひいては言語がそのような道具と化した社会の規範に従属させることに行き着く。

ベンヤミンは、それによって言葉が自動的に連鎖すること——それはこの言語論においては、キルケゴールの言葉を借りて「お喋(しゃべ)り」と呼ばれている——に、さらにはこれに対する人々の反射的な行動にも(3)戦慄を覚えながら、言語そのものへ問いを差し向けていた。空虚な言葉の蔓延と、それに対する精神なき反応が、戦争の遂行を支えていることを見据えながら、ベンヤミンは、言語が一つひとつの言葉の姿で語り出される最初の出来事へ思考を傾注させる。この出来事においてこそ、言葉は何かを語るのである。

X

言葉を発するとは、遭遇する人や事物の存在を肯定することである。言葉は、これらのそれぞれ特異な存在を語り出すのだ。それは、アダムの発ではなく「感覚主体」のなかにあるからという理由を述べている。

5　（オ）の「だから」は、「感覚的性質」が事物そのものの性質ではなくそれを感覚する側のなかに存在することを強調し、物質を理解する上での「感覚的性質」の不確かさを示している。

九　次のア～オについて、問題文の内容に合致するものには1を、そうでないものには2を、それぞれマークしなさい。解答番号は 12 ～ 16

ア　光や力が数字や法則で証明されることに違和感を覚え問題を感じることによって、現象に普遍的な性質を探求する近代科学への道が開けた。 12

イ　生命や自然を機械として見ることは、人間さえも数値によって理解しようとし、数値としての性能の向上を目的とすることになる。 13

ウ　近代科学が活きた自然を対象とするためには、人間の主観によってとらえる感覚的性質を重視する、数値化にこだわらない態度が必要である。 14

エ　色彩や匂いがなく形態と運動だけがある物質のすべてを、数字で描写し尽くすことができると考えるところに、死物化の原因がある。 15

オ　「機械論的世界観」から抜け出し数値化という科学的方法で活きた自然との一体化を目指すためには、科学者が日常と思想を持つ必要がある。 16

5　「機械論的世界観」は、感覚主体を排除して事物の性質をとらえる「死物化」がもととなっていて、生きている自然を理解できない。

六　傍線部（6）「信仰にも近い思いこみ」とあるが、これと近い意味の語として最も適当なものを次の中から一つ選び、その番号をマークしなさい。解答番号は 9

1　疑心　　2　信心　　3　盲信　　4　信託　　5　背信

七　傍線部（8）「それによって自然を死物化した」とあるが、なぜそう言えるのか。その説明として最も適当なものを次の中から一つ選び、その番号をマークしなさい。解答番号は 10

1　数値化できる幾何学的・運動学的性質のみによって自然を理解しようとし、数値化できない感覚的性質を切り捨ててしまったため
2　事物の両面である幾何学的・運動学的性質と感覚的性質とを、主観的性質と客観的性質に当てはめてとらえ、前者のみを重視したため
3　人間の五感によって認識する客観的事物の性質をすべて主観的なものとしてしまい、その中の数値化できる性質を無視したため
4　本来自然は生きている事物であるのにあたかも機械のように扱い、実験結果として得られる数値を上げて性能を良くしようとしたため
5　自然を生きものとしてとらえることは現代科学においてなされるべき当然の変革であるのに、相変わらず機械としてとらえているため

八　波線部（ア）～（オ）の接続詞は、それぞれ文脈上どのような働きをしているか。その説明として誤っているものを次の中から一つ選び、その番号をマークしなさい。解答番号は 11

1　（ア）の「つまり」は、物質の理解にとって必要なことがあるとまず述べ、次いでその後に必要なことを具体的にして説明している。
2　（イ）の「また」は、物質を理解するときに重要な「幾何学的・運動学的性質」の具体的な説明を並列・追加している。
3　（ウ）の「しかし」は、物質を理解するときに重要な「幾何学的・運動学的性質」と重要ではない「感覚的性質」をつなぐことで、二つの対照性をあらわしている。
4　（エ）の「したがって」は、「感覚的性質」が人間の五感によってしか認識できないという事実を結論としてまず述べ、それが事物自体の性質

三　傍線部（4）「自然を拷問にかけている」とあるが、その説明として最も適当なものを次の中から一つ選び、その番号をマークしなさい。解答番号は 6

1　さまざまな姿を持つ本来の自然を、実験対象として特定の一面のみで理解しようとすること
2　生命のある自然をあるがままにとらえ、分析によって構築した理論で説明しようとすること
3　あらゆる自然物は人間による改変が可能であると考え、自然を合理的につくり直そうとすること
4　分析で得た普遍的な法則を、リンゴの落下から天体の運動にまであてはめようとすること
5　自然界に存在する普遍的な基本法則を探すために、自ら厳しく問いかけようとすること

四　空欄 X に入る言葉として最も適当なものを次の中から一つ選び、その番号をマークしなさい。解答番号は 7

1　還元性、普遍性、決定論
2　基本法則、違和感、粒子論
3　帰納的方法、人間性、色彩論
4　基本法則、自然観、決定論
5　人間性、分析的手法、機械論

五　傍線部（5）「「機械論的世界観」のどこに問題があるのか」とあるが、筆者はその「問題」をどのように考えているか。その説明として最も適当なものを次の中から一つ選び、その番号をマークしなさい。解答番号は 8

1　「機械論的世界観」は、人間が自然を支配するという中世以来の考え方をさらに強く進めることであり、自然破壊の原因である。
2　「機械論的世界観」は、数値によって事物の性質をあらわす「死物化」という誤った方法が原因で生まれたため、科学的な方法と異なる。
3　「機械論的世界観」は、人間をも機械とみなすニュートン的な自然観から生まれたため、自然や人間を正しく理解できていない。
4　「機械論的世界観」は、人間と自然が同じ世界に存在するという近代以前の世界観を覆そうとするものであり、人間中心の自然観を生む。

3 友人をソソノカして悪事に誘った。　4 暴力的な手段で大衆を恐怖にオトシイれた。

5 罪の深さを教えサトして悔い改めさせた。

(9) ホウコウ [4]

1 神前で神楽がホウノウされた。　2 披露宴に出席し、ホウメイ帳に記入する。

3 責任者として事件の経緯をホウコクする。　4 平安時代の天皇のギョウコウの地として知られている。

5 社会福祉でのコウセキが受賞の理由である。

二 傍線部(2)「帰納的方法」とあるが、この方法の例として最も適当なものを次の中から一つ選び、その番号をマークしなさい。解答番号は [5]

1 スーパーマーケットの仕入れ担当者が、最高気温が十五度以下になると鍋物の材料が売れると聞き、翌日の最高気温が十四度であるという予報の日に鍋物用の食材を多く仕入れた。

2 ファッションブランドのデザイナーが、ソーシャル・ネットワーキング・サービス（SNS）に投稿された多くの写真を調べ、近年の若者は原色の服を好まないという推測をした。

3 大学で化学を学んだ教員が、学生時代の自分の経験をもとに、クラスの生徒一人一人に学習のアドバイスをして、生徒全員の理科の成績を向上させることに成功した。

4 学校教育に関する幾つかの法律が変わったことを受け、新しく委員会を設けたり、理事会の回数を大幅に増やすなどして、検討に検討を重ね、学内の種々の規則を変更した。

5 テレビドラマのシナリオライターが、医師、看護師、薬剤師などの病院関係者の話や、医療に関する多数の書籍から、さまざまな話題を集め、病院を舞台にした脚本を書いた。

「機械論的世界観」から抜け出す方法を探ろうとしてあれこれ考えるなかで、どうしても科学者が、日常と思想を持たなければいけないと思ったのです。

（中村桂子『科学者が人間であること』による）

注1　大森　＝大森荘蔵（一九二一～一九九七）。哲学者。
注2　生命誌　＝人間を含む生命全体の歩みを歴史物語として記録すること。

一　傍線部(1)(3)(7)(9)のカタカナを漢字にする場合、それに使用する漢字を含むものを、次の中からそれぞれ一つずつ選び、その番号をマークしなさい。解答番号は 1 ～ 4

(1)　キソン　1

1　人間のソンゲンを守る言動が称賛される。
2　持っている力をゾンブンに出す。
3　久しぶりに工場の機械をキドウする。
4　担当者の主張にギギを抱く。
5　もう少し先で道がブンキする。

(3)　バクゼン　2

1　私小説の形式で発表し、秘密をバクロする。
2　金銭をかけたトバクをして、処分を受けた。
3　田園地帯にはバクシュウの風景が広がっていた。
4　明治政府はかつてのバクシンたちも登用した。
5　むかし繁栄した都市も、今はサバクの中にある。

(7)　シサ　3

1　庭で蜂にサされた。
2　重要な案件は会議にハカることにした。

コウを発するか悪臭を放つかという、こういった条件をかならず含めてその物質を理解しなければならぬとは考えません。それどころか、もし諸感覚〔五感のこと〕がわたしたちにともなっていなければ、理性や想像力それ自身だけでは、それらの〔色や匂いなどの感覚的〕性質にまでは到達しないはずなのです。(エ)したがって、これらの味や臭いや色彩などは、それらがそこに内在している主体の側〔味や匂いや色を持つ当の事物〕からみると、たんなる名辞であるにすぎないのであり〔色その他はその当の事物には属さない〕、たんに感覚主体〔感覚するわれわれ〕のなかにそれらの所在があるにすぎない、とわたしは思うのです。(オ)だから、感覚主体が遠ざけられると、これらの〔感覚的〕性質はすべて消え失せてしまうのです」。

実はこれは、ガリレイの言葉であり、大森が、これこそほかに類のない明確な表現であり、少し長いけれど引用しないわけにはいかないと言っているものです。

色も匂いもない、形と運動だけがある物質――これを大森は「死物」と呼びます。そして、数値化するから死物化するのではなく、すべてが数字で描写し尽くされると考えるところに原因があるのだと指摘します。

「活きた自然」とはまったく逆の「死物」という言葉にドキリとします。この考え方で行けば、科学は私たち人間の体も死物化していることになります。分子生物学でDNAを知り、そこから生命科学へ、さらには生命誌[注2]へと移ることで、「生きている」を見ようとしてきた者としては、ガリレイ、デカルト型の科学はすべてを死物化しているという指摘には戸惑います。死物化してしまったものをどういじりまわしたところで、生きものにはならないでしょう。

一方で「『活きた自然との一体感』は現代科学でも可能である」と書き、ここにこそ二〇世紀の思想を変える鍵があると語りつつ、もう一方では近代科学は自然を死物化していると言っているのです。それでは、「死物化」を避けながらも、科学そのものは放棄せずに、それを活きた自然との一体感へとつなげていくには具体的にはどうすればよいのか。「生命誌」を進めるにはこの鍵をつかまなければなりません。

その鍵をつかもうと読み進めていくと、最後に「日常描写と科学描写との重ね描き」という項があり、そこでは「私が富士山を見ながら立っている、それはすなわち、光波が私の眼に達し、私の脳細胞が興奮しているそのことにほかならないのである。／物理学者や化学者はもとより、生理学者もまた、彼らの実験室の中での実際の研究ではこの「すなわち」の「重ね描き」に従っているのである」と大森は明言しています。これまで縷々述べてきたように私も、科学をする者は科学と日常と思想とを自らの中に入れていなければならないと思ってきましたが、大森によって明確に、科学とはそのようなものであるのに、科学者がそれに気づいていないだけだと指摘され、ハッとしました。私自身、科学という方法を否定せずに、ていこうということになります。数値ですべてが語れるのだろうかという疑問が出たとしても、できないと言えないかぎり、歯止めはかかりません。

このような例に次々と出会うなかで私自身は、生命や自然を機械として見ることの問題の核心は、数値化にあるとなんとなく思ってきました。すべてを数量化し、それを生かした技術によって利便性だけを求めていくやり方に疑問を持ち、単により速く、より大きくという形で進歩を求める動きの中では、生きものとしては生きにくいと実感し、悩んできました。しかし科学を全面否定するのではない以上、数値化をすべて否定することはできません。ではどうすればよいかと考えたときに、大森[注1]がひじょうに重要な視点を与えてくれました。問題の本質は数値化そのものではなく、その数値化をする際に、自然を「死物化」していることだというのです。これは数値化を否定せずとも、「死物化」を回避するという方法で新しい知を生み出すことができるという(7)シサです。是非考えてみたいことです。

大森の『知の構築とその呪縛』によって、死物化について考えます。最初に大森の結論を述べておきます。

「〔数値化によらず自然を知覚できるということは〕『活きた自然との一体感』が現代科学においても同様に可能であるということを意味する。いや可能どころか、理論的には当然そうなるべきことを意味する。そしてもし二〇世紀思想に根本的変革があるとすれば、その変革はこの線に沿うものではあるまいかと思う。少なくとも理論的には当然のことだからである」。

「活きた自然との一体感」という言葉を見出した時には、これこそ私の求めているものだと思いました。そして大森は、ガリレイとデカルトの犯した誤りは、「客観的事物にはただ幾何学的・運動学的性質のみがあり、色・匂い・音・手触り、と言った感覚的性質は人間の主観的印象に属する」と言ったことにあるとします。(8)それによって自然を死物化したというのです。これが数値化と結びつき、それが世界を細分化していくわけですが、本質は数値化にあるのではなく「死物化」にあるという指摘です。死物化ということをよく考えてみたいので、大森の著書からその部分を引用します。

「わたしがある質料とか物体を考えるとき、ただちにイメージとしてえがく必要にかられるのは、つぎのようなものだと考えます。(ア)つまり、そのものが、しかじかの形をして境界と形態を持っており、他のものとくらべて大きいか小さいか、(イ)また、しかじかの場所に、しかじかの時刻に存在し、運動しているか静止しているか、他の物体と接触しているかいないか、一個か多数個かということなのです。いかなるイメージを作る場合にも、物質をこれらの条件から切り離して考えることはできません。(ウ)しかし、その物質が、白いか赤いか、苦いか甘いか、音を出すか出さぬか、(9)ホウプリズムを用いて分析する英国のニュートンに対して、(4)「自然を拷問にかけている」と非難したと言われます。開いた自然の中でなく閉じた実験室での研究から自然を語ることへの違和感は、現代科学を否定するつもりはないけれど、そこに何か問題を感じる私の気持と重なるように思い、ゲーテには関心を持っています。

ともかく、こうしたニュートンの分析的手法が発展したところから、すべてのものが小さな部品でできているという粒子論的考え方が出てきます。すべてのものを最小の構成単位へと還元して見ることで、あらゆる現象に普遍的な性質を探究する科学への道ができました。そしてここから事柄は一意的、つまり決定論的に動くという見方が出てきます。つまり、「　X　」というのが、ここで生まれた科学の特徴です。

こうした明快な「自然観」と、それを証明していく「方法」を持つ近代科学は強力でした。ここに生まれた「機械論的世界観」が世界全体に広がり、現在にいたっています。

ここで大事なのは、(5)「機械論的世界観」のどこに問題があるのかということです。

これまで私は、「世界を機械として見る」ということは、ガリレイの言うように、それを「数で見ること」、さらには「量で見ること」であると考えてきました。ガリレイは、世界はすべて数学で書かれていると言い、それを受け継いだ近代の科学者は、いつか科学が世界を語り切れると考え、現代においてもそれをめざしています。近代以降の科学は、今はまだ数値化できていないものを数値化することを「進歩」としています。

そのため、たとえば心を理解したいと考えたら、現代科学では、心は脳の働きであるとして、脳の活動を「計測」することになるのです。近年計測法が進歩し、脳の細胞で起きる電気的変化や物質の動きを調べ、それと結びつく現象を探る研究が盛んです。とくに関心の高いのは病気にかかわる現象です。たとえば、神経細胞が変性し、脳の線条体からドーパミンが減るとパーキンソン病になることがわかりました。そこで、L-ドーパという脳内でドーパミンに変化する物質を投与したところ、たしかに手足の震えが止まるという効果が出ました。これは患者さんたちにとってまぎれもなく福音です。

しかし、この「計測」と「数値」は独り歩きを始めました。この反応の過程でドーパミンが注意力や集中度を高めることがわかり、そのためにアメリカでは、ドーパミン濃度を上げる薬物を用いて仕事の成果をあげようとする人まで出てきてしまったのです。ここには、人間を「機械」と見なし、できるだけその性能＝数値を上げて効率を良くしようという考え方があります。数値が上がることがすばらしいのだという、(6)信仰にも近い思いこみがこうさせるのでしょう。そこで、人間の身体について、とことん数値化を進め数値による理解を深めて、機械としての性能を上げるようにし

国語

（七十五分）

第一問　次の文章を読んで、後の問いに答えなさい。

近代科学の誕生とともに生まれた近代的世界観は「機械論的世界観」と呼ばれます。たとえば「近代科学の父」と言われるガリレイは、実験を通して自然の中にある数学的関係を探る方法を打ち出し、それによって自然をすべて理解しようとしました。聖書も自然も神の言葉から生まれたものであり、聖書が言葉で書かれているのに対し、自然という書物は数学で書かれているというのです。

ガリレイより三〇年余り後に生まれたデカルトは、(1)キソンの学問を無批判に受け入れるのではなく自分で考えるという方法の重要性を示した点で、科学にとって重要な人です。分析の大切さも示しました。しかし、デカルトの自然観は機械論そのものであり、人間をも機械とみなすものです。この思想は科学の世界を超えて広がり、現代にまで影響を及ぼしています。ついでベーコンは「知は力なり」という言葉で知られており、自然の操作的支配を唱えました。彼はそのために実験を駆使する(2)帰納的方法の必要性を説きました。科学的方法です。そしてガリレイの死の約一年後に生まれたニュートンは、デカルトが示した、自ら問い、対象を分析していくという方法を具体的に進め、光学や力学で多くの業績を残しました。なかでも万有引力の法則の発見は科学の歴史の中で最も大きな業績の一つです。地上でのリンゴの落下も、天体の運動も同じ法則の下にあるというのですから、まさに普遍的な基本法則を探す科学研究のお手本です。ニュートンは光学でもプリズムによる分光実験によって太陽光が波長の異なる光から成ることを示し、みごとな成果をあげました。美しい虹の科学です。私たちが物理学を学ぶとき、最初に出会うのが、この力学と光学でした。それまで(3)バクゼンと見ていた光や力が数字や法則で説明され、賢くなった気分になったことを思い出します。

しかし同じ頃、ドイツで光に興味を持ち独自の色彩論を打ち出していた作家であり、自然の科学的理解に強い関心を抱いていたゲーテは、暗室で

解答編

英語

I　**解答**　①―3　②―1　③―3　④―2　⑤―4　⑥―1
⑦―3　⑧―2　⑨―3　⑩―1　⑪―2　⑫―1
⑬―4　⑭―3　⑮―4

◆全　訳◆

≪スティーブ=ジョブズが設立した会社の名前とロゴの由来≫

一人の若者がひらめきを求めてインドを旅して回り，1974 年にアメリカ合衆国に帰ってきた。帰国して 2 年後，彼は親友のスティーブ=ウォズニアックと共に世界で最も成功を収めている会社の一つを創設した。その若者の名前はスティーブ=ジョブズで，彼らが始めた会社はアップル社である。今日，アップル社は世界中で 13 万人以上を雇用し，資産価値は約 2 兆ドルである。

アップル社のロゴは最も識別しやすいマークの一つだが，一体会社はどのようにして社名とあの偶像的なロゴマークを決めたのだろうか。それには，次のようないくつかの説がある。

アイザック=ニュートンがりんごの木の下に座っていたとき，頭の上にりんごが一つ落ちてきて，引力の法則を発見したという話は誰もが知っている。ニュートンは真の天才で，アップル社は彼のあの引力の法則発見の話と自社を関連して連想させたかった。よく挙げられるもう一つの説は，聖書の有名な話と関係している。聖書の創世記では，アダムとイブが知の木からある果物をもぎ取る。その果物はりんごだと広く信じられており，ジョブズとウォズニアックは，コンピューターは世界中の知識をすべて保存できると考えた。

「アップル社のロゴマークのりんごはなぜ一口かじり取られているのか」という質問がよくされる。その疑問に対して考えられる答えが三つある。一つは情緒的でもの悲しく，他の二つはずっと実務的である。一つ目はイギリスの科学者アラン=チューリングと関連がある。この聡明な男は近代コンピューター学の父とみなされている。第二次世界大戦が 1945 年で終わり，もう 2，3 年後にならなかったのは彼に負うところが大きい。というのも，ドイツのエニグマ暗号を解読したのは彼だったからだ。しかし彼は不幸な男で，1954 年に自殺した。彼は毒を入れたりんごを一口かじって食べ，自殺を図った。彼がその自殺の方法を選んだのは，『白雪姫』が彼の好きな話の一つだったからという説がある。

別の考えられる答えは，ロゴの外見と関係がある。アップル社のロゴを創作したロブ=ジャノフがデザインを考案していたとき，自分が見ている画像がりんごなのか，さくらんぼなのかはっきりしなかった。画像から一口分を取ってみると，誰の目にもりんごの形をしているのが明らかになった。

最後の説は音と関係がある。コンピューターのメモリーは byte（バイト）を単位に分けられる。bite（かじる）と byte の発音がまったく同じなので，たぶん会社はあの一口かじったマークに決めたのだろう。真実が何であれ，はっきりしていることが一つある。それは，アップル社のロゴはこの先何年もきっと最も識別しやすいマークの一つであり続けるということだ。

◀解　説▶

①空所の語が動詞で inspiration「(新たな考えや物を創造する）ひらめき」を目的語としていることから，「捜し求める」という意味の語と考えられる。search，look は後に for を取って「捜す，求める」という意味になることから不適。seek は「捜す」という意味の他動詞なので，3 の seeking が正解。

②空所の後に friend があり，その後に Steve Wozniak という名前があることから，空所部分は Steve Wozniak と同格関係になると推測できる。そこで「親友」という意味を作る 1 の close を選ぶ。

③空所の前で「アップル社は世界中で 13 万人以上を雇用している」と述べており，空所の後に around two trillion dollars「約 2 兆ドル」とあることから，空所部分は「資産価値がある」という意味になると推測される。price は「(商品などに）値段をつける」という意味で不適。value は「(物を金銭的に）評価する」という意味だが，be valued at ～「～の価

値に見積もられる」という形にならねばならず，atがないため不適。3のworthがbe worth+金額の形で「～の値打ちがある」という意味を表し，正解。

④空所の前に動詞のdecideがあり，後に「社名とロゴマーク」とあることから，この部分は「社名とロゴマークを決めた」という意味になると推測される。decideは「(いくつかの選択肢の中から)～に決める」という意味ではdecide on ～の形をとるので，2のonが正解。

⑤空所の直前にIsaac Newtonが，直後にthe theory of gravityがある。これらの語句の前にthe story ofがあることから，「アイザック=ニュートンが引力の法則を発見した話」という意味になると推測される。ofは「同格」を表す前置詞で，その後はthat Isaac Newton discovered the theory of gravityという名詞節がof Isaac Newton discovering the theory of gravityという動名詞句になると考えると，4が正解だとわかる。

⑥空所の後にfruitがあり，その後の文で「その果物はりんごだったと広く信じられている」と続いている。worldly「世俗的な」，wise「賢い」はfruitの形容詞として不適。unique「とても変わった，稀な」は，りんごが一般的な果物であることから不適。1のparticularがone kind of thing rather than other similar ones「似たような物の中の一つの種類」という意味を表し，正解。

⑦空所の語は動詞でcomputersが主語に，all the knowledge in the world「世界中の全知識」が目的語になっているとわかる。コンピューターは多くの情報や知識を保存できることから，3のstore「保存しておく」が正解。

⑧空所を含む文は，前の文の「ロゴマークのりんごはなぜ一口かじり取られているのか」という問いの答えになっている。第4段第3文（The first concerns …）で「最初の答えはイギリス人の科学者アラン=チューリングに関わりがある」と述べられ，第4文（This brilliant man …）以下で具体的に説明している。第5段第1文（Another possibility is …）では「もう一つの考えられる答えは外見と関わりがある」と述べ，その具体的な内容を続く第2文（When Rob Janoff, …）以下で説明している。第6段第1文（The final theory …）では「最後の説は発音と関わりがあ

る」と述べ，続く第 2 文（Computer memory is …）以下で説明している。よって，三つの答えがあるとわかるので，2 の three が正解。

⑨空所の節の前に「一つは情緒的で，少し悲しい」とある。空所の後が形容詞の比較級 more practical になっていることから，空所には比較級を強める副詞が入るとわかる。選択肢の中で比較級を強める副詞は even と far の 2 つである。even は She is beautiful and her sister is even more beautiful. のように，「さらに一層」の意味を表す。当該文の場合，前に one is poetic があり，その後に「対照」を表す while があることから，one is poetic, while the others are even more practical は意味が通らず，不適。この文は one is poetic, while the others are more practical than poetic「一つは情緒的だが，他は情緒的というよりはずっと実務的である」という意味だと推測される。more practical を強めた形は much〔far〕more practical になる。よって，3 の far が正解。

⑩空所の文の後の第 5 文（It is in no …）で「彼のおかげで，第二次世界大戦は 1945 年に終わり，それより 2，3 年後にはならなかった」と述べ，彼の業績を讃えていることから，空所の文は「この聡明な男は近代コンピューター学の父と考えられている」という意味になると推測できるため，1 の considered が正解。consider O（to be）C「O を C とみなす」の形の受動態。

⑪空所の文は It is *A* that S V の強調構文になっていて，空所部分は強調される部分。2 の small を入れると，in no small part＝in a large part「大いに」という句を成して「大いに彼のおかげである」となる。

⑫ in 1945 から空所までは *A* and not *B*「*A* であり，*B* ではない」の表現を成す。空所の後の for 以下で「というのも，ドイツのエニグマ暗号を解読したのは彼だったから」だと述べられており，彼が暗号を解読しなければ，戦争が終わるのはもっと後になっただろうとわかる。よって，1 の later「後に」が入る。

⑬空所の文の前の文（He did this …）で「彼は毒を入れたりんごを一口かじって食べて自殺した」とあり，空所の前には chose this とあることから，空所には「（自殺の）手段，方法」を表す語が入ると考えられる。1 の approach と 4 の method で迷ったかもしれないが，choose の目的語としては method のほうがより自然である。よって，4 が正解。

⑭空所の文の後の文（By taking a bite …）で「画像から一口分を取ると，りんごの形を表しているのが誰の目にもはっきりした」と述べていることから，空所の部分は「りんごを見ているのか，さくらんぼを見ているのかはっきりしなかった」という意味になると推測される。よって，3のunsure「確信がない」が正解。

⑮空所の後がthis is why the company chose the image「こういうわけで会社はそのロゴマークを選んだ」という文になっているので，空所の語は文修飾の副詞と考えられる。選択肢の中で文修飾の副詞になり得るのは1のof courseと4のperhapsである。第4段第2文（There are three possible …）から，一口かじり取られたりんごのマークになった理由として三つ考えられることがわかる。よって，断定的となる1は不適で，4が正解。

II　**解答**　16―2　17―4　18―6　19―1　20―3

◆全　訳◆

≪骨董品鑑定で見つかった驚くべき貴重品≫

2017年4月の春の日のある朝，ジョン=ラブデイはイングランドのオックスフォードシャー州にあるキャバーシャム公園に着いた。その日は，人気のテレビ番組の骨董品の専門家がその公園にやってくる特別な日だった。毎週，専門家は価値があると思われる所有物を持ってやってくる一般の人々に会うために全国各地に出かける。彼らは品物を調べて持ち主にその歴史を説明し，価格をつけようとする。

ラブデイ氏はテレビ番組で珍しい貴重な書物を担当する専門家のいるテントへ行った。順番を待ち，ようやくマシュー=ヘイリーと対面した。彼はヘイリーにマッチ箱ほどの小さな手書きの書き物を手渡して，「これは一体何で，金銭的にどれくらいの値打ちがあるのか教えていただけますか」と尋ねた。マシュー=ヘイリーはその壊れそうな小さな書き物を持ち主から受け取って，注意深くページをめくった。やがて，手にしている物が信じられず，喜びと驚きで目を見開いた。彼は「これはすごい，一体どこでこれを手に入れたんですか」と叫んだ。ラブデイ氏は，亡くなった母の遺品を調べているときにそれを見つけて，その小さな書き物は先祖が何世代にもわたって所有していたようだと語った。

その書き物には，ウィリアム=シェークスピアの劇のいくつかについて何ページにもおよぶ手書きのメモが書かれていた。しかし，それがきわめて特別で，計り知れないほど価値があるのは，それがまだシェークスピアが存命で劇を書いている17世紀に遡るものだったからだ。それにはシェークスピアの劇の批評や台詞，舞台の演出までもが載っていた。ラテン語の記入もあることから，その書き物はシェークスピアの作品を研究していた学生の所有物だったのだろうとヘイリーは推測した。もちろん，その記載内容から，それを書いた人物は，今日では世界に知られている劇が17世紀に上演されているのを実際に見ながら書いていたことは明らかだ。そして，シェークスピアについての18世紀の学問的研究はかなり多くあるが，17世紀のものはほとんどないのだ。ゆえに，この小さな手帳は今日のシェークスピアの作品の研究者にとって極めて貴重なものとなる。

それから，ジョン=ラブデイとその貴重な小さな手帳のまわりにかなり大きな人だかりができたので，ヘイリー氏は皆の頭にある問題に移った。手帳は学問研究面で極めて価値が高いので，金銭的な価値も非常に高いと思われると語った。そして慎重に検討した後，マッチ箱ほどのその小さな手帳に3万ポンド（約400万円）もの値段をつけた。ラブデイ氏は自身の幸運が信じられなかった。その後まもなく，彼はその手帳を博物館に売り，手帳は現在展示されていて，世界中の人たちがそれを見ることができるようになっている。また，イギリスが生んだ最大の作家を研究する者たちがその手帳を調べ，史上最もすばらしい劇作品のいくつかへの理解をさらに深めることができるようになっている。

◀解　説▶

16. 空所の前の文（It was a very …）で「その日はテレビの人気番組の骨董品の専門家がそこにやってくる特別な日だった」とある。2は「毎週，彼らは価値があるかもしれないと思われる所有物を持ってくる一般の人々に会いに国内のさまざまな地域へ行く」という内容で，they travel の they は空所の前の文の experts in antiques を指すと考えられる。また，空所の後の文の The experts examine the items の the items は2の文の possessions they believe may be of value を指すと考えられる。よって，2が正解。

17. 空所の前の文（Matthew Haley took …）で「マシュー=ヘイリーは壊れそうな小さな書き物を所有者から受け取り，注意深くページをめくって目を通した」と述べられ，空所の後の文（“My goodness!” …）で「これはすごい。一体どこで手に入れたんですか」と述べていることから，4の「まもなく，手にしている物が信じられないといった喜びと驚きで目を見開いた」が入る。
18. 空所の前の文（The notebook included …）で「手帳にはシェークスピアの演劇の批評，台詞，さらに舞台の演出までもが載っていた」とあることから，空所には手帳に書かれている内容に関する文が入ると推測され，6の「手帳にはラテン語の記入もあるので，手帳はその劇作家の作品を研究していた学生のものだったのだろうとヘイリーは推測した」が入る。
19. 空所の前の文（Mr Haley then …）で「それからヘイリーは，ジョン=ラブデイと彼の貴重な手帳のまわりにかなり大きな人だかりができたので，皆が関心を抱いている問題に移った」と述べていることから，「手帳は学問研究的な価値が極めて高いので，金銭的にも極めて価値が高いだろうと述べた」という内容の1が入る。
20. 空所の後の文（In addition to …）で「さらにまた，イギリスの偉大な作家シェークスピアを研究する者たちが，これまでに書かれた最もすばらしい作品のいくつかをさらに深く理解するためにそれを調べることができる」と述べている。3が「その後まもなく彼は手帳を博物館に売り，手帳は現在展示されていて，世界中の人たちが見ることができる」という内容で，空所の後の文の文頭のIn addition to thisのthisは3の文末の「世界中の人々が手帳を見ることができること」を表し，「世界中の人々が見られるだけでなく，研究者たちが調べることもできる」につながると推測できることから，3が正解。

⑴―4　⑵―2　⑶―1　⑷―6　⑸―3　⑹―2
⑺―6　⑻―3　⑼―1　⑽―5

◀解　説▶

Section One
⑴Aの発言が「ティム，よくやったね。庭がすてきだよ」と仕事の出来栄えをほめている。これに対して考えられるBの発言は，4の「終わるまで

まあ待ってくれ」が最も適切である。Bの仕事がまだ終わっていないうちに，AはBの仕事ぶりをほめたのである。

(2)Aの発言が「これだけ会議を重ねたのに，ちっとも決定に近づかない」と双方の意見がまとまらない状況を述べていることから，Bには2の「もうすぐ彼らは決心するだろう」が最も適切である。

(3)Aの発言が「あの授業はひどかった。まったく退屈だった」と授業に対する不満を述べていることから，Bには1の「あの先生にとって初めての授業だったんだから，長い目で見てやれよ」が入ると考えられる。

(4)Aの発言「ありがとうございます。でも，これ以上食べられません」より，Aは食べ物を勧められて断っている状況と推測できる。したがって，Bは勧めた側だと考え，6の「そうですか，気が変わったらおっしゃってくださいね」が入ると考えられる。

(5)Aの発言は「私たちはもうお暇する時間だと思いませんか」という意味。これに対しては3の「私はどちらでもいいです。あなた次第ですよ」が自然である。

Section Two

(6)Bの発言が「かわいそうに。私に手助けをさせて」であることから，相手が何か苦しんでいる状況だと推測できる。よって，最も適切なのは2の「足が痛くてたまらない」である。なお，5も体の具合が悪い状況を述べているが，I need to see her と「診てもらうべき人」がすでに決まっているので，ここでは不自然である。

(7)Bの発言が「もうあそこへは行かない」となっていることから，ある場所へ出かけたが，期待はずれだった状況であると推測される。よって，6の「一晩無駄に過ごしたね」が入ると考えられる。

(8)Bの発言が「学校の遠足はどうなるんだろう」という内容なので，遠足の実施に影響をおよぼす内容の文が入ると推測される。よって，「この週末は雨のようだ」と，遠足に不都合な天候を述べている3を選ぶとよい。

(9)Bの発言が「定かじゃないから，行って確かめてみる」という内容で，相手が確認していることに対する返答と推測される。1が付加疑問文になっていて，「私たちの乗る飛行機はまだ搭乗していないよね」と確認していることから，この文が入ると考えられる。

(10)Bの発言が「運がいいね。ちょうどキャンセルが出たところだよ」と，すぐの対応を求める相手に対する返答の内容と推測されることから，5の「胃が痛くてたまらないんだ。彼女にすぐ診てもらいたいな」が入ると考えられる。

Ⅳ 解答

(1)―2　(2)―1　(3)―3　(4)―2　(5)―3　(6)―4
(7)―2　(8)―2　(9)―4　(10)―3

◆全　訳◆

≪足元のダイヤモンドに気づくことの大切さ≫

19世紀の最も興味深いアメリカ人の一人が，ラッセル=コンウェルと呼ばれる男だった。彼は1843年に生まれ，ウィルブラハム・ウェズリアン・アカデミーで学んだ後，イェール大学に進んだ。南北戦争の勃発で北軍に入隊し，大尉にまでなった。その後15年間弁護士として過ごした後，聖職者になった。彼の人生と多くの人々の人生を永遠に変えることになる，ある出来事が起こったのは，教会で牧師をしていたときであった。

ある日一人の若者がやって来て，大学で学びたいが，貧しくて大学へ進めないと言った。そのときコンウェル博士にとって新たな人生の目的が決まった。彼は資質が十分ありながら進学できない，貧しく恵まれない若者たちのための大学を創立することを決めた。しかしながら，課題があった。大学を建てるには巨額の金が必要となる。それでも，人生に真の目的がある者が皆そうであるように，彼にとっていかなるものも目的を阻むことはできなかった。彼は数年前に聞いたある話からひらめきを得た。それは実話で，いつの時代にも色褪せることのない教えを含んでいた。

それはアフリカに住む農夫の話で，農夫は訪問者の話を聞いてダイヤモンドを探し当てたくてたまらなくなった。この貴重な石はすでにアフリカ大陸でたくさん発見されていて，彼は何百万ドルもの価値があるダイヤモンドを見つけるという夢に浮かされ，農場を売り払い，富を求めて旅に出た。ダイヤモンドを探して大陸中を旅しているうちに歳月は経ったが，ダイヤモンドという富は見つからなかった。ついにはすべてを失い，無一文になり，川に飛び込んで溺死した。

一方，彼の農場の新しい所有者が卵ほどの大きさの見慣れない石を拾い，珍しいので家に飾っておいた。ある日一人の男が立ち寄り，その石を見るなり仰天して自分の目を疑った。男は農場主に，その奇妙な石はダイヤモンドで，そんなに大きなものは今まで見たことがないと言った。すると農場主は「このような石は私の農場にごろごろある」と言った。

やがて農場は，世界最大の埋蔵量を誇るキンバリーダイヤモンド鉱山となった。元の農場主は農場を売り払うまで，文字通り何エーカーものダイヤモンドの上に立っていたのだ。彼は身のまわりに莫大な財産がありながら，富を求めてそこを去ってしまったのだった。

コンウェル博士はその農場主の話から大切な教えを学び，それを語り続けた。すなわち，我々は皆我々自身の「1エーカーのダイヤモンド」の真ん中に立っているのであり，よりよいものを求めて急いで他の場所へ向かう前にそのことに気づき，自分の立っている場所を掘り起こすべきなのだと語った。つまり，チャンスは巡ってくるのではなく，ずっと自分の足元にあり，とにかくそのことに気づくことが必要なのだと説いたのだ。

コンウェル博士はアメリカ中を旅してこの話を何度も語り，多くの聴衆を魅了した。資質を有する貧しい若者のための大学を創設する資金を集めるために，彼は講演にわずかな入場料を課して長年その話をした。やがて600万ドル近く，今日の金で約30億円が集まった。

コンウェル博士が創設した大学は，今日も発展し続けている。フィラデルフィアを本拠地とするテンプル大学は，東京とローマを含む10カ所にキャンパスがあり，学生数は約4万人を数える。

◀解　説▶

(1)「ある出来事とは何か」

第1段第5文（It was while …）で「牧師を務めていたとき，人生を変える出来事が起こった」と述べた後，第2段第1文（One day, …）で「ある日，一人の若者がやって来て，大学で学びたいが，金銭的に不可能だと語った」と述べ，第2文（Dr Conwell decided, …）で「そのとき彼の人生の新たな目的が決まった」と述べていることから，第2段第1文が下線部の具体的な内容だとわかる。よって，2の「彼は大学へ進む資金がない若者に出会った」が正解。

(2)「彼にとっての課題とは何か」

第2段第3文（He decided that …）で「彼は貧しく恵まれないが，十分な資質を有している若者たちのための大学を設立しようと決めた」と述べている。下線部がそれに続き，「譲歩」を表す however; 以下で「大学を建てるには巨額の金が必要になる」と述べられていることから，これが課題であるとわかる。よって，1の「彼は資金が必要だった」が正解。

(3)「ある話について正しいのはどれか」

The story is about で始まる第3段と，続く第4・5段で話の内容が語られている。第6段第1文（Dr Conwell learned …）で「コンウェル博士はこの農夫の話から学ぶところがあり，それを語り続けた」と述べ，第7段第1文（Dr Conwell travelled …），第2文（Charging a small …）で「コンウェル博士は国中をまわってこの話の講演を行い，講演会のわずかな入場料が積もり積もって600万ドルほどになった」と述べている。よって，3の「コンウェル博士は資金を集めるために古い話を使った」が正解。

(4)「元の農場主はどうなったのか」

元の農場主については第3段に述べられており，最終文（Eventually, having lost …）で「ついには，すべてを失って無一文になり，川に飛び込んで溺死した」と述べている。よって，2の「財産をすべて失い，自殺を図った」が正解。

(5)「下線部は何を表すか」

下線部の前の第4段第1文（Meanwhile, the new …）で「新しい農場主は農場内で拾った見慣れない卵ほどの大きさの石を，珍しさから家に飾っておいた」と述べ，下線文の後の第3文（He told the …）で「訪問者は，その石はダイヤモンドであり，そんなに大きなダイヤモンドを今まで見たことがないと新しい農場主に語った」と述べていることから，3の「新しい農場主は訪問者に言われるまで自分の農場にダイヤモンドがたくさんあることを知らなかった」が正解と考えられる。

(6)「訪問者が，その石はこれまで見た最も大きなダイヤモンドだと言ったとき，新しい農場主はどう感じたか」

新しい農場の所有者の反応については，第4段最終文（The new owner …）に記述があるが，ここでは「こういう石は農場中にごろごろあると，新しい農場主は言った」と述べられているにすぎず，1の「驚きと喜びで圧倒された」というような感情を示している箇所は見当たらない。むしろ，驚きと喜びの感情を表していたのは，ダイヤモンドだと気づいた訪問者のほうである。よって，4が正解と推測される。

(7)「下線部の言い換えとして最も適切なものを選べ」

下線部の文の前の文（The original farmer …）で「元の農場主は農場を売るまで，何エーカーものダイヤモンドの上に文字通り立っていた」と述べていることから，下線部の文は「彼はずっと財産に取り囲まれていたのに，富を求めてそこを去ってしまった」という意味になると推測される。よって，2の「彼が農場を所有していた間ずっと」が正解。all the while「その間ずっと」

⑻「下線部の言い換えとして最も適切なものを選べ」

第5段までは農場主とダイヤモンドの話であったが，第6段からその話に基づいたコンウェル博士の講演の話に変わっている。この下線部を含む節の主語が each of us「我々はそれぞれ」となっていることと，「我々自身の」ダイヤモンドという言い回しに着目する。また，第6段第2文（It means that …）に，opportunity does not just come along「チャンスはただやってくるのではない」とあることから，2の「隠れた才能や見過ごされているチャンス」が正解。

⑼「下線部の言い換えとして最も適切なものを選べ」

第6段は，農場主を我々一人一人に置き換えた説話になっている。下線部の後の文が It means that …になっていることから，この文が下線部の文の言い換えと考えられ，「チャンスは巡ってくるのではなく，自分の足元にある」というのがその内容である。よって，「より緑に茂った牧草地」とは「よりよい可能性，チャンス」を表すと推測され，4の「よりよいもの」が正解。

⑽「コンウェル博士は大学を設立する資金をどのようにして集めたか」

第7段から，コンウェル博士は長年国内を講演してまわり，わずかな講演の入場料が積もり積もって大学創設資金になったことがわかる。3の「自分の考え，主張を広めるための数多くの講演会に，わずかな入場料を課した」が正解。

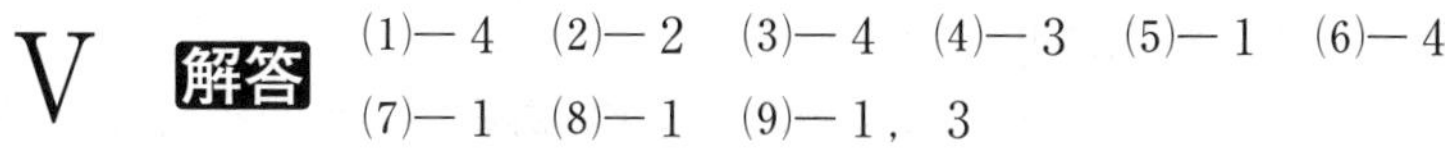

V 解答

(1)―4　(2)―2　(3)―4　(4)―3　(5)―1　(6)―4
(7)―1　(8)―1　(9)―1，3

◆全　訳◆

≪海に排出されるプラスチックの害について≫

プラスチックの増加が勢いを増し，海と海に関わる生物や一切のものを飲み尽くしている。プラスチックの増加は年間800万トンの割合で大きくなっている。手を尽くさないと，2025年にはそれが年間8000万トンに膨れ上がると見積られている。それはさまざまな大きさのプラスチックから成っていて，大きいものがマイクロプラスチックとして知られる小さな破片に分解されるのには少なくとも400年かかる。このマイクロプラスチックと他の小さな破片が蓄積し，近年の推定では15兆から50兆個の微小プラスチックの海水スープができている。

海洋生物におよぼす影響

この人工的大波の影響は広域におよぶ。飲み込んだプラスチックが胃袋にたまって満腹感を引き起こすことで餓死する海洋生物の数が年々増えている。この現象は鳥を含むすべての種類の海洋生物に甚大な影響をおよぼしている。全米科学アカデミーの報告書の推定では，海鳥の90％が体重の約10％のプラスチックを体内にとどめているとしており，これは人間でいえば飛行機の手荷物の重量と同じくらいの比率となる。この数値は2050年には海鳥の99％に増えると見込まれている。これに加えて，多くの海洋生物が捨てられたロープや網などの海洋廃棄物に絡まって死んでいる。

また，海面から7マイル下のマリアナ海溝の深い海底で，小さなエビのような生物にもプラスチックやその他の産業汚染物質がきわめて高い濃度で蓄積していることがわかった。そのレベルは通常，中国の最も汚染度の高い川の生物だけに見られるものである。

プラスチック汚染の範囲が広いことは明らかで，まさに驚くほどだ。それは人間がまだ十分に探索していない地球の最果ての未開の地にまでおよんでいる。汚染されていないと考えられていた地球のそれらの辺境の地は，我々が実際に目で見る前に破壊されつつある。そして，我々が汚染してしまった範囲や程度を十分に把握していない状況では，できる対応はごく限られたものになる。

プラスチックは海洋生物にとって有害か？

答えはイエスであり，恐らくきわめて有害である。プラスチックはスポンジのように作用し，海の中の他の有害な化学物質やその他の汚染物質を吸収する。プラスチックが分解すると，それらだけではなく，致命度の高い有害物質である化学染料などの添加物を放出する。このことはかなり前から知られていたが，海洋生物におよぼす影響の度合いを最近まで科学者は測定することができなかった。研究の結果，以前から抱かれていた懸念が確かになった。最近のある研究によると，孵化直後にマイクロプラスチックにさらされた魚は正常な成長を妨げられ，餌の採り方が変わるだけでなく，衝撃的なことに捕食動物に対する反応までも変わってしまうのだ。

我々は自分たちのプラスチック廃棄物を食べているのか？

　これまたイエスである。見積りによると，魚介類消費者は平均年間約11,000個のマイクロプラスチックを体内に取り入れている。このことが人体におよぼす有害性に関して懸念が高まっているが，それについては現在，研究され，議論されているところである。

行方不明の99％

　このような不安が強まる中で，どれくらいの量のプラスチックがすでに海に存在しているのかは推定できるが，はたしてそれがどこに行っているのかははっきりとはいえない。それは科学者にとって大きな問題である。というのは，そのことはプラスチックが海と我々の生活にどのように影響をおよぼすのかを知るうえできわめて重要な要素であるにもかかわらず，不明になっているからだ。これまでのところはっきりいえるのは，海面が1％の行き着く所となっているということだけだ。残りの99％は不明で，海底に沈んでいる量，海水に溶け込んでいる量，海洋生物の体内に蓄積している量，海岸に打ち上げられている量がそれぞれどれくらいなのかは，はっきりつかめていない。

◀解　説▶

⑴下線部を含む文の前の文（The Plastic Tide is growing…）で「プラスチックの大波が1年に800万トンの割合で増えている」と述べている。下線部は「この数字は2025年までに年間8000万トンに上昇すると見込まれる」という内容で，増加量が2025年までに8000万トンになるということであって，毎年8000万トンずつ増えるということではない。よって，4が正解。

⑵第2段ではプラスチック汚染が鳥を含む海洋生物におよぼす影響について，第3段では深海生物におよぼす影響について，第4段ではプラスチック汚染が想像を絶するような遠隔地域にまでおよんでいることについて，それぞれ述べられている。よって，2の「海洋生物におよぼす影響」が正

解。

⑶下線部の前の文（A paper published by …）に「海鳥の90％が体重の10％分のプラスチックを体内に蓄積しており，これは人間でいえば飛行機の手荷物の重量と同じくらいの比率である」とあることから，下線部のThis figureは「体重の10％分のプラスチックを体内に蓄積している海鳥の割合」とわかる。よって，4が正解。

⑷下線部の前で「水深7マイルのマリアナ海溝の海底に生息するエビのような生物が，プラスチックや他の産業汚染物質にひどく汚染されている」と述べられており，下線部は「このような深刻な汚染状況は，中国の最も汚染がひどい川でしか通常見られない」という内容である。よって，マリアナ海溝の汚染は中国の河川の汚染に匹敵するほど深刻だというのが趣旨と考えられるので，3が正解。

⑸「プラスチックは海洋生物にとって有害か？」という小見出しの後の文では「その通りで，とても深刻と思われるほどそうだ」とあり，その後の2つの文（Plastics act as … be highly deadly.）で具体的にその有害性を述べている。下線部を含む文は「研究はそれまでの懸念を確証している」という内容で，下線部の後のセミコロン（；）以下でマイクロプラスチックにさらされた孵化直後の魚が受ける影響の研究結果が述べられていることから，下線部の「それまでの懸念」とは小見出しの内容であるとわかる。よって，1が正解。

⑹「我々は自分たちのプラスチック廃棄物を食べているのか？」という小見出しの後の第2文（It is estimated …）で「魚介類を食べる人は平均年間約11,000個のマイクロプラスチックを体内に取り入れていると推定される」と述べられていることから，1のUsually「通常は」，2のFirst「最初は」，3のRather「いくぶん」は不適。第5段の疑問文の小見出しの後がYes, perhaps critically so.となっており，第6段の小見出しも疑問文であることから，Again, yes.「これまた答えはイエスである」となる4が正解である。

⑺第7段第1文（Despite these growing …）で「海に排出されるプラスチックの量は見積もることができるが，それがどこへ行くのかはわからない」と述べ，第2文（This presents a huge …）で「このこと（プラスチックの行方を知ること）は，プラスチックが海洋と我々の生活にどのよ

うに影響をおよぼすかを科学者が突きとめるうえで大事な要素である」と述べている。その後の第3・4文（So far we … on our beaches.）では「1％が海面に浮き上がるが，残りの99％は海底に沈むのか，海水に溶け込むのか，海洋生物の体内に入るのか，浜辺に打ち上げられるのか不明である」と述べられていることから，「プラスチック汚染がおよぼす影響を突き止めるうえで大事な要素である廃棄プラスチックの行方は，ほとんど不明になっている」というのがこの段落の趣旨であると考えられる。よって，1の「行方不明の99％」が最も適切であると考えられる。

(8)空所を含む文の後の文（The remaining 99％ …）で「残りの99％は行方不明である」と述べていることから，空所の文は「今までのところ，はっきりといえるのは1％が辿り着くところだけである——海面だ」という意味になると推測できる。よって，1のonlyが適切。

(9)1．第2段第2文（Increasing numbers of …）で「食べたプラスチックが胃にたまり，それによる満腹感から餓死する海洋生物が年々増えている」と述べられており，一致する。

2．プラスチックが海鳥におよぼす影響については第2段で述べられており，その内容は，プラスチックを食べる動物はプラスチックが胃に蓄積し，そのための満腹感から餓死する数が増えているということと，海鳥の90％は体重の10％を体内のプラスチックが占めているということの2点である。プラスチックに含まれる有害物質が海洋生物におよぼす影響については，「プラスチックは海洋生物にとって有害か？」という小見出しに導かれる第5段に述べられているが，孵化直後の魚に関する内容で，海鳥については言及されていない。よって，一致しない。

3．第4段第1文（The extent of …）で「プラスチック汚染の範囲は，人間がまだ足を踏み入れていない地球の最果てにまでおよんでいる」と述べられており，一致する。

4．中国に関する言及は第3段第2文（These levels are …）にあるが，「海面から7マイル下のマリアナ海溝の深い海底に生息する生物までもが，プラスチックや他の産業汚染物質に汚染されており，そのレベルは中国の最も汚染度の高い河川の生物に見られるものに匹敵する」という内容なので，一致しない。

5．第5段第5文（Studies are now …）で「マイクロプラスチックにさらされた孵化直後の魚は正常な成長を妨げられ，餌の採り方や捕食動物に対する反応が変わる」と述べられているため，一致しない。

6．魚介類の摂取により人体に入ったプラスチックの影響については第6段で述べられており，第3文（There is increasing …）で「このことが人体におよぼす有害性についての懸念が高まっているが，現在研究，検討されているところである」と述べており，一致しない。

Ⅵ　解答

(1)―4　(2)―2　(3)―3　(4)―1　(5)―3　(6)―2
(7)―4　(8)―2　(9)―3　(10)―1

◆全　訳◆

≪車の有害性・危険性について≫

車がじつに驚くほど多様な面で我々の生活を破壊していることに，強く気づかされる。我々はこの破壊的な試みを廃止し，この19世紀の技術が益よりも害をおよぼしていることを認識し，これからの脱却を図らなければならない。この先10年で車の使用を90％減らす目標を立てよう。

車はたしかに便利でよい召使いになり得るが，主客転倒してしまっている。車は触れるものすべてを駄目にする。今や車は次々と緊急事態を引き起こし，我々は緊急に対応を迫られている。そうした緊急事態の一つはどの病院でも見られる大気汚染で，それはエイズ，結核，マラリアを合わせた死者数の3倍もの多くの人の生命を世界中で奪っている。最近の研究によると，化石燃料の燃焼は現在，「子どもの健康にとって世界最大の危険要因」ということである。

温室効果ガスの排出は交通以外の分野では大幅に減少したが，交通機関からの排出はイギリスでは1990年からわずか2％しか減っていない。政府は2050年までに80％の削減を目標としているが，その数値さえ絶望的なほどに不十分だと今日科学者は言っている。車に対する執着によって，交通機関が今イギリスでも多くの他の国でも，人々を気候破壊に進ませている最大の要因になっている。

イギリスでは自動車事故で死亡する人の数は着実に減少していたが，2010年にそれが突然止まった。なぜかというと，亡くなる運転者と乗客の数は減少している一方で，事故に巻き込まれて死亡する歩行者の数が11％も増えたからだ。アメリカではさらに悪く，2009年以後年間の歩行者死亡率が51％も上昇している。それには二つの理由があるようだ。運転者が携帯電話で注意をそらされることと，一般的な乗用車からスポーツ用多目的車（SUV）への切り替えである。SUVは車高が高く重量があるので，人にぶつかったときに死亡に至る場合が多い。都会でSUVを運転することは反社会的行為である。

電気自動車への切り替えは，これらの問題の一部への対策にしかならない。すでに，美しい場所が電気自動車の資源獲得競争で破壊されつつある。例えば，リチウム採掘がチベットやボリビアなどの川を汚染している。そして，電気自動車もまた膨大なエネルギーと場所を必要とする。電気自動車にも依然タイヤが必要で，その製造と廃棄は環境的に大きな痛手となる。

車は選択の自由に関わると言われる。しかし，車が我々の生活におよぼす影響のどの側面も，国の計画と補助金に後押しされている。見積もられた交通量を確保できるように道路が建設されると，車が増えて道路はいっぱいになる。街路は車の流れが最大限になるように整備される。歩行者や自転車利用者は都市計画では考慮されず，狭くてときには危険な端に追いやられる。

交通機関の計画は立てられなければならないが，ねらいをこれまでと全く違ったところに定めるべきだ。つまり，社会的な利益を最大限にし，害を最小限にしなければならない。これは，電動の公共交通機関，安全な自転車専用道路，歩道の拡幅，および車が我々の生活を脅かす状況の着実な排除に向けた全面的な切り替えを伴うことを意味している。場所によっては，また目的によっては，車の使用は避けられないが，移動の大半は他の手段で容易に代替できる。街から車をほとんど締め出すことは可能である。

このような様々な非常事態の今日，技術は我々人間に仕えるために存在するのであり，我々を支配するために存在するのではないということを肝に銘じるべきである。そろそろ我々の生活から車を追い出すべきときだ。

◀解　説▶

⑴第1段から筆者は車に対して否定的な見方をしていることがわかる。第2段第1文（The car is still …）の前半で「車は便利で，人間にとってよい召使いになれる」と述べた後，逆接のbutがあることから，「主客転倒してしまっている」という意味になると考えられるので，servantの反対の意味となる4のmaster「主人」が入る。

(2)下線部の文は「政府は2050年までに温室効果ガスの排出を80％削減することを目標としているが，科学者はそれさえも絶望的なほどに不十分だと言っている」と述べている。何に対して不十分なのかというと，次の文に climate breakdown があることから，hopelessly inadequate to prevent climate breakdown「気候破壊を食い止めるには不十分」と考えられる。よって，2が正解。

(3)第4段第1～4文（The number of people … pedestrians since 2009.）で「イギリスでは車による交通事故の死者数は着実に減少していたが，2010年にその傾向が止まった。車の運転者と乗客の死者数は減少し続けている一方，歩行者の死者数が11％も増加したのがその原因である。アメリカではさらに悪く，2009年以後歩行者の年間死亡率が51％も上昇している」と述べている。よって，3が正解。

(4)下線部を含む文の前の文（As SUVs are …）で「SUVは車高が高く重量が大きいので，人とぶつかったときに死亡させる場合が多い」と述べていることから，「都会でSUVを乗り回すのは危険である」という気持ちが込められていると推測される。3と迷ったかもしれないが，「SUVに乗る＝違法行為」とまでは言えないので，正解は1とするのが妥当であろう。

(5)電気自動車になっても解決されない問題は第5段に述べられている。最終文（And even electric …）の後半で「電気自動車も依然タイヤを必要とし，その製造と廃棄は大きな環境的痛手である」と述べていることから，3が正解。

(6)第6段第1文（We are told …）の but の後の every aspect of this assault on our lives は「我々の生活に対する（車による）攻撃のあらゆる面」という意味で，全体では「我々の生活に対する攻撃のあらゆる面が，国の計画と補助金で支援されている」という意味になる。同段最終文（Pedestrians and cyclists …）で「歩行者や自転車利用者は，狭く，ときには危険な場所へ追いやられている」と述べられていることから，国の都市計画では車のみが考慮され，歩行者や自転車利用者は考慮されていないことがわかる。よって，2が正解。

(7)下線部の後の文が This means で始まっていることから，その後には下線部の具体的な内容が述べられているとわかる。そこで挙げられている交通の具体的な改善対策は「電動の公共交通機関の使用」，「自転車専用道路の整備」，「歩道の拡幅」である。よって，4が正解。

⑻ 1については第5段第2・3文（Already, beautiful places … Tibet to Bolivia.）で「すでに美しい場所が電気自動車の資源獲得競争で破壊され，リチウム採掘がチベットやボリビアの川を汚染している」と言及されている。3と4については，第2段最終文（Burning fossil fuels, …）で「化石燃料の燃焼は子どもの健康を脅かす世界最大の要因である」と述べられている。しかし，2はどこにも言及が見当たらないため，これが正解。

⑼第1段最終文（Let's set …）で「この先10年で車の使用を90％減らす目標を立てよう」と述べられ，第7段最終文（We could almost …）で「街からほとんど車を取り除くことができる」と述べられている。そして，最終段最終文（It is time …）で「そろそろ我々の生活から車を追い出すべきだ」と述べていることから，3が正解。

⑽第1段第1文（I'm struck …）の cars have ruined our lives「車は我々の生活を破壊している」，同段第2文の We must abandon this disastrous experiment「我々は（車を使うという）この悲惨な行為をやめなければならない」および this 19th-century technology is doing more harm than good「車というこの19世紀の技術開発物は益よりも害をおよぼしている」といったきびしい攻撃的な口調から，1の angry and frustrated「怒り，苛立っている」が正解。

数学

1

解答 ［1］ア．1　イ．2　ウエ．−2　オ．1　カ．2
［2］キク．17　［3］ケコサ．266　［4］シス．81
［5］セソ．27　タ．4　［6］チ．2　ツ．7　テ．3　ト．2　ナ．2
［7］ニ．1　ヌ．5

◀解　説▶

≪小問7問≫

［1］ $(\text{右辺})=\dfrac{a(4x^2+7x+2)+(bx+c)(x+2)}{(x+2)(4x^2+7x+2)}$

$$=\frac{(4a+b)x^2+(7a+2b+c)x+2a+2c}{(x+2)(4x^2+7x+2)}$$

等式 $\dfrac{2}{(x+2)(4x^2+7x+2)}=\dfrac{a}{x+2}+\dfrac{bx+c}{4x^2+7x+2}$ は x についての恒等式より

$$\begin{cases}4a+b=0\\7a+2b+c=0\\2a+2c=2\end{cases}$$

3式から　$a=\dfrac{1}{2},\ b=-2,\ c=\dfrac{1}{2}$　→ア～カ

［2］ 集合 $\overline{A}\cap B$ は，3の倍数ではなく4の倍数である1から100までの数の集合で，4の倍数は $\dfrac{100}{4}=25$ 個あり，このうち3の倍数にもなっている12の倍数 $\dfrac{100}{12}=8$ 個を除く，$25-8=17$ 個の要素をもつ。

→キク

［3］ $(x^2+x+1)^7$ の展開式の一般項は

$$\frac{7!}{p!q!r!}(x^2)^p\cdot x^q\cdot 1^r=\frac{7!}{p!q!r!}x^{2p+q}$$

ただし p，q，r は，0以上7以下の整数で，$p+q+r=7$ をみたす。
x^5 の係数より，上の条件と $2p+q=5$ をみたす p，q，r の組は

$$(p,\ q,\ r)=(0,\ 5,\ 2),\ (1,\ 3,\ 3),\ (2,\ 1,\ 4)$$

よって，求める係数は

$$\frac{7!}{0!5!2!}+\frac{7!}{1!3!3!}+\frac{7!}{2!1!4!}=21+140+105=266 \quad \rightarrow ケ〜サ$$

[4]　$16^{\log_2 3}=(2^4)^{\log_2 3}=2^{4\log_2 3}=2^{\log_2 3^4}=3^4=81$　→シス

別解　$16^{\log_2 3}=M$ とおくと

$$2^{\log_2 3^4}=M \qquad \therefore \quad \log_2 3^4=\log_2 M$$

よって　　$M=3^4=81$

[5]　$y=x^3-3x^2=x^2(x-3)$ のグラフは，右図のように

$x\leqq 3$ で常に $y\leqq 0$，$x>3$ で常に $y>0$

となるから，このグラフと x 軸で囲まれた部分（右図の網かけ部分）の面積は

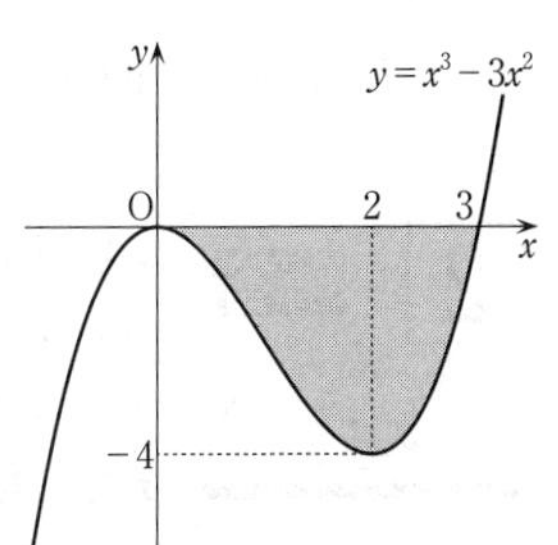

$$\int_0^3 \{0-(x^3-3x^2)\}\,dx$$

$$=\left[-\frac{x^4}{4}+x^3\right]_0^3$$

$$=-\frac{81}{4}+27$$

$$=\frac{27}{4} \quad \rightarrow セ〜タ$$

[6]　$y=2\sin^2 x+3\sin x\cos x+5\cos^2 x$

$$=2\cdot\frac{1-\cos 2x}{2}+\frac{3}{2}\sin 2x+5\cdot\frac{1+\cos 2x}{2}$$

$$=\frac{7}{2}+\frac{3}{2}\sin 2x+\frac{3}{2}\cos 2x$$

$$=\frac{7}{2}+\frac{3\sqrt{2}}{2}\sin\left(2x+\frac{\pi}{4}\right)$$

$0\leqq x\leqq\frac{\pi}{2}$ から，$\frac{\pi}{4}\leqq 2x+\frac{\pi}{4}\leqq\frac{5}{4}\pi$ なので

$2x+\frac{\pi}{4}=\frac{5}{4}\pi$ すなわち $x=\frac{\pi}{2}$ のとき，最小値 $\frac{7}{2}+\frac{3\sqrt{2}}{2}\left(-\frac{1}{\sqrt{2}}\right)=2$　→チ

$2x+\frac{\pi}{4}=\frac{\pi}{2}$ すなわち $x=\frac{\pi}{8}$ のとき，最大値 $\frac{7}{2}+\frac{3\sqrt{2}}{2}\cdot 1=\frac{7+3\sqrt{2}}{2}$

→ツ〜ナ

をとる。

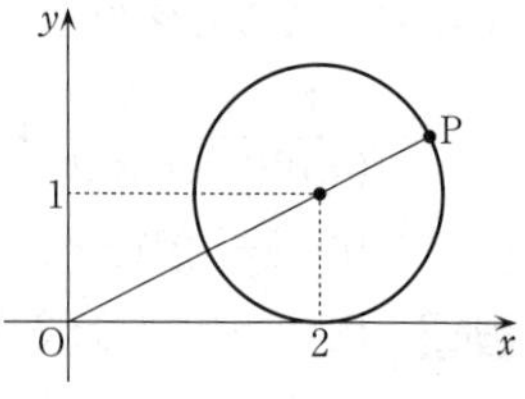

［7］ $|z-2-i|=1$ をみたす複素数 z は，複素数平面上で，中心が点 $2+i$，半径が 1 の円周上の点を表す。

$|z|$ は原点から点 z までの距離であるから，最大値は，原点と点 $2+i$ を結ぶ直線と円の交点のうち原点から遠い方の点を P とおくと，OP の長さで

$$1+|2+i|=1+\sqrt{5}$$ →ニ，ヌ

2　解答

［1］ア．4　イ．5　ウ．0　エ．3　オ．5　カ．6　キ．5

［2］ク．7　ケ．4　コサ．10　シス．26　セ．3

◀解　説▶

≪小問 2 問≫

［1］ △ABC は点 O を中心とする半径 1 の円に内接するから

$$|\overrightarrow{OA}|=|\overrightarrow{OB}|=|\overrightarrow{OC}|=1 \quad \cdots\cdots①$$

ここで

$$5\overrightarrow{OA}+4\overrightarrow{OB}+3\overrightarrow{OC}=\vec{0} \qquad \therefore \quad 5\overrightarrow{OA}+4\overrightarrow{OB}=-3\overrightarrow{OC}$$

なので

$$|5\overrightarrow{OA}+4\overrightarrow{OB}|^2=|-3\overrightarrow{OC}|^2$$

$$\therefore \quad 25|\overrightarrow{OA}|^2+40\overrightarrow{OA}\cdot\overrightarrow{OB}+16|\overrightarrow{OB}|^2=9|\overrightarrow{OC}|^2$$

①より

$$25+40\overrightarrow{OA}\cdot\overrightarrow{OB}+16=9 \qquad \therefore \quad \overrightarrow{OA}\cdot\overrightarrow{OB}=-\frac{4}{5}$$ →ア，イ

同様にして

$$4\overrightarrow{OB}+3\overrightarrow{OC}=-5\overrightarrow{OA}$$

より

$$|4\overrightarrow{OB}+3\overrightarrow{OC}|^2=|-5\overrightarrow{OA}|^2$$

なので

$$16|\overrightarrow{OB}|^2+24\overrightarrow{OB}\cdot\overrightarrow{OC}+9|\overrightarrow{OC}|^2=25|\overrightarrow{OA}|^2$$

$$\therefore \quad \overrightarrow{OB}\cdot\overrightarrow{OC}=0$$ →ウ

また

$$5\overrightarrow{OA}+3\overrightarrow{OC}=-4\overrightarrow{OB}$$

より

$$|5\overrightarrow{OA}+3\overrightarrow{OC}|^2=|-4\overrightarrow{OB}|^2$$

なので

$$25|\overrightarrow{OA}|^2+30\overrightarrow{OA}\cdot\overrightarrow{OC}+9|\overrightarrow{OC}|^2=16|\overrightarrow{OB}|^2 \qquad \therefore\quad \overrightarrow{OC}\cdot\overrightarrow{OA}=-\frac{3}{5}$$

→エ，オ

これより

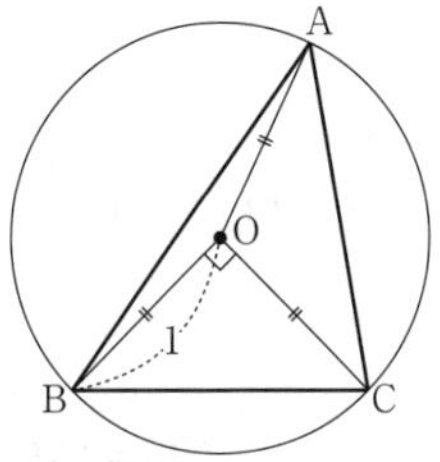

$$\begin{aligned}\triangle ABC&=\triangle OAB+\triangle OBC+\triangle OCA\\&=\frac{1}{2}\sqrt{|\overrightarrow{OA}|^2|\overrightarrow{OB}|^2-(\overrightarrow{OA}\cdot\overrightarrow{OB})^2}+\frac{1}{2}\cdot1\cdot1\\&\quad+\frac{1}{2}\sqrt{|\overrightarrow{OC}|^2|\overrightarrow{OA}|^2-(\overrightarrow{OC}\cdot\overrightarrow{OA})^2}\\&=\frac{1}{2}\sqrt{1-\frac{16}{25}}+\frac{1}{2}+\frac{1}{2}\sqrt{1-\frac{9}{25}}\\&=\frac{2}{5}+\frac{1}{2}+\frac{3}{10}\\&=\frac{6}{5}\end{aligned}$$

→カ，キ

A
O
1
B
C

［2］ $f(x)$ を x^2-4x-2 で割ったときの商を x^2+px+q（p，q は実数）とおくと，$f(x)$ が x^2-4x-2 で割り切れるとき

$$f(x)=(x^2-4x-2)(x^2+px+q)$$

$$\begin{aligned}\therefore\quad &x^4-ax^3+(2a+b-10)x^2+(a+2b-1)x+b\\&=x^4+(p-4)x^3+(-4p+q-2)x^2+(-2p-4q)x-2q\end{aligned}$$

これは，x についての恒等式であるから

$$\begin{cases}-a=p-4 & \cdots\cdots①\\ 2a+b-10=-4p+q-2 & \cdots\cdots②\\ a+2b-1=-2p-4q & \cdots\cdots③\\ b=-2q & \cdots\cdots④\end{cases}$$

①，④から

$$p=-a+4,\quad q=-\frac{1}{2}b$$

これを②，③に代入して整理すると，②から

$$4a-3b=16$$

③から　　$a=7$

なので　　$b=4$

a，b ともに実数より適。よって　　$a=7$，$b=4$　→ク，ケ

また $x=2+\sqrt{6}$ は，$x^2-4x-2=0$ の解の 1 つであり，$f(x)$ を x^2-4x-2 で割ると商は $x^2+(-a+4)x+(-2a+b+8)$，余りは $(-9a+6b+39)x+(-4a+3b+16)$ であるから

$$\begin{aligned}f(x)=(x^2-4x-2)\{x^2+(-a+4)x+(-2a+b+8)\}\\+(-9a+6b+39)x+(-4a+3b+16)\end{aligned}$$

これより

$$\begin{aligned}f(2+\sqrt{6})&=(-9a+6b+39)(2+\sqrt{6})+(-4a+3b+16)\\&=(-22a+15b+94)+(-9a+6b+39)\sqrt{6}\\&=4+\sqrt{6}\end{aligned}$$

$$(-22a+15b+94)+(-9a+6b+39)\sqrt{6}=4+\sqrt{6}$$

a，b は有理数より，$-22a+15b+94$，$-9a+6b+39$ はともに有理数で，$\sqrt{6}$ は無理数なので

$$\begin{cases}-22a+15b+94=4\\-9a+6b+39=1\end{cases}\quad\therefore\quad\begin{cases}22a-15b=90\\9a-6b=38\end{cases}$$

2 式から　　$a=10$，$b=\dfrac{26}{3}$　→コ～セ

別解　ク，ケを求める際，$f(x)$ を x^2-4x-2 で割ると

$$\begin{array}{rl}
 & x^2+(-a+4)x+(-2a+b+8) \\
x^2-4x-2\,\big) & x^4-ax^3+(2a+b-10)x^2+(a+2b-1)x+b \\
 & \underline{x^4-4x^3-2x^2} \\
 & (-a+4)x^3+(2a+b-8)x^2+(a+2b-1)x \\
 & \underline{(-a+4)x^3+(4a-16)x^2+(2a-8)x} \\
 & (-2a+b+8)x^2+(-a+2b+7)x+b \\
 & \underline{(-2a+b+8)x^2+(8a-4b-32)x+4a-2b-16} \\
 & (-9a+6b+39)x+(-4a+3b+16)
\end{array}$$

$f(x)$ が x^2-4x-2 で割り切れるための条件は

$$\begin{cases}-9a+6b+39=0\\-4a+3b+16=0\end{cases}\quad\therefore\quad\begin{cases}3a-2b=13\\4a-3b=16\end{cases}$$

2 式から　　$a=7$，$b=4$

参考　コ～セを求める際，$\sqrt{6}$ を有理数と仮定すると

$$\sqrt{6}=\frac{n}{m}\quad (m\text{ と }n\text{ は互いに素な自然数とする})$$

$\sqrt{6}m=n$ とし，両辺を2乗すると $6m^2=n^2$ なので，m^2 は自然数より，n^2 は6の倍数。

さらに，$n=6k+l$（k は0以上の整数，$l=0,\ 1,\ 2,\ 3,\ 4,\ 5$）とおくと

$$n^2=(6k+l)^2=36k^2+12kl+l^2$$
$$=6(6k^2+2kl)+l^2$$

このとき $6k^2+2kl$ は自然数，$l^2=0,\ 1,\ 4,\ 9,\ 16,\ 25$ なので，n^2 が6の倍数のとき $l^2=0$ となる。これは $l=0$ のときなので，n は6の倍数。よって，$n=6p$（p は自然数）とおくと

$$6m^2=(6p)^2\qquad\therefore\quad m^2=6p^2$$

p^2 は自然数より，m^2 は6の倍数であり，同様に考えて m は6の倍数である。

よって，m と n がともに6の倍数となり，互いに素であることに矛盾するから，背理法により，$\sqrt{6}$ は無理数。

3 **解答** (1) $f(x)=\log x$ から $f'(x)=\dfrac{1}{x}$ なので，曲線 $y=\log x$ 上の点 $\mathrm{P}(t,\ \log t)$ における接線 l の方程式は

$$y=\frac{1}{t}(x-t)+\log t\qquad\therefore\quad y=\frac{1}{t}x-1+\log t\quad\cdots\cdots(\text{答})$$

(2) 直線 l と x 軸，y 軸によって座標平面上の $x\geqq 0$ の部分に三角形が作られるための条件は，右図より，直線 l の y 切片が0より小さい値をとることなので，(1)の結果から

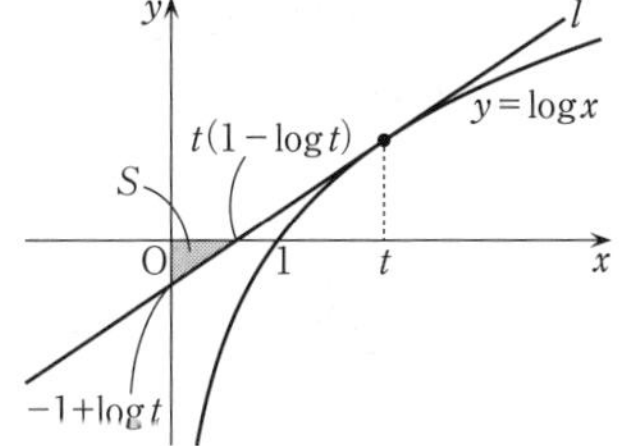

$$-1+\log t<0\qquad\therefore\quad \log t<1$$

$$\therefore\quad \log t<\log e$$

底 e は1より大きいので　　$t<e$

$t>0$ より　　$0<t<e$　……(答)

(3) 右上図より，三角形の面積 S は

$$S=\frac{1}{2}\cdot t(1-\log t)(1-\log t)$$

$$=\frac{t}{2}(1-\log t)^2 \quad \cdots\cdots(\text{答})$$

$$\frac{dS}{dt}=\frac{1}{2}(1-\log t)^2+\frac{t}{2}\cdot 2(1-\log t)\left(-\frac{1}{t}\right)$$

$$=\frac{1}{2}(1-\log t)\{(1-\log t)-2\}$$

$$=\frac{1}{2}(1-\log t)(-1-\log t)$$

ここで

$$\frac{dS}{dt}=0 \iff \log t=\pm 1 \iff t=e,\ \frac{1}{e}$$

であり，$0<t<e$ で増減表をかくと次のようになる。

t	0	$\cdots$	$\frac{1}{e}$	$\cdots$	e
$\frac{dS}{dt}$	／	$+$	0	$-$	0
S	／	↗	$\frac{2}{e}$	↘	0

よって，$t=\frac{1}{e}$ のとき S は最大値 $\frac{2}{e}$ をとる。　……(答)

(4)　$0<t<e$ かつ $t>1$ から　　$1<t<e$　……①

直線 l と x 軸および曲線 C で囲まれた図形の面積 T は，右図の網かけ部分の面積なので

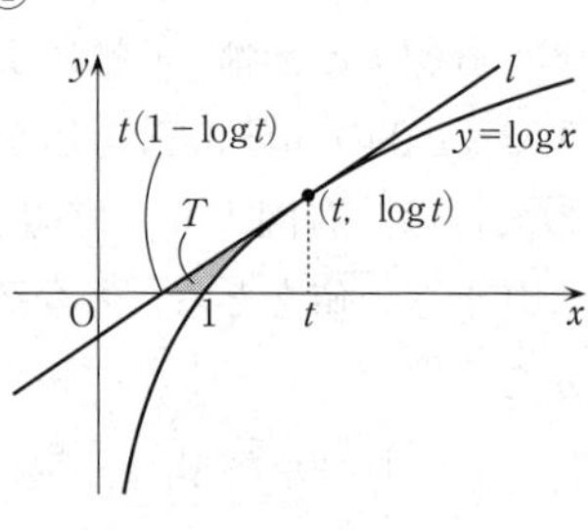

$$T=\frac{1}{2}\{t-t(1-\log t)\}\times\log t$$

$$-\int_1^t \log x dx$$

$$=\frac{t}{2}(\log t)^2-\Big[x\log x-x\Big]_1^t$$

$$=\frac{t}{2}(\log t)^2-t\log t+t-1$$

$S=T$ となるのは

$$\frac{t}{2}(1-\log t)^2=\frac{t}{2}(\log t)^2-t\log t+t-1$$

$$\frac{t}{2}-t\log t+\frac{t}{2}(\log t)^2=\frac{t}{2}(\log t)^2-t\log t+t-1$$

$$-\frac{t}{2}=-1$$

$$t=2$$

これは①をみたす。よって，求める t の値は　$t=2$　……(答)

◀解　説▶

≪曲線と接線と x 軸で囲まれた図形の面積≫

(1)　一般に，曲線 $y=f(x)$ 上の点 $(t,\ f(t))$ における接線の方程式は $y=f'(t)(x-t)+f(t)$ である。

(2)　直線 l と x 軸との交点 $(t(1-\log t),\ 0)$ の x 座標である $t(1-\log t)$ を 0 以上として求めることもできるが，〔解答〕では直線 l の y 切片を利用した。

(3)　直線 l の y 切片の値は 0 以下であるため，面積 S を求めるときは，符号を変えて計算する必要があるので注意したい。

(4)　面積 T を求めるときは，〔解答〕のように，直角三角形から，曲線 C と x 軸と直線 $x=t$ で囲まれた図形を除く方法が計算も簡単になる。また，$\int\log x dx$ はもちろん部分積分法を用いる代表的な例であるが，頻出であるため，$\int\log x dx=x\log x-x+C$（$C$ は積分定数）を用いた。

が権能を行ふ」ともあることから、「権宜」の語意が不明でも、「車掌の指」が表している様子は推測できる。

六　「世馴れた」は〝世間の事情に通じた〟の意。「乳の香まだ失せぬ」の「乳」は母乳を指し、赤ん坊（子ども）の雰囲気を残している様子を示しているので、反対の意味として最適。「世馴れた」が職人を形容する語であるのに対し、1は職人と対決した車掌についての説明であり、文脈上でも対照的なものとなっている。

七　傍線部（6）の四行前に「甲高なる声は、習慣によりて発せられたり」とあるが、傍線部（3）の一行後にも「甲高き声は再び響きわたりぬ」とある。この声の主は車掌なので「少々づつ前の方に」の発言も車掌であることがわかる。「今まで人の昇降なかりし前の口」から乗り込んできた乗客の背を運転手が押すのを見て、いつもは後ろから乗り込む客に向けて言う〈前の方にお詰めを〉という言葉を習慣で言ってしまった。そのことを小僧は「後の方へ」ではないか、とからかったのである。

八　ア、傍線部（4）の前の文は下士官の心中を想像して述べた文である。すべてが客観に徹しているとはいえない。イ、「活劇」とは、立ち回りや格闘を交えた劇、ドラマのこと。〈些細な事件を活劇に仕立てた〉とまでは言えない。女生徒や砲兵の下士官など「都市労働者」の括りには入らない登場人物もおり、合致しない。ウ、波線部「乳の香まだ失せぬ」のある段落の終わりから二文めに「斜に射下す夕日の光は…疑はしむ」とあり、傍線部（3）を含む文の後にも「日光を浴みたる白き掌は」とある。傍線部（4）のある文と呼応して車掌が職務を全うしようとする様子を象徴的に描写している。エ、車掌は「若造」＝「乳の香まだ失せぬ小男」で、「己が権能の十分に発揮せられたるに満足」している。怒りの色が明らかな客の前でも、法規の保護の下に職務を忠実に行っている。本文と合致する。オ、職人の言葉は「誰が乗るものかい。」まで記載はなく、当初無言であった。乗らないと見せかけて、普段は乗降のない前から「突と鎖を脱し」意表を突いて乗り込むことで一矢報いたと言える。本文と合致する。カ、職人は車掌の裏をかいており、「皆ひとしく車掌の白い手に呪縛されていた」とは言えない。職人の前から乗った姿を見て「忽ち夢の覚めた」とあり、「童児のかわいい声で我に還る」という表現とは合致しない。

九　作品―2　作者―5

▲解　説▼

一　1、2は「午頃まで晴たりし空」＝〝昼頃まで晴れていた空〟という表現と合致しない。「浅葱色」は〝緑がかった薄い藍色〟のこと。太陽が隠れたとする4、陽光がぼんやり薄れたとする5は不適。わずかに残る浅葱色の空が「久しくはえ保つまじう」＝〝長くは持たないだろう〟という表現に合致する3が最適。

二　ア、職人は「真先に足をぺろんに掛け」て乗ろうとしたが「肩尖を押されて」降りてしまう。職人は傍線部（4）の直後で「誰が乗るものかい。」と叫んでいることからも、電車を待っていた客であることがわかる。イ、少年は「前の停車場を過ぎし頃より、後の口に出で居たる」とあり、自分の降りる停車場が近づいたため電車内で出口に向かって移動していたことを言っている。職人が押し戻された時「いちはやく跳り降りたる」とあり、車内の乗客。ウ、少年が降りた後「次は」の語に続いて女生徒について書かれている。「吊革につかまり居たる」とあり、車内の乗客。エ、車掌の二回目の「お待を願ひます」の語の直後に「袱包持てる老媼やうやう降るれば」とある。車内から降りた客。オ、小僧は「職人の腋の下を潜りて再び突貫を試み」たとある。乗車を待つ職人の脇をくぐり抜けて乗ろうとしたが、車掌は「右の脚を差し伸べ、この小き反抗者を支へ留めて」乗車をさせなかった。乗車を待つ客の一人である。カ、麦酒腹の男は、老媼が降りた後に「後の口に立ち留まりて」「乗替切符を求めた」とある。麦酒腹の男は「乗らんとする客」ではなく、乗っていた客であることがわかる。キ、乗車できず押し戻された職人の背後にいる下士官（「そが（＝それの）背後なる…下士官」）も、職人とともに乗車を待つ客。なかなか乗れないことに対して「怒を押へて立てるさま、余所目にも著かりけり」という状態である。ク、下女は、前方から乗り込んだ職人の「跡より乗りし客の中」にいた、とある。乗車を待っていた客である。

五　「権宜」は〝臨機応変に取りはからうこと〟の意。傍線部（4）は、その場に応じたはからいができないにしても、ということ。この車掌の振る舞いについては同じ段落で「杓子定規」と表現されており、また「法規の保護の下に、己交流」が不適。傍線部(5)の次の段落に「被造物」が「その言語を、人間の言葉を媒介として響かせ」るとあり、4が最適。

九　1は「言語を創造するのは国家」が不適。2の「翻訳を通して他国にも広がってゆく」とわかる記述はない。3は翻訳に関する説明となっていない。5の「民族精神も伝えられる」とわかる記述はない。傍線部(7)の次の段落で「自分たちの言語で理解できるようにするために、翻訳が必要」と述べ、〈「外国語」がわかれば翻訳は不要、「ニュアンス」の翻訳は不可能〉と述べている。「言葉を置き換えても十分な相互理解はできない」とする4が最適。

一〇　1は「被造物の間に照応し合う回路を開こうとする」が不適。3は「対極的で二者択一が不可避」とは述べられていない。4は「翻訳とともに生まれる」のは近代的言語観ではないので、誤り。5「高次の言語」や「道具性こそが本質的特徴」とわかる記述はない。傍線部(8)を含む段落の「国民」や「民族精神」の記述内容に合致する2が最適。

三

出典　森鷗外「有楽門」(『鷗外近代小説集　第一巻』岩波書店)

解答

一　3

二　ア―2　イ―1　ウ―1　エ―1　オ―2　カ―1　キ―2　ク―2

三　2

四　1

五　4

六　1

七　2

八　ア―2　イ―2　ウ―1　エ―1　オ―1　カ―2

こと〉を指す。2は「人々の感覚に共感」、3は「戦争を招き寄せる」、4は「世界を切り開く」、5は「他の言語を母語とする人間が無視される」が不適。

四　空欄Xの前では、言語を伝達の手段としてのみ見る道具主義的な言語観を批判し、「言語が一つひとつの言葉の姿で語り出される最初の出来事」を重視している。後では、言語は何かを伝える前に、伝える存在そのものを肯定すること、すなわち媒体としての言語についての内容を述べている。1は「創造的な要素は何一つ存在しない」が不適。2は空欄の前の内容に継続するが、空欄の後にむすびつかない。3の「十分なコミュニケーションがとれる」のみでは後半に接続しない。4の「翻訳」の記載はない。

五　「被造物」は、神によって造られたもののこと。傍線部(4)を含む段落の次の段落に「言葉を発するとは…神の創造物の一つひとつをその名で呼ぶこと」とある。その次の文「被造物は…人間の言葉を媒体として響かせ始める」は四行後に「人間の言語は、このような森羅万象の照応の媒体をなす」と言い換えられているので、〝この世のすべてのもの〟という意味の「森羅万象」が最適である。

六　傍線部(5)は、〈伝達する可能性を持つ「被造物の存在」そのものを伝える〉ことを言う。1は道具主義的な言語観を表しており、不適。3は近代的な翻訳観のことであり、不適。4は近代的な言語観であり、不適。2・5はともにベンヤミンの言語観だが、2の〈言語に参与しないものはない〉よりも、〈言語は名付けの媒体として不断の創造をする〉という5のほうが、〈神の創造物をその名で呼ぶ〉こととなる「存在」を伝えるとする内容により合致し、最適。

七　空欄Y直後に「一体性」とあることから、直前の「受動」と対になって全体を表せる対義語をあてはめるのが最適。

八　傍線部(6)を含む段落で「『万物照応』の媒体として言語が生じる出来事」が翻訳だと述べ、また次の段落に「地上の言語の初めには翻訳がある」、「言語そのものを創造する翻訳の概念」とある。1は「相互理解への回路」、2は「万物もまた私たちを言語化」、3は「翻訳とは何かという問いを突きつけられる」、5は「国家や民族の枠を超えたの内容に合致する。

二

出典 柿木伸之『ヴァルター・ベンヤミン―闇を歩く批評』〈第二章　翻訳としての言語―ベンヤミンの言語哲学〉（岩波新書）

解答

一　（2）―1　（9）―3

二　2

三　1

四　5

五　3

六　5

七　5

八　4

九　4

一〇　2

▲解　説▼

二　1は「後者の主張の独自性」が不適。3は「やや問題のある答えを先に挙げ」、「より正しい答えを挙げる」とあるが、それとわかる記述はない。4は「二者択一」が誤り。5の「表裏一体」を示す記載はない。2が最適。

三　「戦慄」は〝恐怖や感動などで身体が震えること〟の意。傍線部（3）直前の表現から、「これに対する人々の反射的な行動」に戦慄するという。「これ」は「それによって言葉が自動的に連鎖すること」、「それ」とは〈言語を伝達手段という次元に還元することで、発語の働きを空洞化させ、言語を伝達手段や道具とする規則や社会規範に従属させる現に着目。2、「生命のある自然をあるがままにとらえ」が不適。3、「自然を合理的につくり直そう」とはしていない。4、光学を力学にあてはめるという内容であり、不適。5、「自ら厳しく問いかけ」とわかる記述はない。1が最適。

四　空欄Xの直前語「つまり」に着目。空欄部は、「つまり」までに述べられてきた「科学の特徴」をまとめたものとなる。2から5の選択肢は、空欄Xを含む第四段落以外で述べられた語を含んでいるが、1は第四段落の、空欄部直前二文にある語がまとめられている。3、5の「人間性」や、2、4の「基本法則」は「科学の特徴」とは言えない。また、2の「違和感」は筆者のものである。1が最適。

五　第十段落で筆者は〈生命や自然を機械として見ることの問題の核心は、数値化にあるとなんとなく思ってきた〉が、〈しかし数値化をすべて否定することはできない〉と続け、さらに〈問題の本質は数値化の際に自然を「死物化」していることだ〉と哲学者大森の言葉を引用している。2と5に「死物化」の語があるが、第十七段落に「ガリレイ、デカルト型の科学はすべてを死物化している」とあるように、2の〈「死物化」で生まれた世界観は科学的な方法と異なる〉は論理矛盾。5が最適。

六　「思いこみ」に着目。「盲信」は〝わけもわからず信じ込む〟の意。

七　傍線部(8)の「それ」は直前の大森による指摘を指す。第十六段落の「色も匂いもない、形と運動だけがある物質」が「死物」だとの記述にも着目。2は「前者のみを重視」とあるが、前者が「主観的性質」となっており、不適。3は「五感によって認識する客観的事物」が誤り。4、5は「自然を死物化」した理由の説明とは異なる。1が最適。

八　「したがって」は前の事柄が理由となって、後の事柄が結果として導かれるときに使われる接続詞である。

九　ア、「違和感」の語は第三段落にのみあるが、これはゲーテに共感する筆者個人の感覚の記述であり、「近代科学への道が開けた」とわかる記載はない。イ、第九段落の内容と合致する。ウ、第十段落の内容から「数値化にこだわらない」が合致しない。エ、「色彩や匂いがなく形態と運動だけがある物質」そのものが「死物」である。オ、最終段落

国語

一

出典　中村桂子『科学者が人間であること』＜Ⅲ「機械論」から「生命論」へ―「重ね描き」の提案　1　近代科学がはらむ問題＞（岩波新書）

解答

一　(1)―2　(3)―5　(7)―3　(9)―2

二　2

三　1

四　1

五　5

六　3

七　1

八　4

九　ア―2　イ―1　ウ―2　エ―2　オ―1

◀解　説▶

二　帰納的方法とは、個別的な事例から普遍的な法則を見つけ出す論理的推論法のこと。さまざまな事実から導き出される、ある傾向をまとめ上げるもの。「帰納」の意が不明でも、傍線部(2)直前の「実験を駆使する」から推測できる。1、3、4は複数の事例に基づく推論ではない。5は傾向や普遍性を導き出すものではない。2が最適。

三　傍線部(4)を含む文に続く「開いた自然の中でなく閉じた実験室での研究から自然を語ることへの違和感」という表

/////////////////// · memo · ///////////////////

/////////////////// · memo · ///////////////////

教学社 刊行一覧

2025年版 大学赤本シリーズ

374大学556点
全都道府県を網羅

国公立大学（都道府県順）

全国の書店で取り扱っています。店頭にない場合は，お取り寄せができます。

1 北海道大学（文系－前期日程）
2 北海道大学（理系－前期日程） 医
3 北海道大学（後期日程）
4 旭川医科大学（医学部〈医学科〉） 医
5 小樽商科大学
6 帯広畜産大学
7 北海道教育大学
8 室蘭工業大学／北見工業大学
9 釧路公立大学
10 公立千歳科学技術大学
11 公立はこだて未来大学 総推
12 札幌医科大学（医学部） 医
13 弘前大学 医
14 岩手大学
15 岩手県立大学・盛岡短期大学部・宮古短期大学部
16 東北大学（文系－前期日程）
17 東北大学（理系－前期日程） 医
18 東北大学（後期日程）
19 宮城教育大学
20 宮城大学
21 秋田大学 医
22 秋田県立大学
23 国際教養大学 総推
24 山形大学 医
25 福島大学
26 会津大学
27 福島県立医科大学（医・保健科学部） 医
28 茨城大学（文系）
29 茨城大学（理系）
30 筑波大学（推薦入試） 医 総推
31 筑波大学（文系－前期日程）
32 筑波大学（理系－前期日程） 医
33 筑波大学（後期日程）
34 宇都宮大学
35 群馬大学 医
36 群馬県立女子大学
37 高崎経済大学
38 前橋工科大学
39 埼玉大学（文系）
40 埼玉大学（理系）
41 千葉大学（文系－前期日程）
42 千葉大学（理系－前期日程） 医
43 千葉大学（後期日程） 医
44 東京大学（文科） DL
45 東京大学（理科） DL 医
46 お茶の水女子大学
47 電気通信大学
48 東京外国語大学 DL
49 東京海洋大学
50 東京科学大学（旧 東京工業大学）
51 東京科学大学（旧 東京医科歯科大学） 医
52 東京学芸大学
53 東京藝術大学
54 東京農工大学
55 一橋大学（前期日程）
56 一橋大学（後期日程）
57 東京都立大学（文系）
58 東京都立大学（理系）
59 横浜国立大学（文系）
60 横浜国立大学（理系）
61 横浜市立大学（国際教養・国際商・理・データサイエンス・医〈看護〉学部）
62 横浜市立大学（医学部〈医学科〉） 医
63 新潟大学（人文・教育〈文系〉・法・経済科・医〈看護〉・創生学部）
64 新潟大学（教育〈理系〉・理・医〈看護を除く〉・歯・工・農学部） 医
65 新潟県立大学
66 富山大学（文系）
67 富山大学（理系） 医
68 富山県立大学
69 金沢大学（文系）
70 金沢大学（理系） 医
71 福井大学（教育・医〈看護〉・工・国際地域学部）
72 福井大学（医学部〈医学科〉） 医
73 福井県立大学
74 山梨大学（教育・医〈看護〉・工・生命環境学部）
75 山梨大学（医学部〈医学科〉） 医
76 都留文科大学
77 信州大学（文系－前期日程）
78 信州大学（理系－前期日程） 医
79 信州大学（後期日程）
80 公立諏訪東京理科大学 総推
81 岐阜大学（前期日程） 医
82 岐阜大学（後期日程）
83 岐阜薬科大学
84 静岡大学（前期日程）
85 静岡大学（後期日程）
86 浜松医科大学（医学部〈医学科〉） 医
87 静岡県立大学
88 静岡文化芸術大学
89 名古屋大学（文系）
90 名古屋大学（理系） 医
91 愛知教育大学
92 名古屋工業大学
93 愛知県立大学
94 名古屋市立大学（経済・人文社会・芸術工・看護・総合生命理・データサイエンス学部）
95 名古屋市立大学（医学部〈医学科〉） 医
96 名古屋市立大学（薬学部）
97 三重大学（人文・教育・医〈看護〉学部）
98 三重大学（医〈医〉・工・生物資源学部） 医
99 滋賀大学
100 滋賀医科大学（医学部〈医学科〉） 医
101 滋賀県立大学
102 京都大学（文系）
103 京都大学（理系） 医
104 京都教育大学
105 京都工芸繊維大学
106 京都府立大学
107 京都府立医科大学（医学部〈医学科〉） 医
108 大阪大学（文系） DL
109 大阪大学（理系） 医
110 大阪教育大学
111 大阪公立大学（現代システム科学域〈文系〉・文・法・経済・商・看護・生活科〈居住環境・人間福祉〉学部－前期日程）
112 大阪公立大学（現代システム科学域〈理系〉・理・工・農・獣医・医・生活科〈食栄養〉学部－前期日程） 医
113 大阪公立大学（中期日程）
114 大阪公立大学（後期日程）
115 神戸大学（文系－前期日程）
116 神戸大学（理系－前期日程） 医
117 神戸大学（後期日程）
118 神戸市外国語大学 DL
119 兵庫県立大学（国際商経・社会情報科・看護学部）
120 兵庫県立大学（工・理・環境人間学部）
121 奈良教育大学／奈良県立大学
122 奈良女子大学
123 奈良県立医科大学（医学部〈医学科〉） 医
124 和歌山大学
125 和歌山県立医科大学（医・薬学部） 医
126 鳥取大学 医
127 公立鳥取環境大学
128 島根大学 医
129 岡山大学（文系）
130 岡山大学（理系） 医
131 岡山県立大学
132 広島大学（文系－前期日程）
133 広島大学（理系－前期日程） 医
134 広島大学（後期日程）
135 尾道市立大学 総推
136 県立広島大学
137 広島市立大学
138 福山市立大学 総推
139 山口大学（人文・教育〈文系〉・経済・医〈看護〉・国際総合科学部）
140 山口大学（教育〈理系〉・理・医〈看護を除く〉・工・農・共同獣医学部） 医
141 山陽小野田市立山口東京理科大学 総推
142 下関市立大学／山口県立大学
143 周南公立大学 新 総推
144 徳島大学 医
145 香川大学 医
146 愛媛大学 医
147 高知大学 医
148 高知工科大学
149 九州大学（文系－前期日程）
150 九州大学（理系－前期日程） 医
151 九州大学（後期日程）
152 九州工業大学
153 福岡教育大学
154 北九州市立大学
155 九州歯科大学
156 福岡県立大学／福岡女子大学
157 佐賀大学 医
158 長崎大学（多文化社会・教育〈文系〉・経済・医〈保健〉・環境科〈文系〉学部）
159 長崎大学（教育〈理系〉・医〈医〉・歯・薬・情報データ科・工・環境科〈理系〉・水産学部） 医
160 長崎県立大学 総推
161 熊本大学（文・教育・法・医〈看護〉学部・情報融合学環〈文系型〉）
162 熊本大学（理・医〈看護を除く〉・薬・工学部・情報融合学環〈理系型〉） 医
163 熊本県立大学
164 大分大学（教育・経済・医〈看護〉・理工・福祉健康科学部）
165 大分大学（医学部〈医・先進医療科学科〉） 医
166 宮崎大学（教育・医〈看護〉・工・農・地域資源創成学部）
167 宮崎大学（医学部〈医学科〉） 医
168 鹿児島大学（文系）
169 鹿児島大学（理系） 医
170 琉球大学 医

2025年版　大学赤本シリーズ

国公立大学 その他

171 〔国公立大〕医学部医学科 総合型選抜・学校推薦型選抜※ 医 総推
172 看護・医療系大学〈国公立 東日本〉※
173 看護・医療系大学〈国公立 中日本〉※
174 看護・医療系大学〈国公立 西日本〉※
175 海上保安大学校／気象大学校
176 航空保安大学校
177 国立看護大学校
178 防衛大学校 総推
179 防衛医科大学校(医学科) 医
180 防衛医科大学校(看護学科)

※No.171～174の収載大学は赤本ウェブサイト(http://akahon.net/)でご確認ください。

私立大学①

北海道の大学(50音順)

201 札幌大学
202 札幌学院大学
203 北星学園大学
204 北海学園大学
205 北海道医療大学
206 北海道科学大学
207 北海道武蔵女子大学・短期大学
208 酪農学園大学(獣医学群〈獣医学類〉)

東北の大学(50音順)

209 岩手医科大学(医・歯・薬学部) 医
210 仙台大学 総推
211 東北医科薬科大学(医・薬学部) 医
212 東北学院大学
213 東北工業大学
214 東北福祉大学
215 宮城学院女子大学 総推

関東の大学(50音順)

あ行(関東の大学)

216 青山学院大学(法・国際政治経済学部－個別学部日程)
217 青山学院大学(経済学部－個別学部日程)
218 青山学院大学(経営学部－個別学部日程)
219 青山学院大学(文・教育人間科学部－個別学部日程)
220 青山学院大学(総合文化政策・社会情報・地球社会共生・コミュニティ人間科学部－個別学部日程)
221 青山学院大学(理工学部－個別学部日程)
222 青山学院大学(全学部日程)
223 麻布大学(獣医、生命・環境科学部)
224 亜細亜大学
226 桜美林大学
227 大妻女子大学・短期大学部

か行(関東の大学)

228 学習院大学(法学部－コア試験)
229 学習院大学(経済学部－コア試験)
230 学習院大学(文学部－コア試験)
231 学習院大学(国際社会科学部－コア試験)
232 学習院大学(理学部－コア試験)
233 学習院女子大学
234 神奈川大学(給費生試験)
235 神奈川大学(一般入試)
236 神奈川工科大学
237 鎌倉女子大学・短期大学部
238 川村学園女子大学
239 神田外語大学
240 関東学院大学
241 北里大学(理学部)
242 北里大学(医学部) 医
243 北里大学(薬学部)
244 北里大学(看護・医療衛生学部)
245 北里大学(未来工・獣医・海洋生命科学部)
246 共立女子大学・短期大学
247 杏林大学(医学部) 医
248 杏林大学(保健学部)
249 群馬医療福祉大学・短期大学部
250 群馬パース大学 総推
251 慶應義塾大学(法学部)
252 慶應義塾大学(経済学部)
253 慶應義塾大学(商学部)
254 慶應義塾大学(文学部) 総推
255 慶應義塾大学(総合政策学部)
256 慶應義塾大学(環境情報学部)
257 慶應義塾大学(理工学部)
258 慶應義塾大学(医学部) 医
259 慶應義塾大学(薬学部)
260 慶應義塾大学(看護医療学部)
261 工学院大学
262 國學院大學
263 国際医療福祉大学 医
264 国際基督教大学
265 国士舘大学
266 駒澤大学(一般選抜T方式・S方式)
267 駒澤大学(全学部統一日程選抜)

さ行(関東の大学)

268 埼玉医科大学(医学部) 医
269 相模女子大学・短期大学部
270 産業能率大学
271 自治医科大学(医学部) 医
272 自治医科大学(看護学部)／東京慈恵会医科大学(医学部〈看護学科〉)
273 実践女子大学 総推
274 芝浦工業大学(前期日程)
275 芝浦工業大学(全学統一日程・後期日程)
276 十文字学園女子大学
277 淑徳大学
278 順天堂大学(医学部) 医
279 順天堂大学(スポーツ健康科・医療看護・保健看護・国際教養・保健医療・医療科・健康データサイエンス・薬学部) 総推
280 上智大学(神・文・総合人間科学部)
281 上智大学(法・経済学部)
282 上智大学(外国語・総合グローバル学部)
283 上智大学(理工学部)
284 上智大学(TEAPスコア利用方式)
285 湘南工科大学
286 昭和大学(医学部) 医
287 昭和大学(歯・薬・保健医療学部)
288 昭和女子大学
289 昭和薬科大学
290 女子栄養大学・短期大学部 総推
291 白百合女子大学
292 成蹊大学(法学部－A方式)
293 成蹊大学(経済・経営学部－A方式)
294 成蹊大学(文学部－A方式)
295 成蹊大学(理工学部－A方式)
296 成蹊大学(E方式・G方式・P方式)
297 成城大学(経済・社会イノベーション学部－A方式)
298 成城大学(文芸・法学部－A方式)
299 成城大学(S方式〈全学部統一選抜〉)
300 聖心女子大学
301 清泉女子大学
303 聖マリアンナ医科大学 医
304 聖路加国際大学(看護学部)
305 専修大学(スカラシップ・全国入試)
306 専修大学(前期入試〈学部個別入試〉)
307 専修大学(前期入試〈全学部入試・スカラシップ入試〉)

た行(関東の大学)

308 大正大学
309 大東文化大学
310 高崎健康福祉大学
311 拓殖大学
312 玉川大学
313 多摩美術大学
314 千葉工業大学
315 中央大学(法学部－学部別選抜)
316 中央大学(経済学部－学部別選抜)
317 中央大学(商学部－学部別選抜)
318 中央大学(文学部－学部別選抜)
319 中央大学(総合政策学部－学部別選抜)
320 中央大学(国際経営・国際情報学部－学部別選抜)
321 中央大学(理工学部－学部別選抜)
322 中央大学(5学部共通選抜)
323 中央学院大学
324 津田塾大学
325 帝京大学(薬・経済・法・文・外国語・教育・理工・医療技術・福岡医療技術学部)
326 帝京大学(医学部) 医
327 帝京科学大学 総推
328 帝京平成大学 総推
329 東海大学(医〈医〉学部を除く－一般選抜)
330 東海大学(文系・理系学部統一選抜)
331 東海大学(医学部〈医学科〉) 医
332 東京医科大学(医学部〈医学科〉) 医
333 東京家政大学・短期大学部 総推
334 東京経済大学
335 東京工科大学
336 東京工芸大学
337 東京国際大学
338 東京歯科大学
339 東京慈恵会医科大学(医学部〈医学科〉) 医
340 東京情報大学
341 東京女子大学
342 東京女子医科大学(医学部) 医
343 東京電機大学
344 東京都市大学
345 東京農業大学
346 東京薬科大学(薬学部) 総推
347 東京薬科大学(生命科学部) 総推
348 東京理科大学(理学部〈第一部〉－B方式)
349 東京理科大学(創域理工学部－B方式・S方式)
350 東京理科大学(工学部－B方式)
351 東京理科大学(先進工学部－B方式)
352 東京理科大学(薬学部－B方式)
353 東京理科大学(経営学部－B方式)
354 東京理科大学(C方式、グローバル方式、理学部〈第二部〉－B方式)
355 東邦大学(医学部) 医
356 東邦大学(薬学部)

2025年版　大学赤本シリーズ

私立大学②

357 東邦大学（理・看護・健康科学部）
358 東洋大学（文・経済・経営・法・社会・国際・国際観光学部）
359 東洋大学（情報連携・福祉社会デザイン・健康スポーツ科・理工・総合情報・生命科・食環境科学部）
360 東洋大学（英語〈3日程×3カ年〉）
361 東洋大学（国語〈3日程×3カ年〉）
362 東洋大学（日本史・世界史〈2日程×3カ年〉）
363 東洋英和女学院大学
364 常磐大学・短期大学 総推
365 獨協大学
366 獨協医科大学（医学部） 医

な行（関東の大学）

367 二松学舎大学
368 日本大学（法学部）
369 日本大学（経済学部）
370 日本大学（商学部）
371 日本大学（文理学部〈文系〉）
372 日本大学（文理学部〈理系〉）
373 日本大学（芸術学部〈専門試験併用型〉）
374 日本大学（国際関係学部）
375 日本大学（危機管理・スポーツ科学部）
376 日本大学（理工学部）
377 日本大学（生産工・工学部）
378 日本大学（生物資源科学部）
379 日本大学（医学部） 医
380 日本大学（歯・松戸歯学部）
381 日本大学（薬学部）
382 日本大学（N全学統一方式－医・芸術〈専門試験併用型〉学部を除く）
383 日本医科大学 医
384 日本工業大学
385 日本歯科大学
386 日本社会事業大学 総推
387 日本獣医生命科学大学
388 日本女子大学
389 日本体育大学

は行（関東の大学）

390 白鷗大学（学業特待選抜・一般選抜）
391 フェリス女学院大学
392 文教大学
393 法政大学（法〈Ⅰ日程〉・文〈Ⅱ日程〉・経営〈Ⅱ日程〉学部－A方式）
394 法政大学（法〈Ⅱ日程〉・国際文化・キャリアデザイン学部－A方式）
395 法政大学（文〈Ⅰ日程〉・経営〈Ⅰ日程〉・人間環境・グローバル教養学部－A方式）
396 法政大学（経済〈Ⅰ日程〉・社会〈Ⅰ日程〉・現代福祉学部－A方式）
397 法政大学（経済〈Ⅱ日程〉・社会〈Ⅱ日程〉・スポーツ健康学部－A方式）
398 法政大学（情報科・デザイン工・理工・生命科学部－A方式）
399 法政大学（T日程〈統一日程〉・英語外部試験利用入試）
400 星薬科大学 総推

ま行（関東の大学）

401 武蔵大学
402 武蔵野大学
403 武蔵野美術大学
404 明海大学
405 明治大学（法学部－学部別入試）
406 明治大学（政治経済学部－学部別入試）
407 明治大学（商学部－学部別入試）
408 明治大学（経営学部－学部別入試）
409 明治大学（文学部－学部別入試）
410 明治大学（国際日本学部－学部別入試）
411 明治大学（情報コミュニケーション学部－学部別入試）
412 明治大学（理工学部－学部別入試）
413 明治大学（総合数理学部－学部別入試）
414 明治大学（農学部－学部別入試）
415 明治大学（全学部統一入試）
416 明治学院大学（A日程）
417 明治学院大学（全学部日程）
418 明治薬科大学 総推
419 明星大学
420 目白大学・短期大学部

ら・わ行（関東の大学）

421 立教大学（文系学部－一般入試〈大学独自の英語を課さない日程〉）
422 立教大学（国語〈3日程×3カ年〉）
423 立教大学（日本史・世界史〈2日程×3カ年〉）
424 立教大学（文学部－一般入試〈大学独自の英語を課す日程〉）
425 立教大学（理学部－一般入試）
426 立正大学
427 早稲田大学（法学部）
428 早稲田大学（政治経済学部）
429 早稲田大学（商学部）
430 早稲田大学（社会科学部）
431 早稲田大学（文学部）
432 早稲田大学（文化構想学部）
433 早稲田大学（教育学部〈文科系〉）
434 早稲田大学（教育学部〈理科系〉）
435 早稲田大学（人間科・スポーツ科学部）
436 早稲田大学（国際教養学部）
437 早稲田大学（基幹理工・創造理工・先進理工学部）
438 和洋女子大学 総推

中部の大学（50音順）

439 愛知大学
440 愛知医科大学（医学部） 医
441 愛知学院大学・短期大学部
442 愛知工業大学 総推
443 愛知淑徳大学
444 朝日大学 総推
445 金沢医科大学（医学部） 医
446 金沢工業大学
447 岐阜聖徳学園大学 総推
448 金城学院大学
449 至学館大学 総推
450 静岡理工科大学
451 椙山女学園大学
452 大同大学
453 中京大学
454 中部大学
455 名古屋外国語大学 総推
456 名古屋学院大学 総推
457 名古屋学芸大学 総推
458 名古屋女子大学 総推
459 南山大学（外国語〈英米〉・法・総合政策・国際教養学部）
460 南山大学（人文・外国語〈英米を除く〉・経済・経営・理工学部）
461 新潟国際情報大学
462 日本福祉大学
463 福井工業大学
464 藤田医科大学（医学部） 医
465 藤田医科大学（医療科・保健衛生学部）
466 名城大学（法・経営・経済・外国語・人間・都市情報学部）
467 名城大学（情報工・理工・農・薬学部）
468 山梨学院大学

近畿の大学（50音順）

469 追手門学院大学 総推
470 大阪医科薬科大学（医学部） 医
471 大阪医科薬科大学（薬学部） 総推
472 大阪学院大学 総推
473 大阪経済大学 総推
474 大阪経済法科大学 総推
475 大阪工業大学 総推
476 大阪国際大学・短期大学部 総推
477 大阪産業大学 総推
478 大阪歯科大学（歯学部）
479 大阪商業大学 総推
480 大阪成蹊大学・短期大学 総推
481 大谷大学 総推
482 大手前大学・短期大学 総推
483 関西大学（文系）
484 関西大学（理系）
485 関西大学（英語〈3日程×3カ年〉）
486 関西大学（国語〈3日程×3カ年〉）
487 関西大学（日本史・世界史・文系数学〈3日程×3カ年〉）
488 関西医科大学（医学部） 医
489 関西医療大学 総推
490 関西外国語大学・短期大学部 総推
491 関西学院大学（文・法・商・人間福祉・総合政策学部－学部個別日程）
492 関西学院大学（神・社会・経済・国際・教育学部－学部個別日程）
493 関西学院大学（全学部日程〈文系型〉）
494 関西学院大学（全学部日程〈理系型〉）
495 関西学院大学（共通テスト併用日程〈数学〉・英数日程）
496 関西学院大学（英語〈3日程×3カ年〉） 新
497 関西学院大学（国語〈3日程×3カ年〉） 新
498 関西学院大学（日本史・世界史・文系数学〈3日程×3カ年〉） 新
499 畿央大学 総推
500 京都外国語大学・短期大学 総推
502 京都産業大学（公募推薦入試） 総推
503 京都産業大学（一般選抜入試〈前期日程〉）
504 京都女子大学 総推
505 京都先端科学大学 総推
506 京都橘大学 総推
507 京都ノートルダム女子大学 総推
508 京都薬科大学 総推
509 近畿大学・短期大学部（医学部を除く－推薦入試） 総推
510 近畿大学・短期大学部（医学部を除く－一般入試前期）
511 近畿大学（英語〈医学部を除く3日程×3カ年〉）
512 近畿大学（理系数学〈医学部を除く3日程×3カ年〉）
513 近畿大学（国語〈医学部を除く3日程×3カ年〉）
514 近畿大学（医学部－推薦入試・一般入試前期） 医 総推
515 近畿大学・短期大学部（一般入試後期） 医
516 皇學館大学 総推
517 甲南大学 総推
518 甲南女子大学（学校推薦型選抜） 新 総推
519 神戸学院大学 総推
520 神戸国際大学 総推
521 神戸女学院大学 総推
522 神戸女子大学・短期大学 総推
523 神戸薬科大学 総推
524 四天王寺大学・短期大学部 総推
525 摂南大学（公募制推薦入試） 総推
526 摂南大学（一般選抜前期日程）
527 帝塚山学院大学 総推
528 同志社大学（法、グローバル・コミュニケーション学部－学部個別日程）

2025年版　大学赤本シリーズ

私立大学③

529 同志社大学(文・経済学部−学部個別日程)
530 同志社大学(神・商・心理・グローバル地域文化学部−学部個別日程)
531 同志社大学(社会学部−学部個別日程)
532 同志社大学(政策・文化情報〈文系型〉・スポーツ健康科〈文系型〉学部−学部個別日程)
533 同志社大学(理工・生命医科・文化情報〈理系型〉・スポーツ健康科〈理系型〉学部−学部個別日程)
534 同志社大学(全学部日程)
535 同志社女子大学 総推
536 奈良大学 総推
537 奈良学園大学 総推
538 阪南大学 総推
539 姫路獨協大学 総推
540 兵庫医科大学(医学部) 医
541 兵庫医科大学(薬・看護・リハビリテーション学部) 総推
542 佛教大学 総推
543 武庫川女子大学 総推
544 桃山学院大学 総推
545 大和大学・大和大学白鳳短期大学部 総推
546 立命館大学(文系−全学統一方式・学部個別配点方式)/立命館アジア太平洋大学(前期方式・英語重視方式)
547 立命館大学(理系−全学統一方式・学部個別配点方式・理系型3教科方式・薬学方式)
548 立命館大学(英語〈全学統一方式3日程×3カ年〉)
549 立命館大学(国語〈全学統一方式3日程×3カ年〉)
550 立命館大学(文系選択科目〈全学統一方式2日程×3カ年〉)
551 立命館大学(IR方式〈英語資格試験利用型〉・共通テスト併用方式)/立命館アジア太平洋大学(共通テスト併用方式)
552 立命館大学(後期分割方式・「経営学部で学ぶ感性+共通テスト」方式)/立命館アジア太平洋大学(後期方式)
553 龍谷大学(公募推薦入試) 総推
554 龍谷大学(一般選抜入試)

中国の大学(50音順)

555 岡山商科大学 総推
556 岡山理科大学 総推
557 川崎医科大学 医
558 吉備国際大学 総推
559 就実大学 総推
560 広島経済大学
561 広島国際大学 総推
562 広島修道大学
563 広島文教大学 総推
564 福山大学/福山平成大学
565 安田女子大学 総推

四国の大学(50音順)

567 松山大学

九州の大学(50音順)

568 九州医療科学大学
569 九州産業大学
570 熊本学園大学
571 久留米大学(文・人間健康・法・経済・商学部)
572 久留米大学(医学部〈医学科〉) 医
573 産業医科大学(医学部) 医
574 西南学院大学(商・経済・法・人間科学部−A日程)
575 西南学院大学(神・外国語・国際文化学部−A日程/全学部−F日程)
576 福岡大学(医学部医学科を除く−学校推薦型選抜・一般選抜系統別日程) 総推
577 福岡大学(医学部医学科を除く−一般選抜前期日程)
578 福岡大学(医学部〈医学科〉−学校推薦型選抜・一般選抜系統別日程) 医 総推
579 福岡工業大学
580 令和健康科学大学 総推

医 医学部医学科を含む
総推 総合型選抜または学校推薦型選抜を含む
DL リスニング音声配信　新 2024年 新刊・復刊

掲載している入試の種類や試験科目,収載年数などはそれぞれ異なります。詳細については,それぞれの本の目次や赤本ウェブサイトでご確認ください。

akahon.net
赤本　検索

難関校過去問シリーズ

出題形式別・分野別に収録した
「入試問題事典」
20大学 73点
定価2,310~2,640円(本体2,100~2,400円)

先輩合格者はこう使った!
「難関校過去問シリーズの使い方」

61年,全部載せ!
要約演習で,総合力を鍛える
東大の英語
要約問題 UNLIMITED

国公立大学

東大の英語25カ年[第12版] 改
東大の英語リスニング20カ年[第9版] DL 改
東大の英語 要約問題 UNLIMITED
東大の文系数学25カ年[第12版] 改
東大の理系数学25カ年[第12版] 改
東大の現代文25カ年[第12版] 改
東大の古典25カ年[第12版] 改
東大の日本史25カ年[第9版] 改
東大の世界史25カ年[第9版] 改
東大の地理25カ年[第9版] 改
東大の物理25カ年[第9版] 改
東大の化学25カ年[第9版] 改
東大の生物25カ年[第9版] 改
東工大の英語20カ年[第8版] 改
東工大の数学20カ年[第9版] 改
東工大の物理20カ年[第5版] 改
東工大の化学20カ年[第5版] 改
一橋大の英語20カ年[第9版] 改
一橋大の数学20カ年[第9版] 改
一橋大の国語20カ年[第6版] 改
一橋大の日本史20カ年[第6版] 改
一橋大の世界史20カ年[第6版] 改
筑波大の英語15カ年 新
筑波大の数学15カ年 新
京大の英語25カ年[第12版]
京大の文系数学25カ年[第12版]
京大の理系数学25カ年[第12版]
京大の現代文25カ年[第2版]
京大の古典25カ年[第2版]
京大の日本史20カ年[第3版]
京大の世界史20カ年[第3版]
京大の物理25カ年[第9版]
京大の化学25カ年[第9版]
北大の英語15カ年[第8版]
北大の理系数学15カ年[第8版]
北大の物理15カ年[第2版]
北大の化学15カ年[第2版]
東北大の英語15カ年[第8版]
東北大の理系数学15カ年[第8版]
東北大の物理15カ年[第2版]
東北大の化学15カ年[第2版]
名古屋大の英語15カ年[第8版]
名古屋大の理系数学15カ年[第8版]
名古屋大の物理15カ年[第2版]
名古屋大の化学15カ年[第2版]
阪大の英語20カ年[第9版]
阪大の文系数学20カ年[第3版]
阪大の理系数学20カ年[第9版]
阪大の国語15カ年[第3版]
阪大の物理20カ年[第8版]
阪大の化学20カ年[第6版]
九大の英語15カ年[第8版]
九大の理系数学15カ年[第7版]
九大の物理15カ年[第2版]
九大の化学15カ年[第2版]
神戸大の英語15カ年[第9版]
神戸大の数学15カ年[第5版]
神戸大の国語15カ年[第3版]

私立大学

早稲田の英語[第11版] 改
早稲田の国語[第9版] 改
早稲田の日本史[第9版] 改
早稲田の世界史[第2版] 改
慶應の英語[第11版] 改
慶應の小論文[第3版] 改
明治大の英語[第9版] 改
明治大の国語[第2版] 改
明治大の日本史[第2版] 改
中央大の英語[第9版] 改
法政大の英語[第9版] 改
同志社大の英語[第10版]
立命館大の英語[第10版]
関西大の英語[第10版]
関西学院大の英語[第10版]

DL リスニング音声配信
新 2024年 新刊
改 2024年 改訂

2025 年版　大学赤本シリーズ　No. 296
成蹊大学
（E 方式・G 方式・P 方式）

2024 年 7 月 25 日　第 1 刷発行
ISBN978-4-325-26354-8
定価は裏表紙に表示しています

編　集　教学社編集部
発行者　上原 寿明
発行所　教学社
〒606-0031
京都市左京区岩倉南桑原町56
電話　075-721-6500
振替　01020-1-15695
印　刷　共同印刷工業